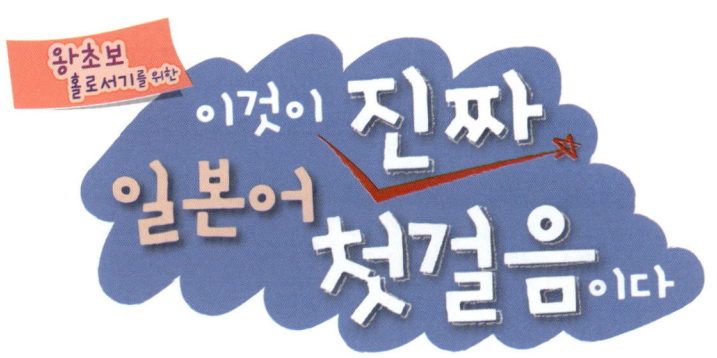

왕초보 홀로서기를 위한
이것이 진짜 일본어 첫걸음이다

초판 1쇄 인쇄 | 2014년 8월 5일
초판 15쇄 발행 | 2025년 4월 25일
지은이 | 박소희
디자인 | 하루
펴낸이 | 박　혁
펴낸곳 | 애플북21
등록번호 | 제 2010-000163호
주소 | 서울 영등포구 선유로33길 22 101-710 (우 07270)
전화 | 02-2068-2123
팩스 | 02-2068-2173
이메일 | applebook21@naver.com
ISBN 978-89-967436-4-4　13730

※ 잘못된 책은 바꾸어 드립니다.
※ 본 책은 저작권법에 의해 보호를 받는 저작물이므로 무단 전재와 복제를 금합니다.
※ 이 도서의 국립중앙도서관 출판시도서목록(CIP)은 서지정보유통지원시스템 홈페이지(http://seoji.nl.go.kr)와
　국가자료공동목록시스템(http://www.nl.go.kr/kolisnet)에서 이용하실 수 있습니다.
　(CIP제어번호 : CIP2014023043)

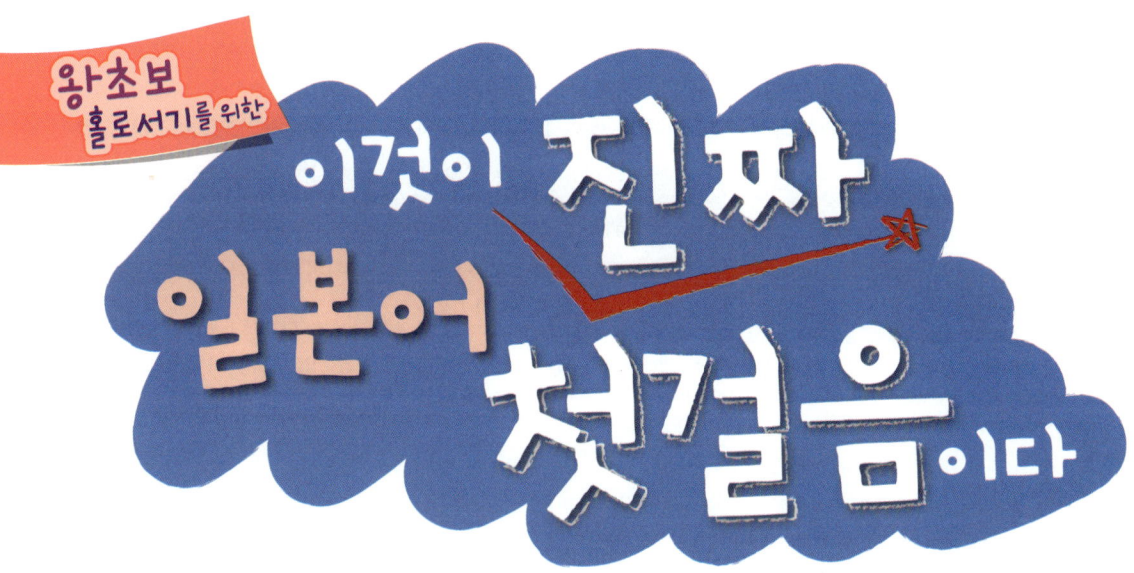

박소희 지음

애플북21

이 책을 공부하는 법

일본어의 시작은 글자 익히기부터입니다. 하지만 혼자서 무작정 글자를 쓰며 연습하려고 해도 쉽게 외워지지 않죠? 이 책에서는 풍부한 일러스트를 곁들인 설명을 통해 쉽고 정확하게 일본어 글자를 익힐 수 있습니다. 또한 단순히 히라가나와 가타카나를 익히는 일반 펜맨십과는 달리 **주제별 단어**와 **상황별 회화**를 통해 자연스럽게 어휘도 익힐 수 있습니다. 또한 **JLPT 시험**을 위한 **기초 한자**와 **어휘**와 **문법**도 이 책 한 권으로 공부할 수 있습니다. 이제 더이상 일본어를 두려워하지 마세요. 이 책의 일본어 본문과 우리말 해석이 녹음된 MP3 파일을 들으며 따라 읽다 보면 어느새 원어민 발음까지 한 방에 익힐 수 있을 것입니다.

일본어 글자를 쉽고 정확하게!

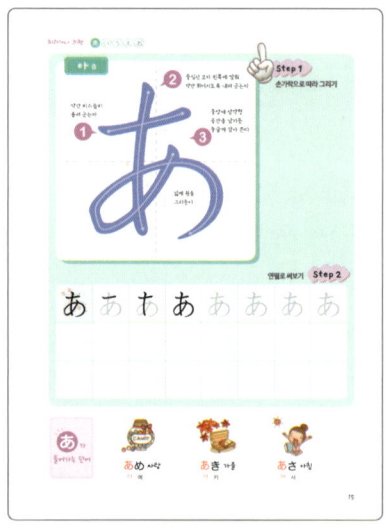

일본 교과서에서 배우는 글씨체 그대로 처음부터 제대로 쓰자!

▶ Part 1 히라가나 청음
▶ Part 2 가타카나 청음
▶ Part 3 탁음·반탁음·요음 (+ 장음·발음·촉음)

히라가나와 가타카나를 설명과 필순에 따라 써 봅시다. 손가락으로 여러 번 따라 그려본 후 연필로 직접 쓰면서 익히도록 하세요. MP3 파일의 원어민 발음을 최대한 가깝게 따라 읽으면 도움이 많이 된답니다.

일상생활에서 자주 쓰는 단어와 회화도 배우고 글자도 복습하고!

> 꼭 필요한 주제별 단어와 상황별 문장을 엄선하였습니다.

▶ Part 4 주제별 단어 쓰기
▶ Part 5 상황별 회화 쓰기

실제로 일상생활에서 자주 쓰는 단어와 회화 문장을 익히면서 앞에서 배운 글자도 복습할 수 있는 파트입니다. MP3 파일을 그냥 듣지만 말고 입 밖으로 소리 내어 따라 읽어보세요.

왕초보라도 할 수 있다! 시험에 강해지는 한자·어휘·문법을 한방에!

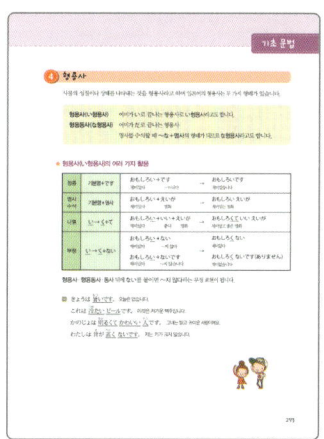

시험에 강해지려면 일본어 한자를 아는 것이 아주 중요합니다. 일본어 한자의 구조를 이해하고, 완전히 외워서 쓰지는 못하더라도 한자가 들어간 단어를 술술 읽을 수 있도록 눈에 익혀두세요.
또한 이 책에서 다루고 있는 문법은 꼭 알아두어야 할 가장 기초적인 것입니다. 특히 동사 활용은 바로바로 말할 수 있을 정도로 확실하게 익혀두세요!

▶ Part 6 일본어 한자 쓰기
▶ Part 7 시험에 강해지는 필수 어휘
▶ Part 8 왕초보 탈출 기초 문법

차례

★ 일본어 문자 / 10
★ 일본어 표기법 / 11

Part 1 히라가나 청음 / 12

あ행 / 14
か행 / 20
さ행 / 26
た행 / 32

な행 / 38
は행 / 44
ま행 / 50
や행 / 56

ら행 / 60
わ행 / 66

★ 연습 문제 / 70

Part 2 가타카나 청음 / 72

ア행 / 74
カ행 / 80
サ행 / 86
タ행 / 92

ナ행 / 98
ハ행 / 104
マ행 / 110
ヤ행 / 116

ラ행 / 120
ワ행 / 126

★ 연습 문제 / 130
★ 일본어 자원(字源) – 히라가나 / 132

Part 3 탁음·반탁음·요음 + 장음·발음·촉음 / 133

탁음·반탁음 / 134
요음 / 140

장음·발음·촉음 / 146

★ 여러 가지 외래어 표기 / 150
★ 일본어 자원(字源) – 가타카나 / 152

Part 4　주제별 단어 쓰기 / 153

- Unit 01　얼굴 / 154
- Unit 02　몸 / 156
- Unit 03　옷 / 158
- Unit 04　집 / 160
- Unit 05　방 / 162
- Unit 06　거실 / 164
- Unit 07　욕실 / 166
- Unit 08　부엌 / 168
- Unit 09　서양 음식 / 170
- Unit 10　일본 음식 / 172
- Unit 11　과일 / 174
- Unit 12　채소 / 176
- Unit 13　동물 / 178
- Unit 14　교통 / 180
- Unit 15　마을 / 182
- Unit 16　위치 / 184
- Unit 17　스포츠 / 186
- Unit 18　색 / 188
- Unit 19　반대말 1 / 190
- Unit 20　반대말 2 / 192
- ★ 세계의 나라 이름 / 194

Part 5　상황별 회화 쓰기 / 195

- Unit 01　인사 / 196
- Unit 02　소개 / 198
- Unit 03　일상 표현 / 200
- Unit 04　날씨·시간 / 202
- Unit 05　감사·사과 / 204
- Unit 06　축하·기쁨 / 206
- Unit 07　슬픔·위로 / 208
- Unit 08　긍정·동의 / 210
- Unit 09　부정·거절 / 212
- Unit 10　감정 / 214
- Unit 11　식사 / 216
- Unit 12　쇼핑 / 218
- Unit 13　교통·길 찾기 / 220
- Unit 14　취미·여가 / 222

Part 6 일본어 한자 쓰기 – 일본 小学校 1학년 + JLPT N5 한자 / 224

- ★ 일본어 한자 읽기 / 226
- ★ 일본어 한자 예쁘게 쓰는 법 / 228

숫자 / 229
달력 / 232
시간 / 234
사람 / 235
상태 / 238

행동 / 241
학교 / 243
자연 / 245
기타 / 249

- ★ 존경을 나타내는 お와 ご / 250

Part 7 시험에 강해지는 필수 어휘 – JLPT N5 레벨 대비 / 251

만남·소개 / 252
가게·쇼핑 / 253
우체국·은행 / 253
거리 / 254
교통 / 254
건물·집 / 255
방·거실 / 255
화장실·욕실 / 256
부엌 / 256
요리 / 257
옷·패션 잡화 / 258
신체 / 259
병원 / 260
여행 / 260

자연·동식물 / 261
학교 / 261
회사 / 263
날씨·계절 / 263
반대말 / 264
그 밖의 표현 / 267
짝을 이루는 자·타동사 / 269
색깔 / 270
위치 / 270
상태·정도 / 271
의문·접속 / 272
빈도 / 273
코소아도(こそあど) 표현 / 273
숫자 / 274

시간 / 275
하루 / 275
수량을 세는 단위 / 276
날짜 / 278

요일 / 278
시제(과거·현재·미래) / 279
가족 / 280
일상 표현·인사 / 281

★ 일본인이 자주 쓰는 속어 / 282

Part 8 왕초보 탈출 기초 문법 / 283

1 명사 / 284
2 대명사 / 285
3 조사 / 287

4 형용사 / 293
5 동사 / 295
6 자주 쓰는 표현 / 301

무료 MP3 다운로드 안내

이 책의 일본어 본문과 우리말 해석이 녹음된 MP3 파일을 애플북21 웹하드에서 무료로 다운 받을 수 있습니다.

★ www.webhard.co.kr 접속   웹페이지 바로가기 (데스크톱 PC 모드)   웹하드 App에서도 다운로드 가능

게스트에 체크하고
아이디 applebook21
비밀번호 apple
입력 후 로그인

GUEST폴더 >
내리기전용 폴더에서
다운로드

일본어 문자

일본어에서는 히라가나(ひらがな)와 가타카나(カタカナ), 그리고 여기에 한자(漢字)를 병행해서 사용합니다. 히라가나와 가타카나를 통틀어 가나(仮名)라고 하는데, 이 가나는 한자의 일부를 빌려 만든 표음문자입니다.

1 히라가나 (ひらがな)

히라가나(ひらがな)는 한자 초서체의 일부를 간단히 하여 만들어진 문자입니다. 붓으로 흘려 쓴 한자의 윤곽만 남았기 때문에 곡선적인 형태입니다. 히라가나는 일본어를 배울 때 가장 먼저 배우게 되는 문자이며 일반적으로 가장 많이 쓰이기 때문에, 처음 시작할 때 확실히 익혀두어야 합니다.

> **예** おかあさん 어머니
> 오 까 - 상
>
> よむ 읽다
> 요 무

2 가타카나 (カタカナ)

가타카나(カタカナ)는 한자의 자획에서 일부를 따오거나 간단히 하여 만들어졌기 때문에 직선적인 형태의 글자입니다. 외래어·의성어·의태어·전보·광고문 등에 쓰고, 또는 특별히 강조하고 싶은 부분에 부분적으로 사용합니다. 일본 잡지나 간판은 가타카나로 넘쳐날 정도로 외래어를 많이 사용하므로 히라가나와 함께 확실히 외워두도록 하세요.

> **예** テレビ 텔레비전
> 테 레 비
>
> トマト 토마토
> 토 마 또

3 한자 (漢字)

일본어 문장은 주로 히라가나와 한자를 섞어 씁니다. 한자 읽기는 한자의 뜻으로 읽는 훈독(訓讀)과 중국의 음을 따라 소리 나는 대로 읽는 음독(音讀)이 있습니다. 우리와 달리 읽는 방법이 다양하며 일부 한자는 약자를 사용하므로 주의해야 합니다.

> **예** 先 ┌ 훈독 さき 사끼
>   └ 음독 せん 셍
>
> 学 ┌ 훈독 まなぶ 마나부
>   └ 음독 がく 가꾸

일본어 표기법

1 마침표와 쉼표(句読点)

◆ **句点**(くてん：。)

하나의 문장이 완전히 끝났을 때 사용하는 마침표를 일본어에서는 句点(くてん)이라고 합니다. 우리말에서 사용하는 마침표(.)와 달리 일본어에서는 속이 비어 있는 작은 동그라미 모양의 句点(。)을 사용합니다. 句点은 まる라고도 합니다.

◆ **読点**(とうてん：、)

문장을 일단 중지하거나, 이어짐이 분명하지 않으면 완전히 다른 의미가 되어버리는 곳에 씁니다. 주로 가로쓰기를 하는 우리가 사용하는 쉼표(,)와 달리 일본어 표기는 주로 세로쓰기이므로 가로쓰기와 세로쓰기에 상관없이 読点(、)을 사용합니다. 일본어에서는 우리말 문장보다 쉼표를 많이 사용합니다.

> 예 はい、そうです。 네, 그렇습니다.
> 하이 소-데스

2 물음표와 느낌표

'?'와 '!'는 원칙적으로 사용하지 않습니다. 의문문의 경우 의문을 나타내는 조사 '～か'를 사용하고 물음표 대신 '。'을 사용합니다. 하지만 구어체에서는 반드시 조사 '～か'를 붙여 의문문을 만드는 것이 아니므로, 의문을 나타내기 위해 물음표를 붙이기도 합니다.

> 예 だいじょうぶ？ 괜찮아?   やった！ 해냈어!
> 다이죠-부   얏 따

3 띄어쓰기를 하지 않는다

일본어에서는 띄어쓰기를 하지 않는 것이 원칙입니다. 그러나 어린이들을 위한 책이나 외국인을 위한 일본어 학습서에서는 이해를 돕기 위해 띄어쓰기를 하는 경우도 있습니다. 띄어쓰기를 하지 않는 일본어에서는 '、'을 사용해서 의미를 구분하고 가독성을 높이기도 합니다.

청음 清音

청음(清音)이란 성대를 울리지 않고 내는 맑은 소리입니다. 탁점(゛)이나 반탁점(゜)이 붙지 않은 글자로 일본 문자 50음도의 기본 소리를 말합니다.

히라가나 50음도

행(行) \ 단(段)	あ단	い단	う단	え단	お단
あ행	あ 아 a	い 이 i	う 우 u	え 에 e	お 오 o
か행	か 카 ka	き 키 ki	く 쿠 ku	け 케 ke	こ 코 ko
さ행	さ 사 sa	し 시 shi	す 스 su	せ 세 se	そ 소 so
た행	た 타 ta	ち 치 chi	つ 츠 tsu	て 테 te	と 토 to
な행	な 나 na	に 니 ni	ぬ 누 nu	ね 네 ne	の 노 no
は행	は 하 ha	ひ 히 hi	ふ 후 fu	へ 헤 he	ほ 호 ho
ま행	ま 마 ma	み 미 mi	む 무 mu	め 메 me	も 모 mo
や행	や 야 ya	い 이 i	ゆ 유 yu	え 에 e	よ 요 yo
ら행	ら 라 ra	り 리 ri	る 루 ru	れ 레 re	ろ 로 ro
わ행	わ 와 wa	ゐ 이 i	う 우 u	ゑ 에 e	を 오 o
	ん 응 n, m, ng				

Part 1
히라가나 청음

히라가나란?

히라가나(ひらがな)는 붓으로 흘려 쓴 한자 초서체를 간단히 하여 만들어진 문자로 곡선적인 형태를 가지고 있습니다. 모두 50자이며 발음 체계에 따라 표로 만들어 놓은 것을 50음도라고 합니다. 현재는 앞 50음도 중 희미하게 표기된 중복 글자를 뺀 45자만 사용합니다.

가나의 구조

일본어 가나는 자음과 모음이 나누어져 있는 우리말과 달리 자음과 모음이 합쳐져 한 글자를 이루고 있으며, 각 글자마다 정해진 하나의 소리로만 발음합니다. 그래서 50음도를 순서대로 정확히 익히는 것이 중요합니다.

| 타 [ta] | 히라가나
た (자음+모음) | 한글
ㅌ(자음)+ㅏ(모음) |

학습 포인트
* 히라가나를 획순에 맞춰 정확하게 쓰면서 익혀봅시다.
* MP3 파일을 들으며 최대한 비슷하게 따라 읽어봅시다.

##히라가나 청음

あ행

🎧 소리 내어 크게 읽어보세요.

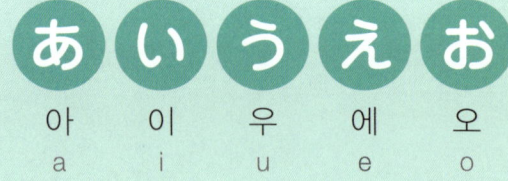
あ い う え お
아 이 우 에 오
a   i   u   e   o

	a	i	u	e	o
	あ	い	う	え	お
k	か	き	く	け	こ
s	さ	し	す	せ	そ
t	た	ち	つ	て	と
n	な	に	ぬ	ね	の
h	は	ひ	ふ	へ	ほ
m	ま	み	む	め	も
y	や		ゆ		よ
r	ら	り	る	れ	ろ
w	わ				を
	ん				

👄 **あ행**은 일본어의 기본 모음으로, 우리말의 **아·이·우·에·오** 발음과 비슷합니다. 이 중 **う**의 발음에 주의해야 하는데, 입술을 쭉 내밀지 말고 **우**와 **으**의 **중간 음**으로 소리 냅니다.

あさ 아침
아 사

いぬ 개
이 누

うた 노래
우 따

いえ 집
이 에

おかね 돈
오 까 네

히라가나 あ행　あ い う え お

아 a

Step 1 손가락으로 따라 그리기

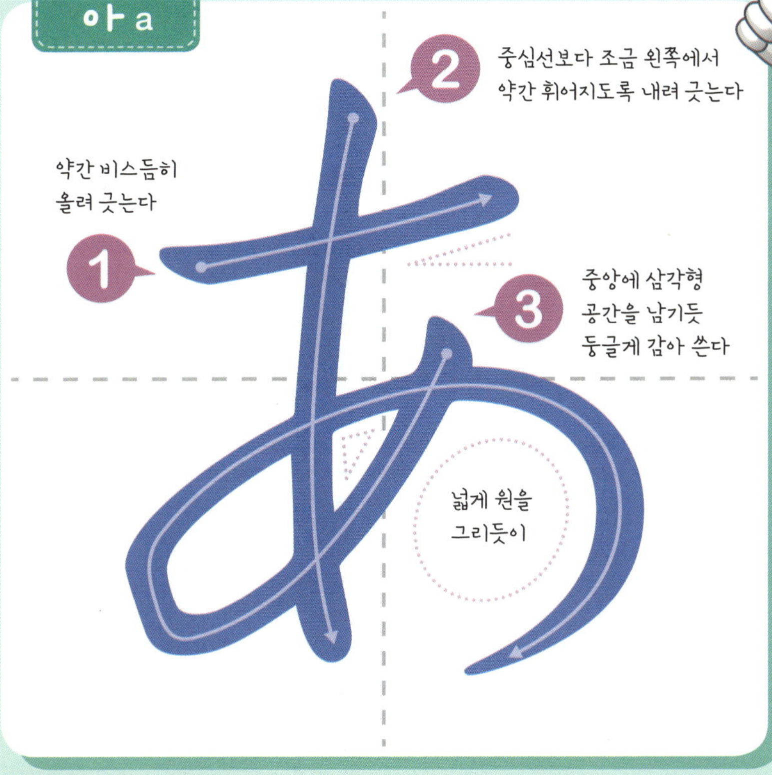

1 약간 비스듬히 올려 긋는다
2 중심선보다 조금 왼쪽에서 약간 휘어지도록 내려 긋는다
3 중앙에 삼각형 공간을 남기듯 둥글게 감아 쓴다

넓게 원을 그리듯이

Step 2 연필로 써보기

あ あ あ あ あ あ あ あ

あ가 들어가는 단어

あめ 사탕
아 메

あき 가을
아 키

あさ 아침
아 사

히라가나 あ행 あ い う え お

い i

1 약간 둥글려 내려 긋는다
위는 나란히
이어지듯이
꺾어 올린다

2 1획보다 짧게 내려 긋는다

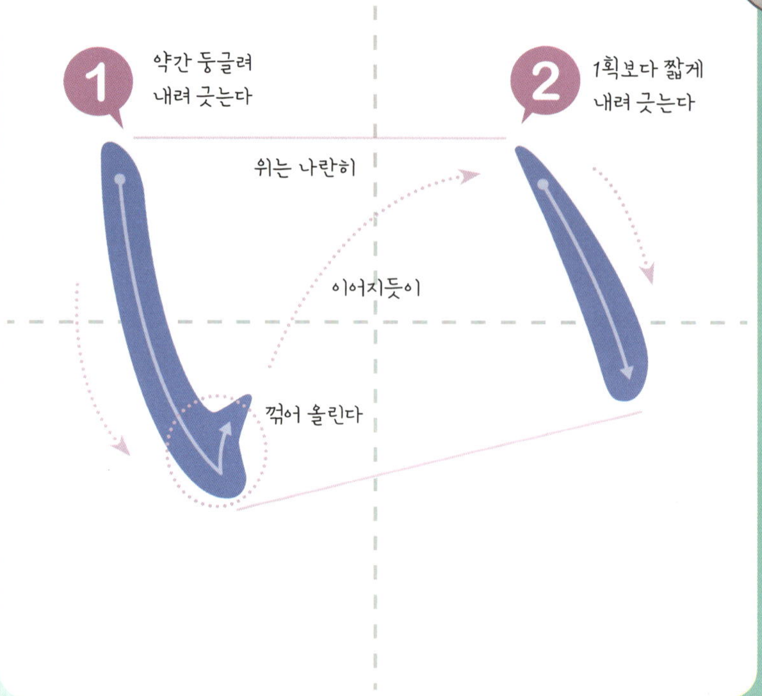

Step 1
손가락으로 따라 그리기

Step 2
연필로 써보기

い い い い い い い い

い가 들어가는 단어

いぬ 개
이 누

いす 의자
이 스

いろ 색
이 로

히라가나 あ행 あ い う え お

우 u

1 아래를 향해 짧게 점을 찍는다

2 위를 향하다가 아래로 둥글려 쓴다

중심선을 많이 넘지 않도록

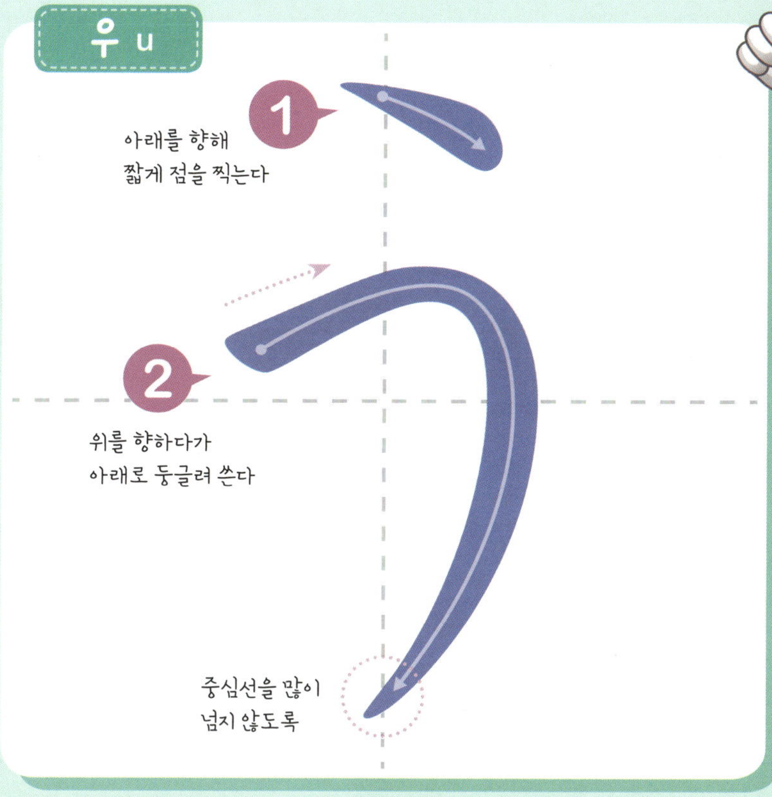

Step 1 손가락으로 따라 그리기

Step 2 연필로 써보기

う う う う う う う う

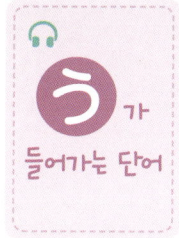
う가 들어가는 단어

うた 노래
우 따

うみ 바다
우 미

うそ 거짓말
우 소

히라가나 あ행 あ い う え お

え e

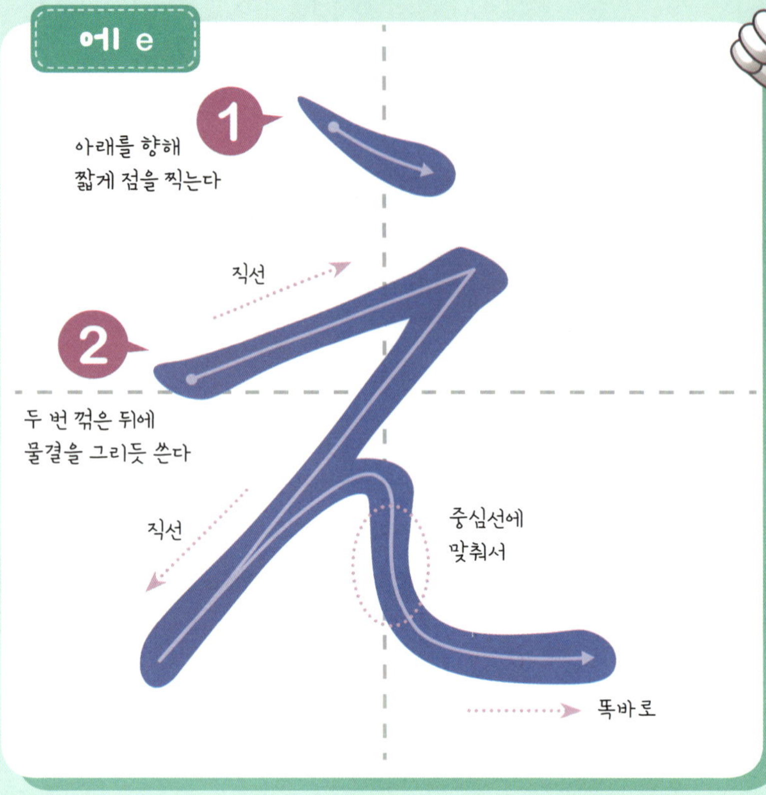

1 아래를 향해 짧게 점을 찍는다

직선

2 두 번 꺾은 뒤에 물결을 그리듯 쓴다

직선

중심선에 맞춰서

똑바로

Step 1 손가락으로 따라 그리기

Step 2 연필로 써보기

え え え え え え え え

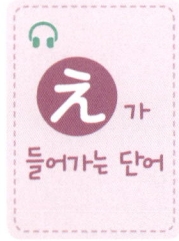
え가 들어가는 단어

えき 역
에 끼

えいご 영어
에 이 고

いえ 집
이 에

18

히라가나 あ행　あ い う え **お**

오 o

1 위로 올려 긋는다

2 수직으로 내려 긋다가 둥글려 쓴다

3 아래를 향해 짧게 점을 찍는다

중심선 보다 아래

중심선보다 왼쪽

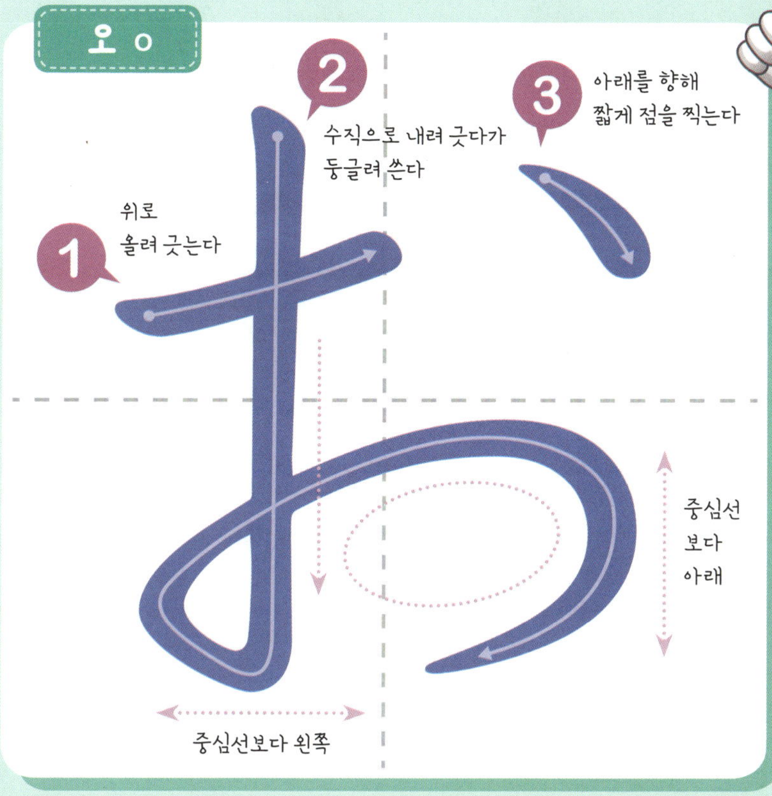

Step 1 손가락으로 따라 그리기

Step 2 연필로 써보기

お お お お お お お お

お가 들어가는 단어

お と 소리
오 또

お いしい 맛있다
오 이 시 —

お かね 돈
오 까 네

19

히라가나 청음 か행

🎧 **소리 내어 크게 읽어보세요.**

かきくけこ
카 키 쿠 케 코
ka ki ku ke ko

	a	i	u	e	o
a	あ	い	う	え	お
k	か	き	く	け	こ
s	さ	し	す	せ	そ
t	た	ち	つ	て	と
n	な	に	ぬ	ね	の
h	は	ひ	ふ	へ	ほ
m	ま	み	む	め	も
y	や		ゆ		よ
r	ら	り	る	れ	ろ
w	わ				を
	ん				

👄 **か**행은 우리말의 **ㄱ**과 **ㅋ**의 **중간** 정도의 발음이지만, 단어의 맨 **첫머리**에 올 때는 **ㅋ**, 단어 **중간**에 올 때는 **ㄲ**에 가깝게 발음합니다.

かお 얼굴
카 오

きもの 기모노
키 모 노

くるま 자동차
쿠 루 마

けが 상처
케 가

こし 허리
코 시

히라가나 か행 か き く け こ

카 ka

Step 1 손가락으로 따라 그리기

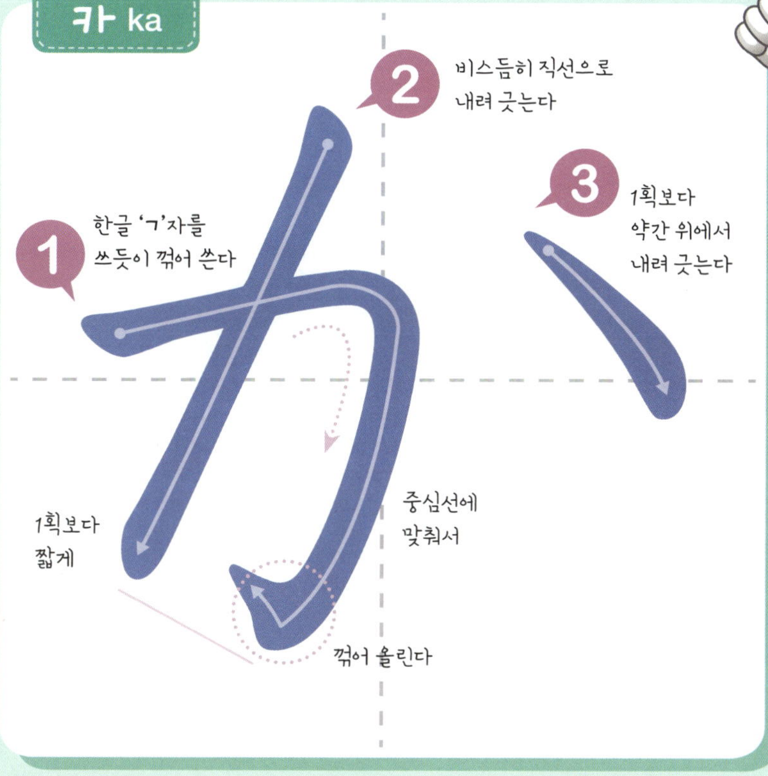

1. 한글 'ㄱ'자를 쓰듯이 꺾어 쓴다
2. 비스듬히 직선으로 내려 긋는다
3. 1획보다 약간 위에서 내려 긋는다

1획보다 짧게
중심선에 맞춰서
꺾어 올린다

Step 2 연필로 써보기

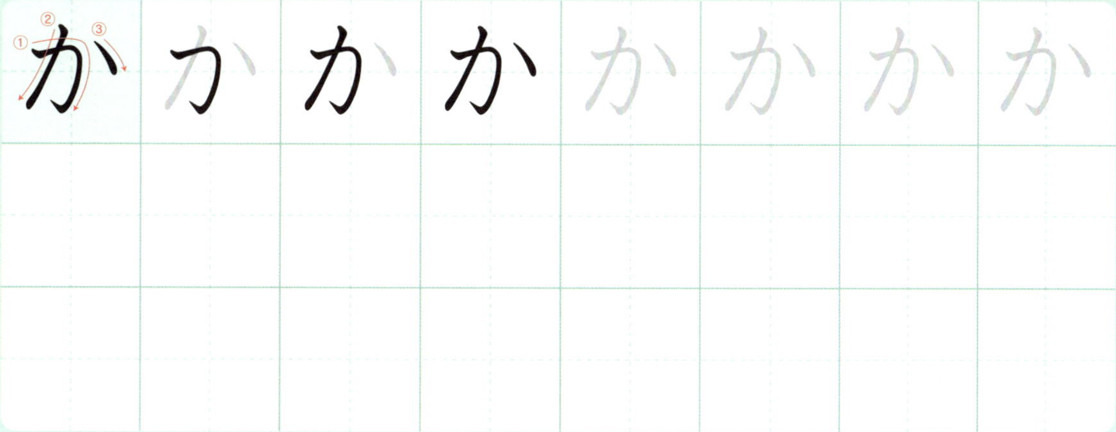

か か か か か か か か

 か가 들어가는 단어

かお 얼굴
카 오

かさ 우산
카 사

かぜ 바람
카 제

히라가나 か행　か **き** く け こ

키 ki

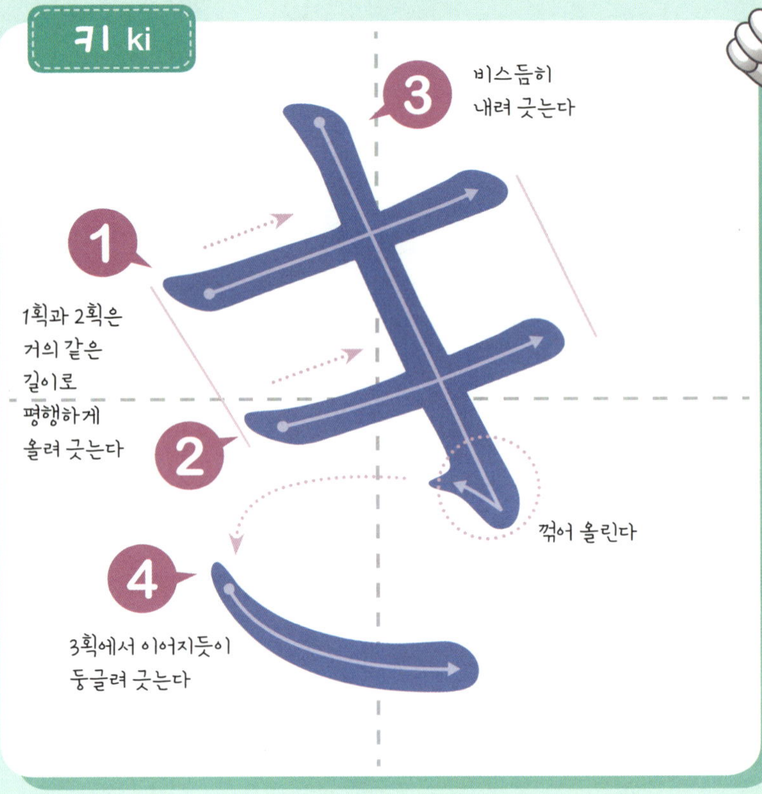

Step 1 손가락으로 따라 그리기

1. 1획과 2획은 거의 같은 길이로 평행하게 올려 긋는다
2.
3. 비스듬히 내려 긋는다
4. 3획에서 이어지듯이 둥글려 긋는다

꺾어 올린다

왜 모양이 다를까?

き き き き

서체에 따라 달라 보이지만 다 같은 글자입니다. 일본 사람들이 손글씨를 쓸 때 떨어뜨려 쓰는 것이 일반적인데, 더 빠르고 편하게 쓸 수 있기 때문이지요.

Step 2 연필로 써보기

き が 들어가는 단어

き 나무
키

きもの 기모노
키 모 노

きのこ 버섯
키 노 꼬

히라가나 か행 　か　き　く　け　こ

く ku

Step 1 손가락으로 따라 그리기

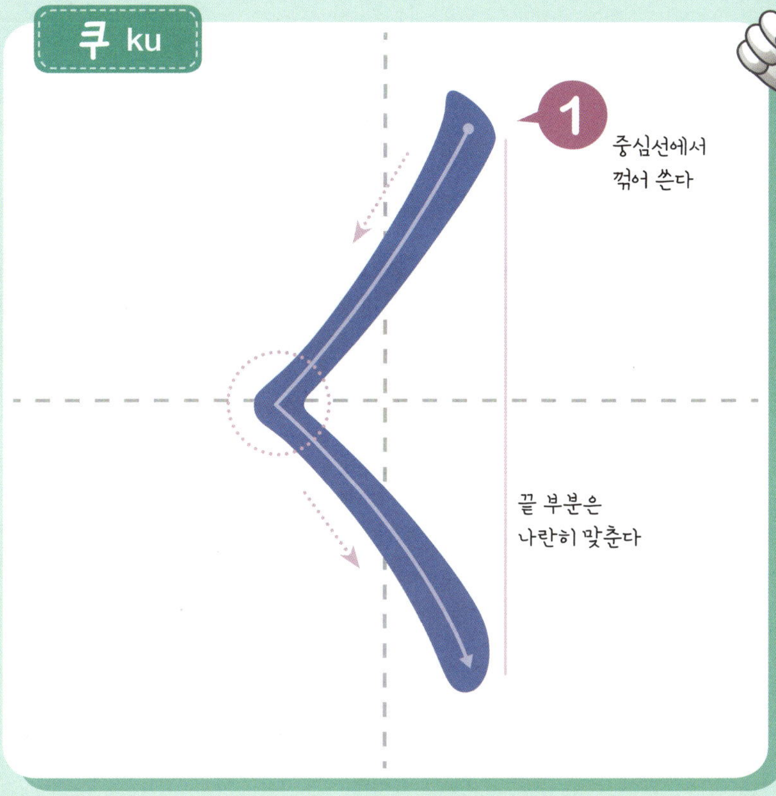

① 중심선에서 꺾어 쓴다

끝 부분은 나란히 맞춘다

연필로 써보기 **Step 2**

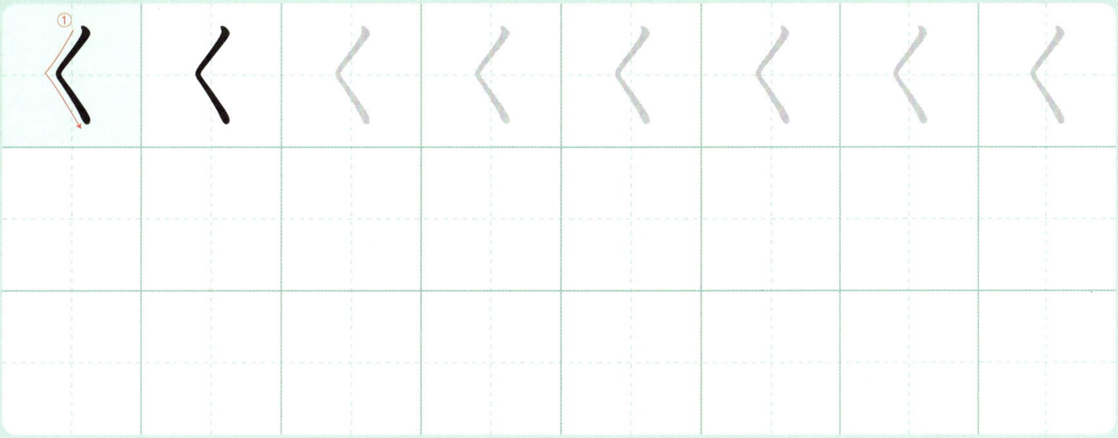

く　く　く　く　く　く　く　く

く가 들어가는 단어

くるま 자동차
쿠 루 마

くつ 구두
쿠 쯔

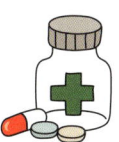
くすり 약
쿠 스 리

히라가나 か행 か き く **け** こ

け ke

Step 1 손가락으로 따라 그리기

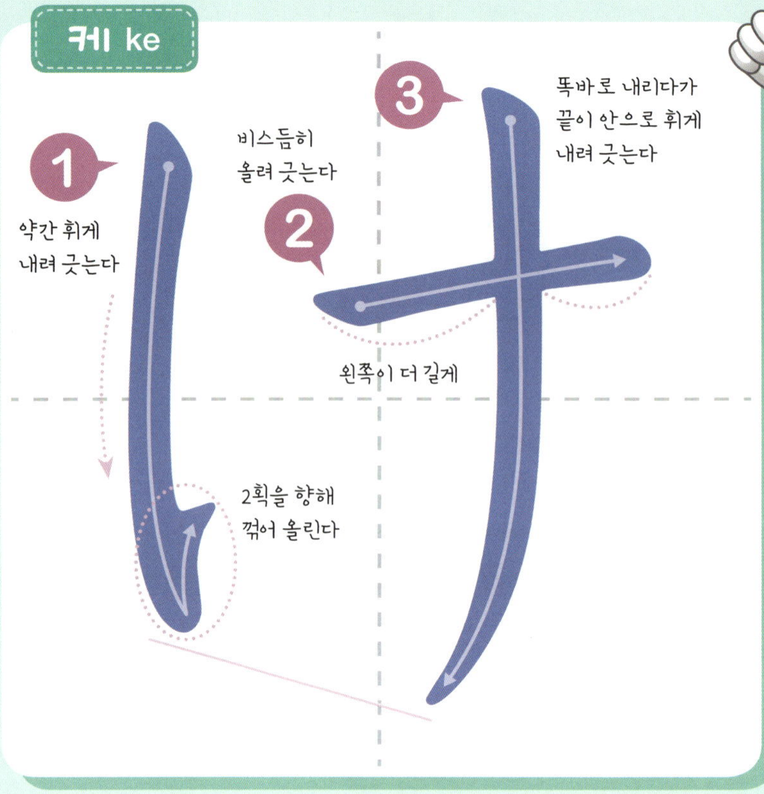

1. 약간 휘게 내려 긋는다
2. 비스듬히 올려 긋는다
3. 똑바로 내리다가 끝이 안으로 휘게 내려 긋는다

왼쪽이 더 길게

2획을 향해 꺾어 올린다

Step 2 연필로 써보기

け け け け け け け け

け가 들어가는 단어

けが 상처
케 가

けむり 연기
케 무 리

けっこん 결혼
켁 꽁

히라가나 か행 か き く け こ

こ ko

1 약간 둥글리다 끝을 꺾는다

2획을 향해 꺾는다

점선처럼 이어지듯이 곡선을 그린다

2 1획보다 너무 길어지지 않도록 둥글려 쓴다

Step 1 손가락으로 따라 그리기

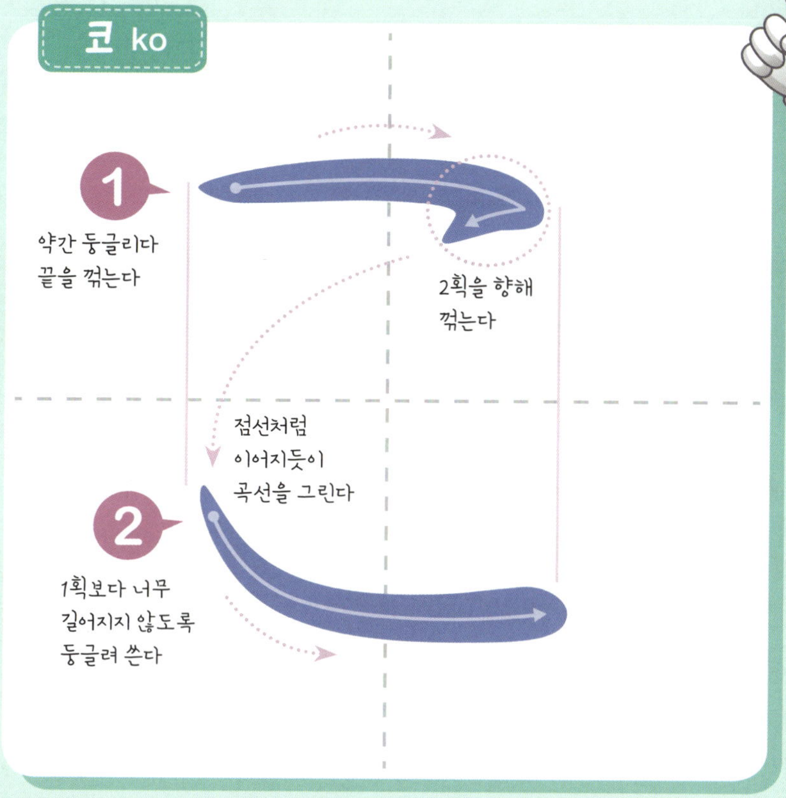

Step 2 연필로 써보기

こ こ こ こ こ こ こ こ

こ가 들어가는 단어

こし 허리
코 시

こうえん 공원
코 - 엥

こおり 얼음
코 오 리

히라가나 청음
さ행

🎧 소리 내어 크게 읽어보세요.

さ し す せ そ
사 시 스 세 소
sa shi su se so

	a	i	u	e	o
a	あ	い	う	え	お
k	か	き	く	け	こ
s	さ	し	す	せ	そ
t	た	ち	つ	て	と
n	な	に	ぬ	ね	の
h	は	ひ	ふ	へ	ほ
m	ま	み	む	め	も
y	や		ゆ		よ
r	ら	り	る	れ	ろ
w	わ				を
	ん				

👄 **さ**행은 우리말의 **사·시·스·세·소** 발음과 비슷합니다. 이 중 **す**의 발음에 주의해야 하는데, 입술을 쭉 내밀지 말고 **스**에 가깝게 발음합니다.

さる 원숭이
사 루

しお 소금
시 오

すし 초밥
스 시

せんせい 선생님
센 세 ー

そら 하늘
소 라

히라가나 さ행 さ し す せ そ

さ sa

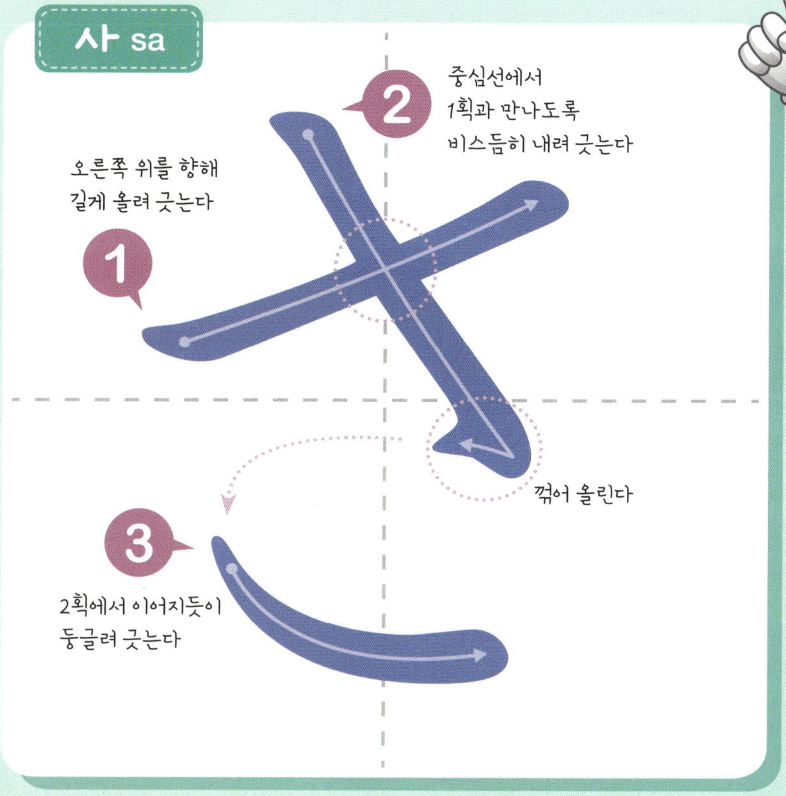

Step 1 손가락으로 따라 그리기

1. 오른쪽 위를 향해 길게 올려 긋는다
2. 중심선에서 1획과 만나도록 비스듬히 내려 긋는다
   꺾어 올린다
3. 2획에서 이어지듯이 둥글려 긋는다

왜 모양이 다를까?

さ さ さ さ

서체에 따라 달라 보이지만 다 같은 글자입니다. 일본 사람들이 손글씨를 쓸 때 떨어뜨려 쓰는 것이 일반적인데, 더 빠르고 편하게 쓸 수 있기 때문이지요.

Step 2 연필로 써보기

さ 가 들어가는 단어

さかな 물고기
사 까 나

さる 원숭이
사 루

さいふ 지갑
사 이 후

히라가나 さ행 さ **し** す せ そ

し shi

1 똑바로 내려 긋다가 둥글게 감아 올린다

낚싯바늘 같은 형태가 되도록

Step 1 손가락으로 따라 그리기

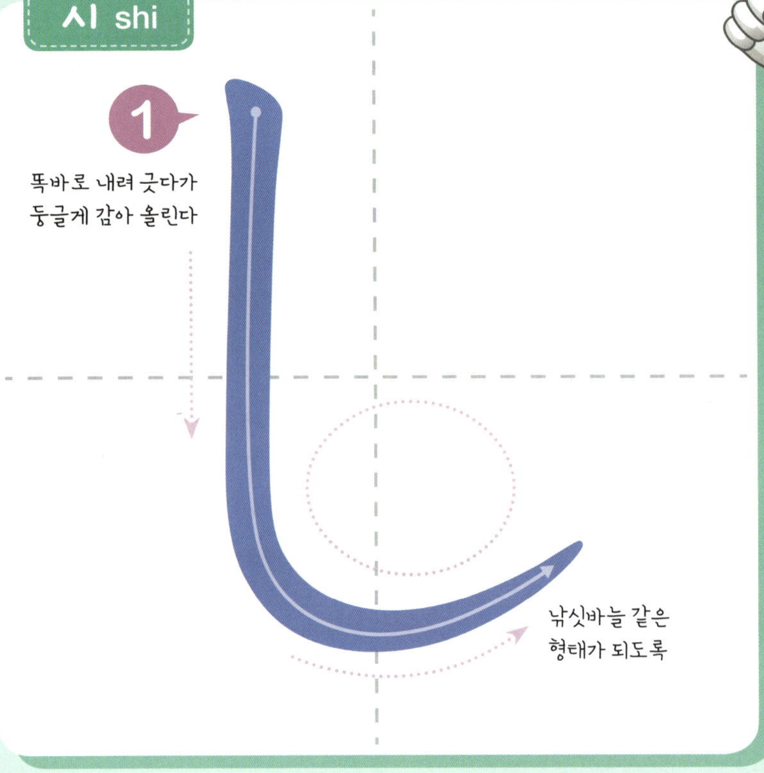

Step 2 연필로 써보기

し가 들어가는 단어

しお 소금
시 오

しか 사슴
시 까

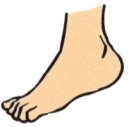
あし 발, 다리
아 시

히라가나 さ행 さ し **す** せ そ

す su

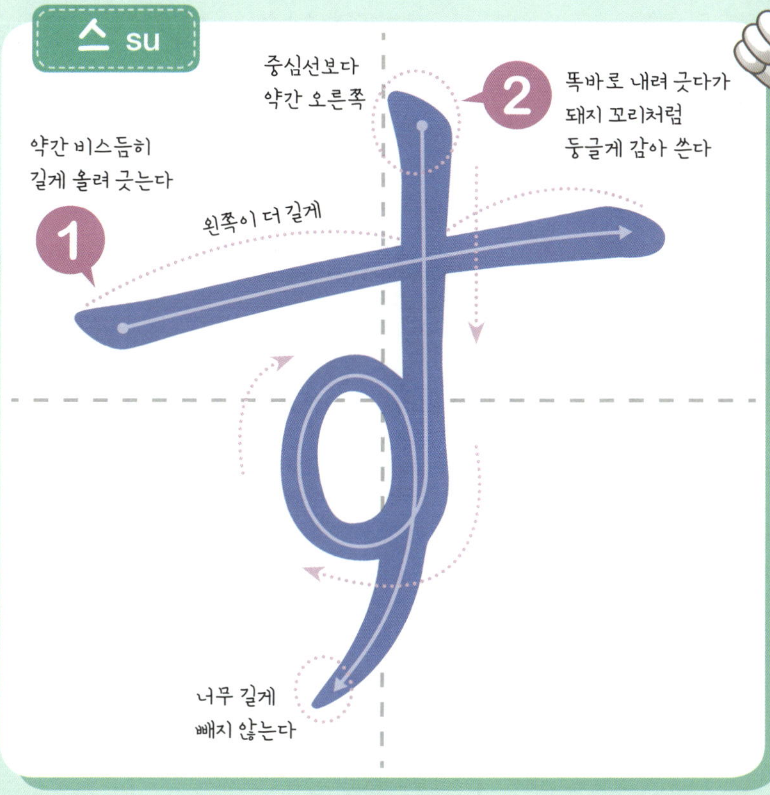

Step 1 손가락으로 따라 그리기

1. 약간 비스듬히 길게 올려 긋는다
   왼쪽이 더 길게
2. 중심선보다 약간 오른쪽
   똑바로 내려 긋다가 돼지 꼬리처럼 둥글게 감아 쓴다

너무 길게 빼지 않는다

Step 2 연필로 써보기

す す す す す す す す

す가 들어가는 단어

すし 초밥
스 시

すいか 수박
스 이 까

すな 모래
스 나

히라가나 さ행 さ し す **せ** そ

せ se

Step 1 손가락으로 따라 그리기

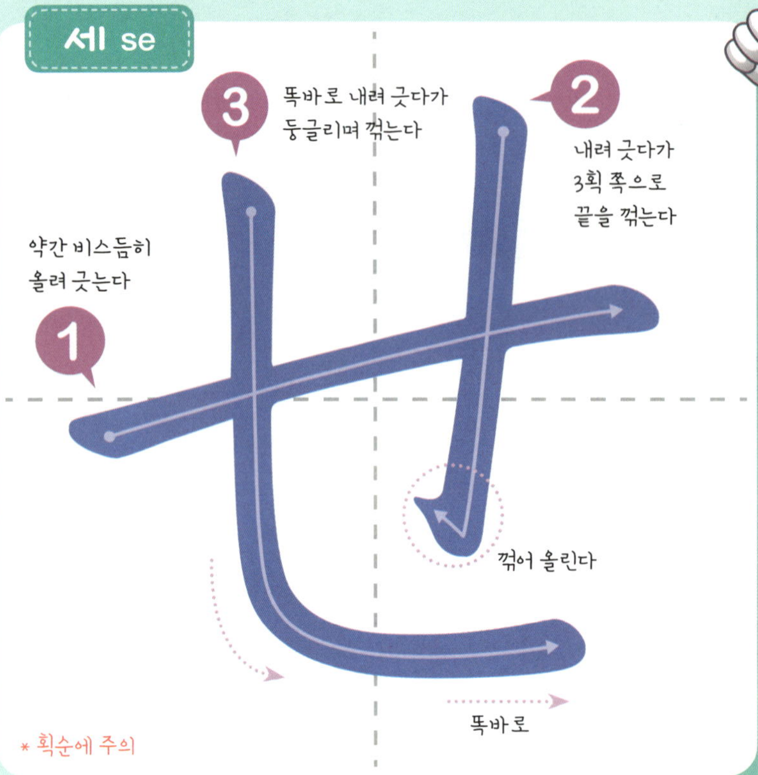

1 약간 비스듬히 올려 긋는다
2 내려 긋다가 3획 쪽으로 끝을 꺾는다
3 똑바로 내려 긋다가 둥글리며 꺾는다

꺾어 올린다
똑바로

* 획순에 주의

Step 2 연필로 써보기

せ せ せ せ せ せ せ せ

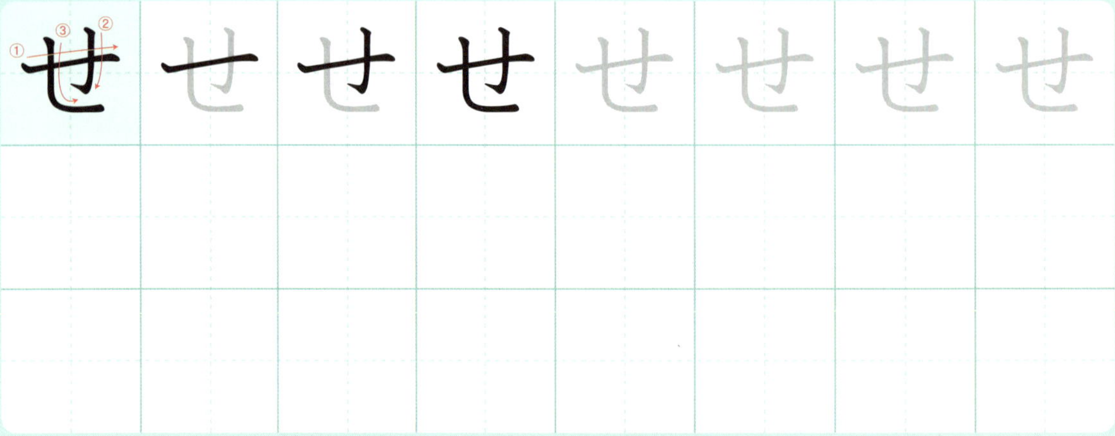

せ가 들어가는 단어

せんせい 선생님
센 세 -

せかい 세계
세 까이

あせ 땀
아 세

히라가나 さ행 さしすせそ

そ SO

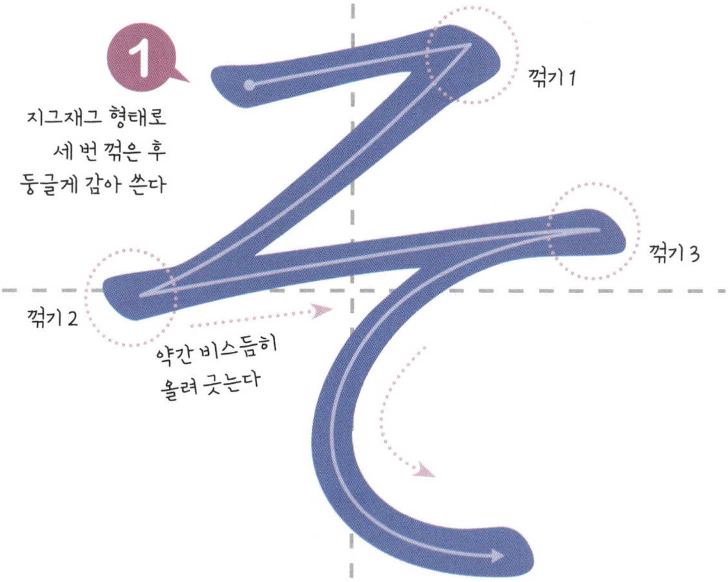

1 지그재그 형태로 세 번 꺾은 후 둥글게 감아 쓴다

꺾기 1
꺾기 2
꺾기 3
약간 비스듬히 올려 긋는다

Step 1 손가락으로 따라 그리기

어디가 다를까? 
そ 왼쪽 상단 부분을 따로 떼어 2획으로 쓰기도 합니다.

Step 2 연필로 써보기

そ そ そ そ そ そ そ そ

そ가 들어가는 단어

そら 하늘
소 라

そば 메밀국수
소 바

それ 그것
소 레

히라가나 청음 た행

🎧 **소리 내어 크게 읽어보세요.**

	a	i	u	e	o
	あ	い	う	え	お
k	か	き	く	け	こ
s	さ	し	す	せ	そ
t	た	ち	つ	て	と
n	な	に	ぬ	ね	の
h	は	ひ	ふ	へ	ほ
m	ま	み	む	め	も
y	や		ゆ		よ
r	ら	り	る	れ	ろ
w	わ				を
	ん				

👄 **た행**의 발음은 **타·티·투·테·토**로 하지 않는 점에 유의하세요. **ち**는 **치**와 **찌**의 중간 소리로, **つ**는 **츠**와 **쯔**의 중간 소리로 발음합니다. 특히 **つ** 발음이 어려운데, 혀끝을 윗잇몸과 윗니 사이에 대고 가볍게 파열시켜 발음합니다. 이 때 혀의 양 옆이 어금니에 닿아 있어야 합니다.

たこ 문어
타 꼬

ちいさい 작다
치 - 사 이

つくえ 책상
츠 꾸 에

てんき 날씨
텡 끼

とけい 시계
토 께 -

히라가나 た행 た ち つ て と

타 ta

Step 1 손가락으로 따라 그리기

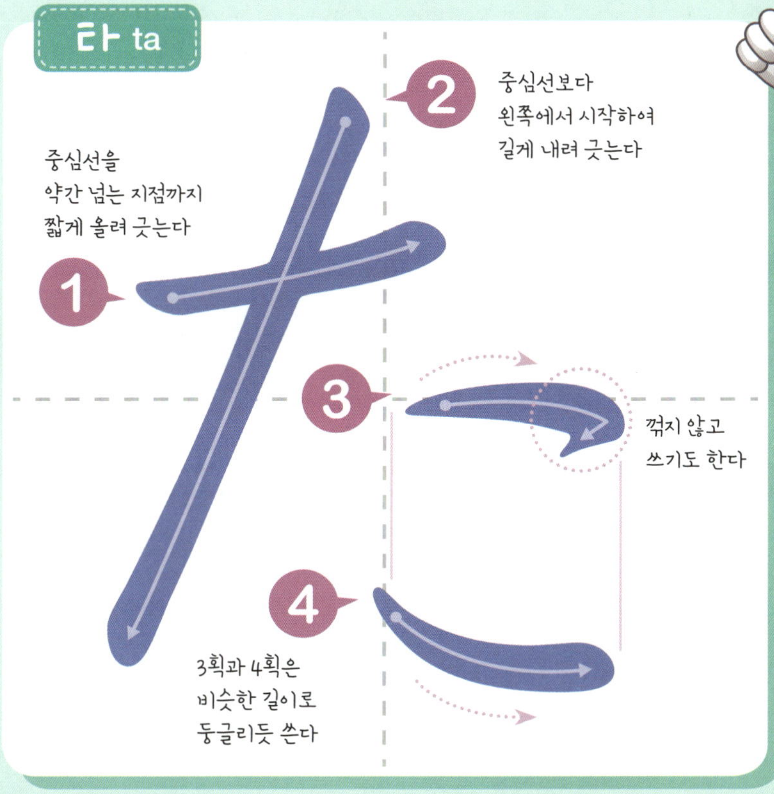

① 중심선을 약간 넘는 지점까지 짧게 올려 긋는다
② 중심선보다 왼쪽에서 시작하여 길게 내려 긋는다
③ 꺾지 않고 쓰기도 한다
④ 3획과 4획은 비슷한 길이로 둥글리듯 쓴다

Step 2 연필로 써보기

た た た た た た た

た가 들어가는 단어

たこ 문어
타 꼬

たのしい 즐겁다
타 노 시 -

たかい 높다, (키가) 크다
타 까 이

히라가나 た행 た ち つ て と

치 chi

1 약간 비스듬히 올려 긋는다

2 1획의 중앙을 통과하듯 내려 그은 뒤 둥글게 감아 쓴다

히라가나 'つ'를 그리듯이

중심선에서 멈춘다

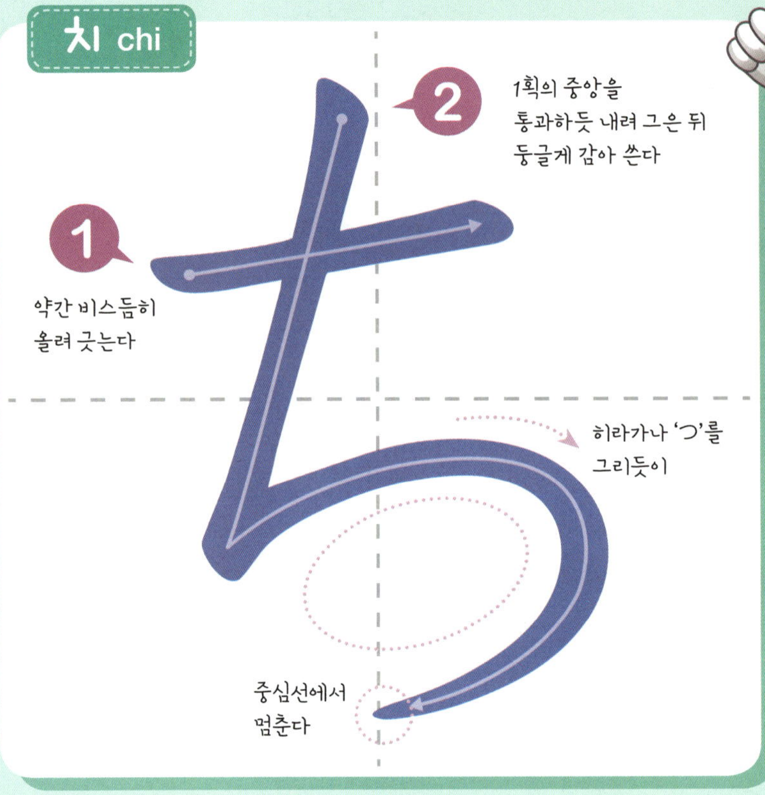

Step 1
손가락으로 따라 그리기

어디가 다를까?
치 사
ちち ささ

서로 방향이 반대! 모양이 비슷해서 헷갈리기 쉬워요. ち의 경우 2획을 끊어 쓰지 않으므로 유의합시다.

Step 2
연필로 써보기

ち ち ち ち ち ち ち ち

ち가 들어가는 단어

ちず 지도
치 즈

ちいさい 작다
치 - 사 이

ちから 힘
치 까라

히라가나 た행 たちつてと

つ tsu

Step 1 손가락으로 따라 그리기

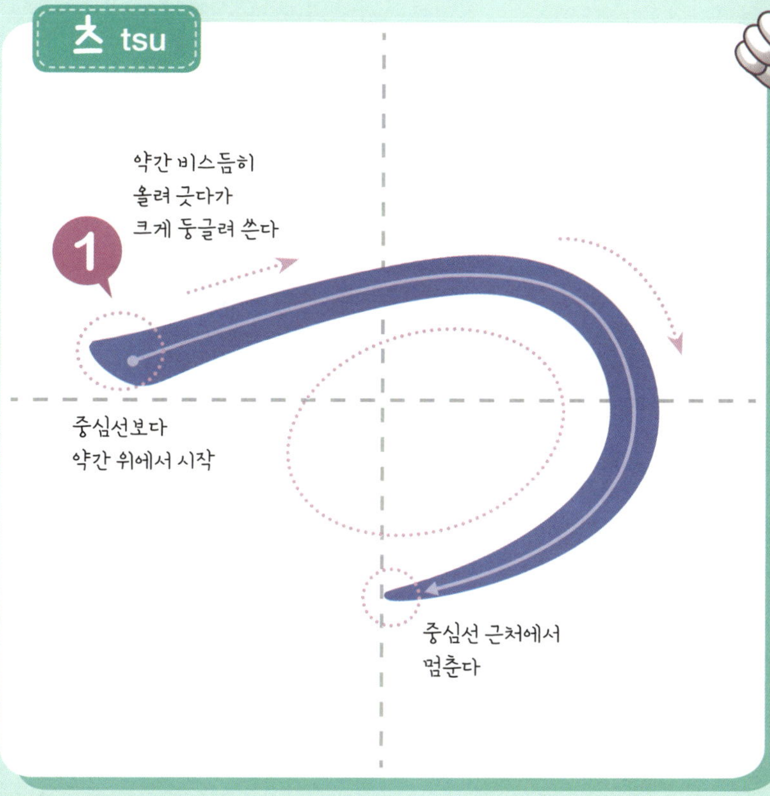

1 약간 비스듬히 올려 긋다가 크게 둥글려 쓴다

중심선보다 약간 위에서 시작

중심선 근처에서 멈춘다

Step 2 연필로 써보기

 つ가 들어가는 단어

つき 달
츠 끼

つくえ 책상
츠 꾸에

つばさ 날개
츠 바사

35

히라가나 た행 た ち つ **て** と

て te

1 약간 비스듬히 길게 올려 긋다가 둥글게 꺾는다

중심선 근처에서 휘어지도록

Step 1 손가락으로 따라 그리기

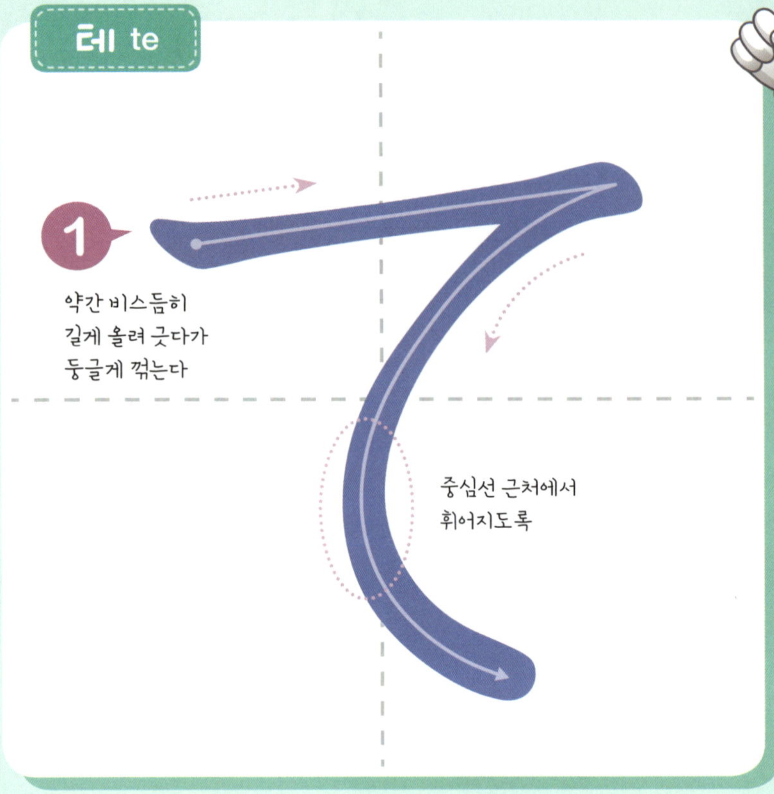

Step 2 연필로 써보기

て て て て て て て て て

て가 들어가는 단어

てがみ 편지
테 가 미

てんき 날씨
텡 끼

てぶくろ 장갑
테 부 꾸 로

히라가나 た행 た ち つ て と

と to

Step 1 손가락으로 따라 그리기

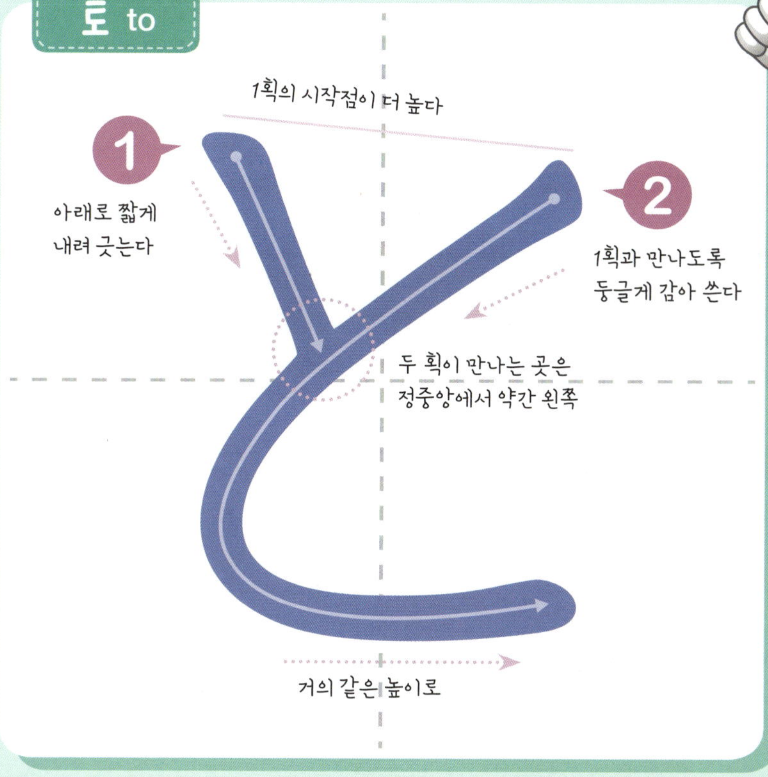

1. 아래로 짧게 내려 긋는다
   1획의 시작점이 더 높다
2. 1획과 만나도록 둥글게 감아 쓴다

두 획이 만나는 곳은 정중앙에서 약간 왼쪽

거의 같은 높이로

Step 2 연필로 써보기

と と と と と と と と

と 가 들어가는 단어

とけい 시계
토 께 -

とり 새
토 리

とら 호랑이
토 라

히라가나 청음

소리 내어 크게 읽어보세요.

	a	i	u	e	o
a	あ	い	う	え	お
k	か	き	く	け	こ
s	さ	し	す	せ	そ
t	た	ち	つ	て	と
n	な	に	ぬ	ね	の
h	は	ひ	ふ	へ	ほ
m	ま	み	む	め	も
y	や		ゆ		よ
r	ら	り	る	れ	ろ
w	わ				を
	ん				

💋 **な행**은 우리말의 **나·니·누·네·노** 발음과 비슷합니다. 이 중 **ぬ**의 발음에 주의해야 하는데, 입술을 쭉 내밀지 말고 **누와 느의 중간 음**으로 소리 냅니다.

なつ 여름
나 쯔

にく 고기, 살
니 꾸

ぬぐ 벗다
누 구

ねこ 고양이
네 꼬

のり 김
노 리

히라가나 な행 な に ぬ ね の

な na

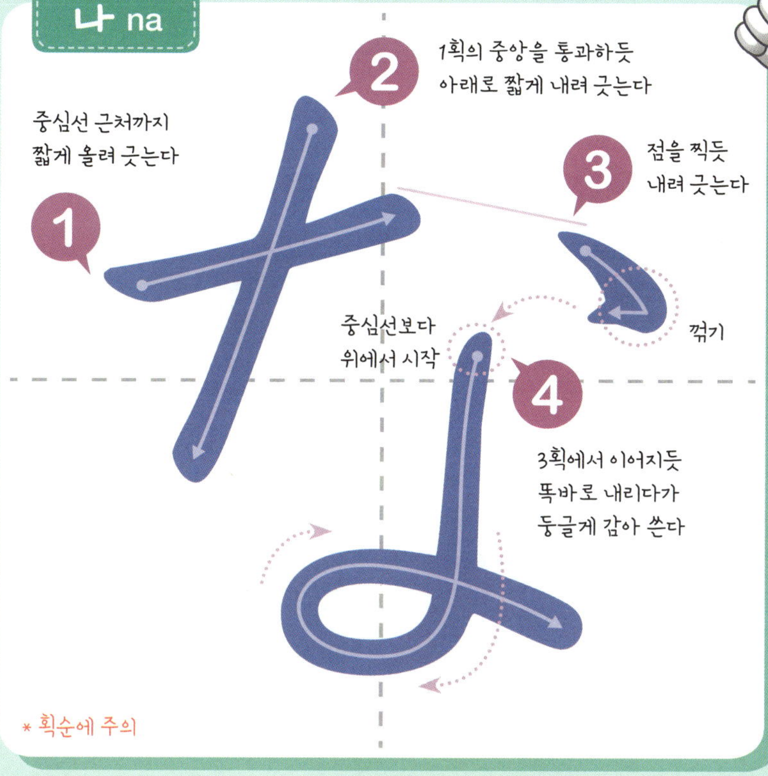

Step 1 손가락으로 따라 그리기

1. 중심선 근처까지 짧게 올려 긋는다
2. 1획의 중앙을 통과하듯 아래로 짧게 내려 긋는다
3. 점을 찍듯 내려 긋는다 / 꺾기
4. 중심선보다 위에서 시작 / 3획에서 이어지듯 똑바로 내리다가 둥글게 감아 쓴다

* 획순에 주의

Step 2 연필로 써보기

な な な な な な な な

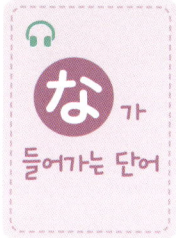
な가 들어가는 단어

なつ 여름
나 쯔

なか 안, 속
나 까

なし 배
나 시

히라가나 な행 な に ぬ ね の

に ni

1. 약간 휘게 내려 긋는다
2. 2획과 3획은 중심선에서 시작하여 거의 같은 길이로 쓴다
   - 꺾지 않고 쓰기도 한다
   - 각도가 점점 벌어짐
3. 꺾어 올린다

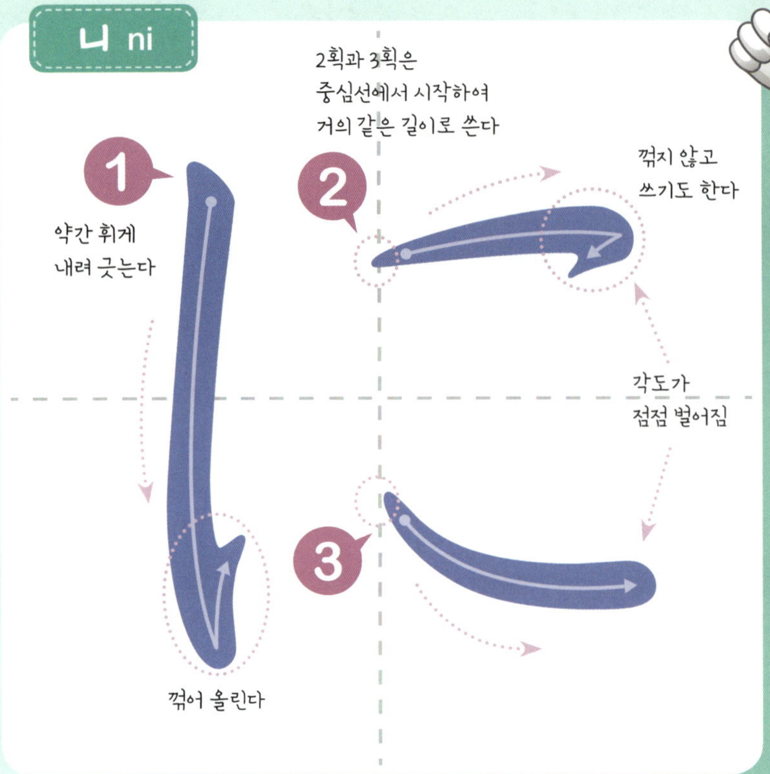

Step 1 손가락으로 따라 그리기

Step 2 연필로 써보기

に に に に に に に

🎧 に가 들어가는 단어

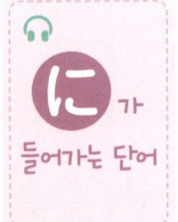 にく 고기, 살
니꾸

 にし 서쪽
니시

 にち 일
니찌

히라가나 な행 な に **ぬ** ね の

누 nu

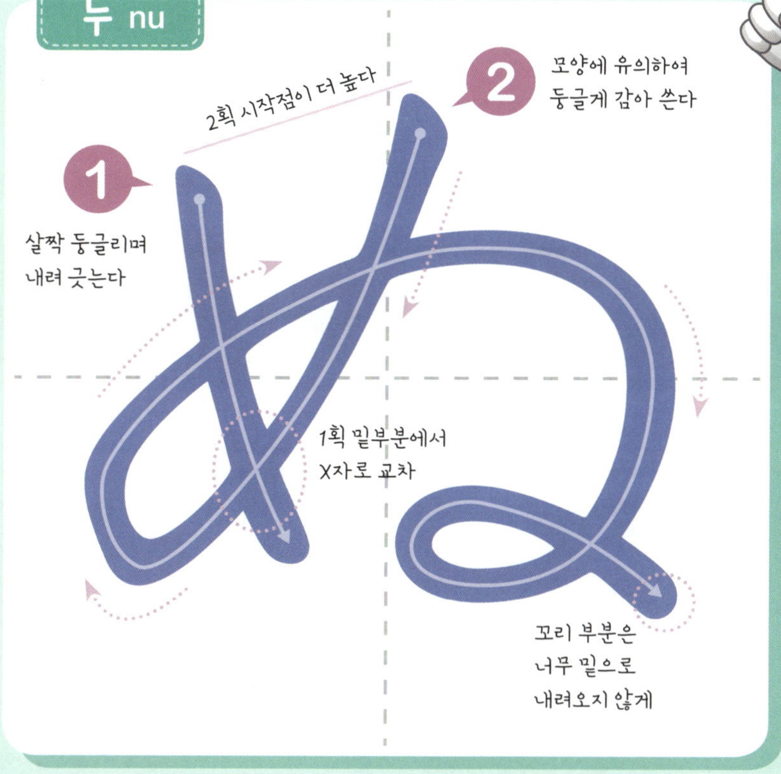

Step 1 손가락으로 따라 그리기

1. 살짝 둥글리며 내려 긋는다
2. 모양에 유의하여 둥글게 감아 쓴다

2획 시작점이 더 높다
1획 밑부분에서 X자로 교차
꼬리 부분은 너무 밑으로 내려오지 않게

어디가 다를까?
누   메
ぬ   め
꼬리 모양에 주의!

Step 2 연필로 써보기

ぬ ぬ ぬ ぬ ぬ ぬ ぬ ぬ

 ぬ가 들어가는 단어

ぬぐ 벗다
누 구

ぬいぐるみ 봉제 인형
누 이 구 루 미

ぬすむ 훔치다
누 스 무

히라가나 な행 な に ぬ ね の

ね ne

Step 1 손가락으로 따라 그리기

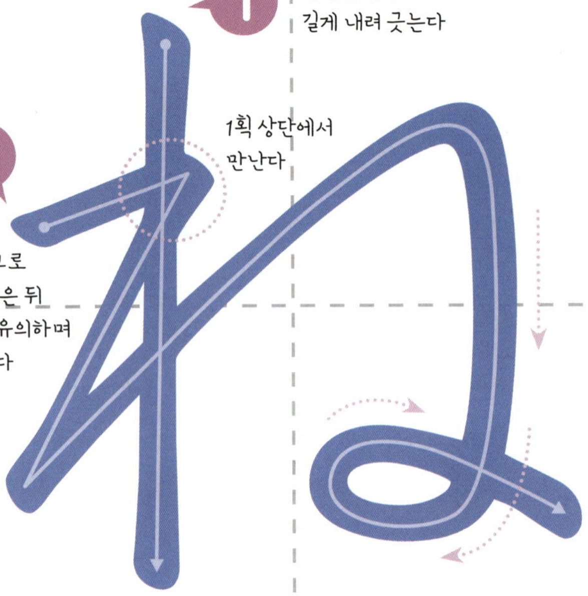

1 중심선 왼쪽에서 길게 내려 긋는다
2 1획 상단에서 만난다
지그재그로 두 번 꺾은 뒤 모양에 유의하며 감아 쓴다

어디가 다를까?

ね れ わ
네 레 와

꼬리 모양에 주의!

Step 2 연필로 써보기

ね ね ね ね ね ね ね ね

ね가 들어가는 단어

ねこ 고양이
네 꼬

ねぎ 파
네 기

ねつ 열
네 쯔

히라가나 な행　な に ぬ ね の

노 no

Step 1 손가락으로 따라 그리기

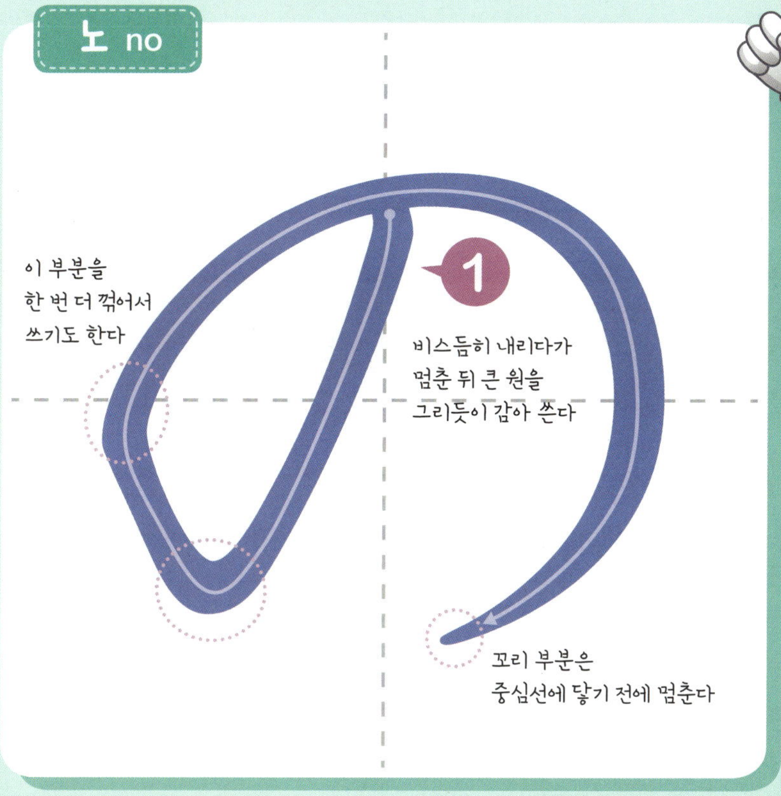

① 비스듬히 내리다가 멈춘 뒤 큰 원을 그리듯이 감아 쓴다

이 부분을 한 번 더 꺾어서 쓰기도 한다

꼬리 부분은 중심선에 닿기 전에 멈춘다

Step 2 연필로 써보기

の の の の の の の の の

 の가 들어가는 단어

のり 김
노 리

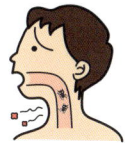
のど 목구멍
노 도

のみもの 마실 것
노 미 모 노

히라가나 청음

🎧 소리 내어 크게 읽어보세요.

	a	i	u	e	o
	あ	い	う	え	お
k	か	き	く	け	こ
s	さ	し	す	せ	そ
t	た	ち	つ	て	と
n	な	に	ぬ	ね	の
h	**は**	**ひ**	**ふ**	**へ**	**ほ**
m	ま	み	む	め	も
y	や		ゆ		よ
r	ら	り	る	れ	ろ
w	わ				を
	ん				

👄 は행은 우리말의 하·히·후·헤·호 발음과 비슷하지만, 우리말보다 조금 세게 발음하여 **h 음이 확실히 들리도록** 합니다. 배에 손을 대고 있으면 떨림이 느껴질 정도로 세게 발음해 보세요. 약하게 발음하면 **아·이·우·에·오**처럼 들릴 수도 있으니 주의하세요.

はな 꽃
하 나

ひる 낮
히 루

ふく 옷
후 꾸

へた 서투름
헤 따

ほん 책
홍

히라가나 は행 は ひ ふ へ ほ

하 ha

1. 약간 휘게 내려 긋는다
2. 중심선 부근에서 시작해서 짧게 올려 긋는다 / 왼쪽이 더 길게
3. 수직으로 내리다가 둥글게 감아 쓴다

꺾어 올린다

Step 1 손가락으로 따라 그리기

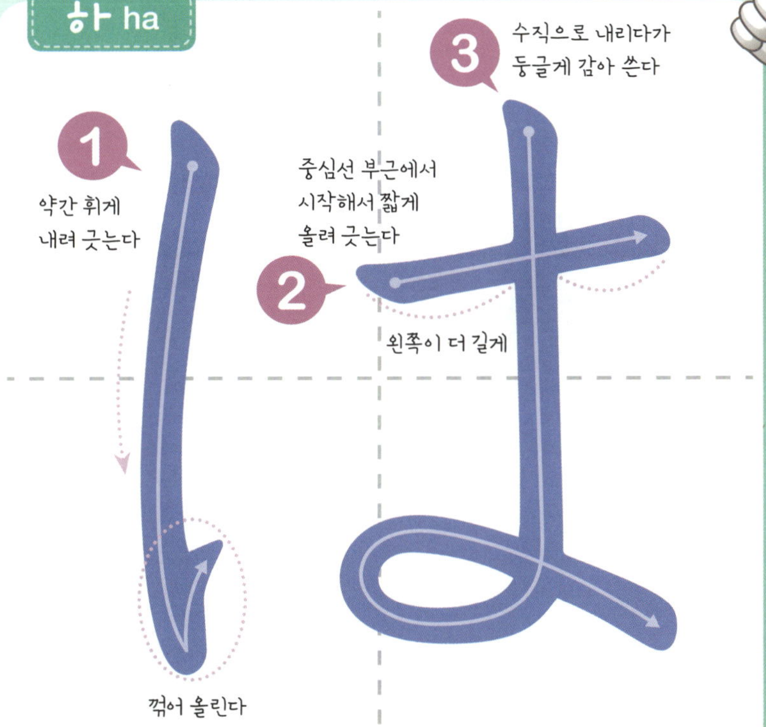

어디가 다를까?
하   호
は   ほ
오른쪽 상단 획수에 주의!

Step 2 연필로 써보기

は は は は は は は は

は가 들어가는 단어

はる 봄
하 루

はな 꽃
하 나

はこ 상자
하 꼬

45

히라가나 は행 は ひ ふ へ ほ

ひ hi

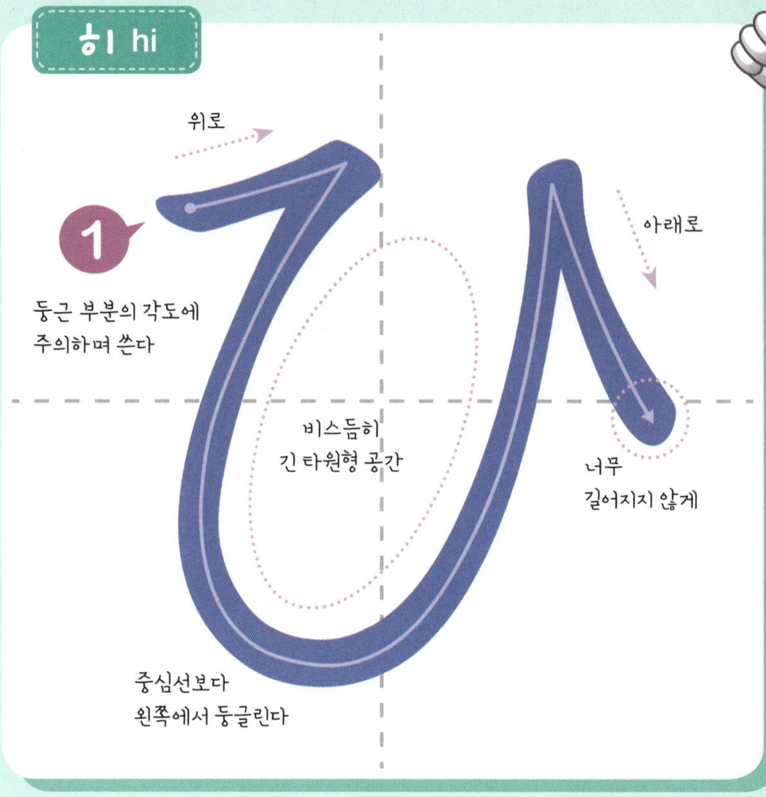

Step 1 손가락으로 따라 그리기

① 위로
둥근 부분의 각도에 주의하며 쓴다
비스듬히 긴 타원형 공간
아래로
너무 길어지지 않게
중심선보다 왼쪽에서 둥글린다

Step 2 연필로 써보기

ひ ひ ひ ひ ひ ひ ひ ひ

ひ가 들어가는 단어

ひる 낮
히 루

ひげ 수염
히 게

ひがし 동쪽
히 가 시

히라가나 は행 は ひ ふ へ ほ

후 fu

순서에 주의하며 모든 획이 자연스럽게 이어지듯이 쓴다

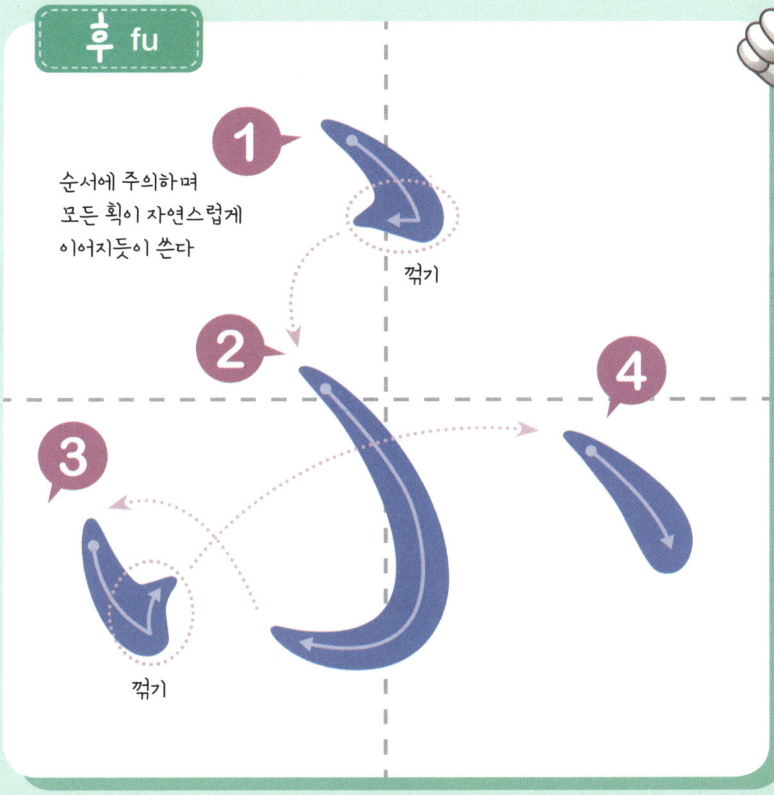

1 꺾기
2
3 꺾기
4

Step 1 손가락으로 따라 그리기

Step 2 연필로 써보기

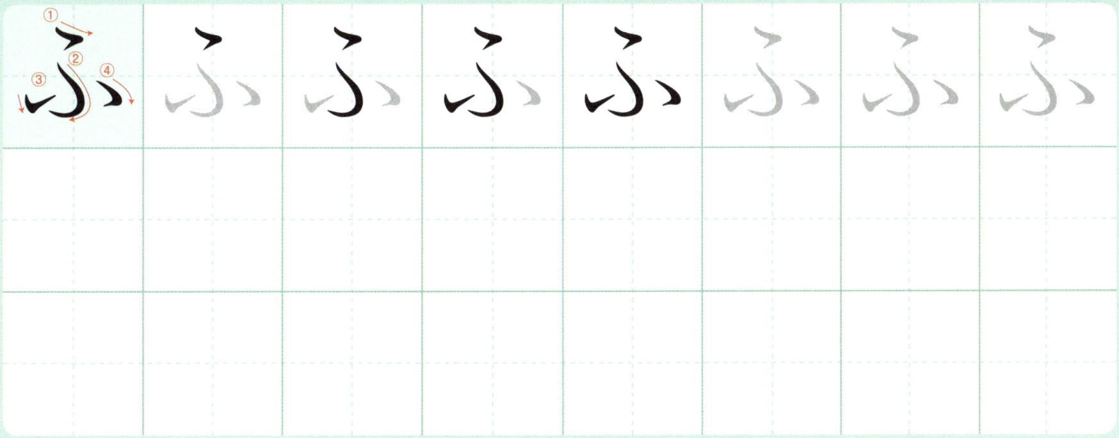

ふ ふ ふ ふ ふ ふ ふ ふ

ふ가 들어가는 단어

ふく 옷
후 꾸

ふゆ 겨울
후 유

ふくろ 봉지, 자루
후 꾸 로

47

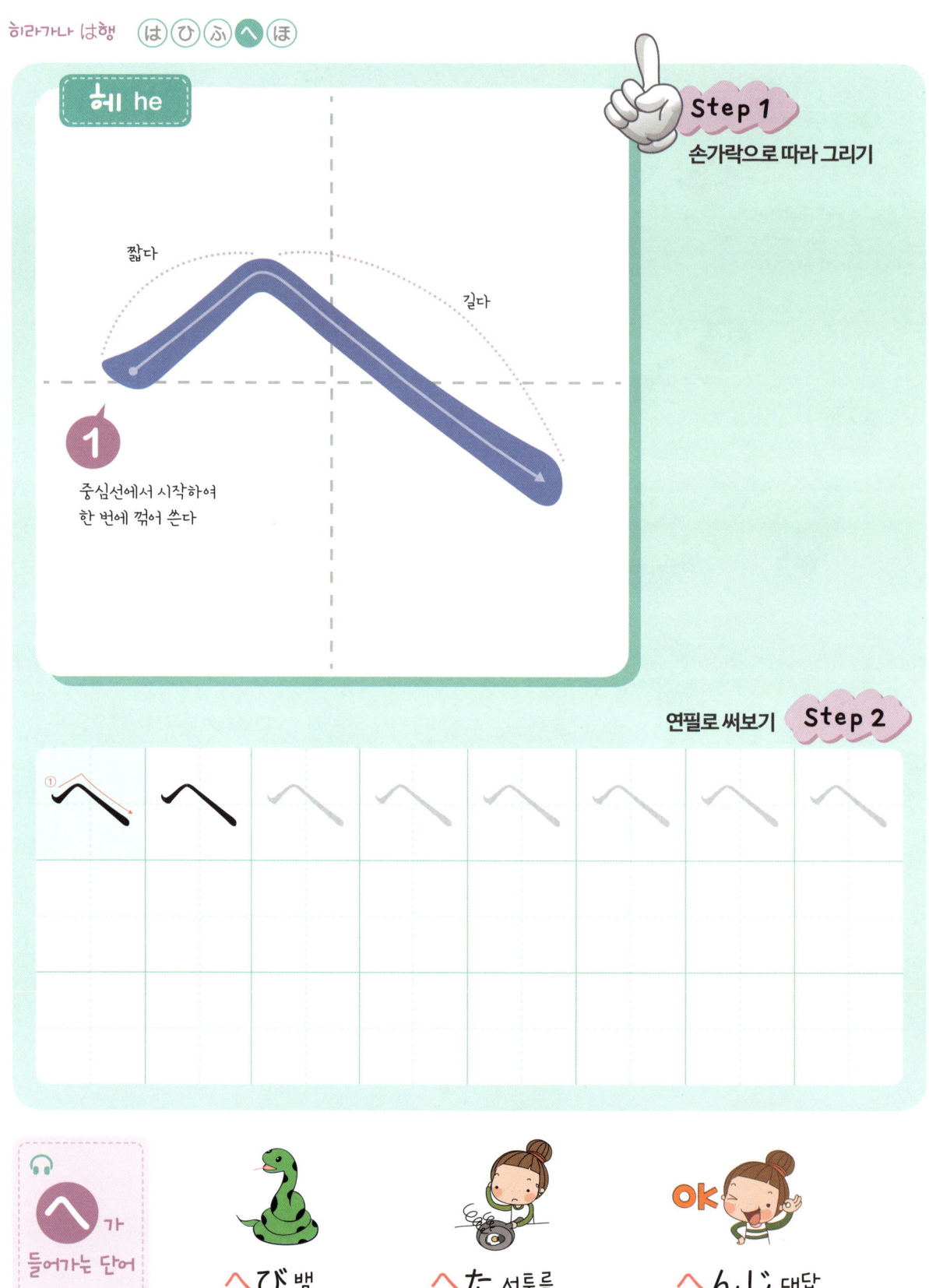

히라가나 は행 は ひ ふ へ ほ

ほ ho

1 약간 휘게 내려 긋는다
2 2획과 3획은 같은 길이로 올려 긋는다
3
4 수직으로 내리다가 둥글게 감아 쓴다

꺾어 올린다

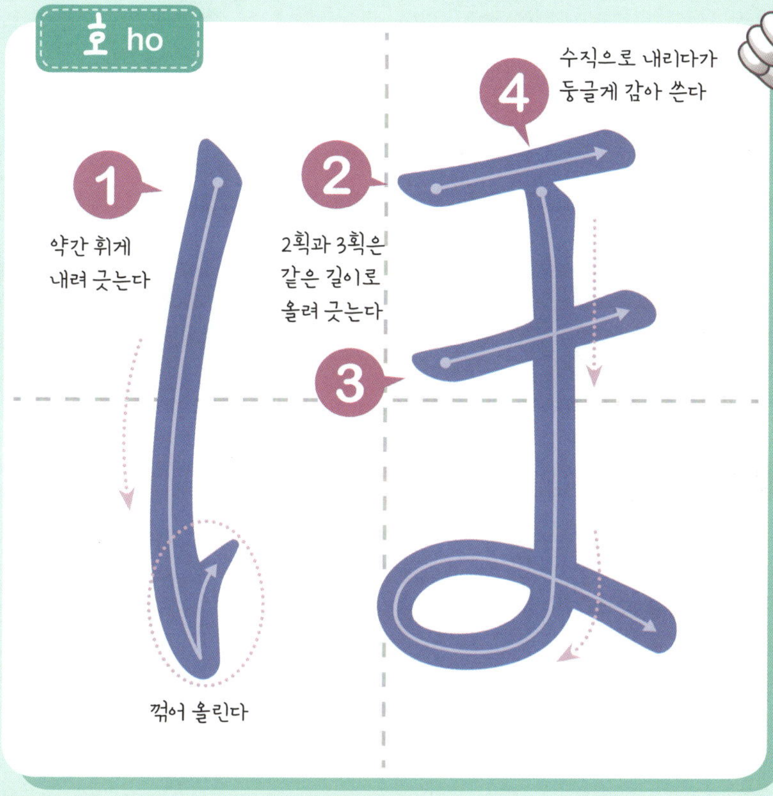

Step 1
손가락으로 따라 그리기

어디가 다를까?
호   하
ほ   は
오른쪽 상단 획수에 주의!

Step 2
연필로 써보기

ほ ほ ほ ほ ほ ほ ほ ほ

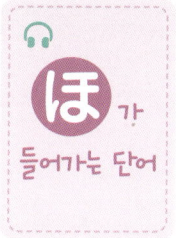
ほ가 들어가는 단어

ほし 별
호시

ほね 뼈
호네

ほん 책
홍

히라가나 청음

ま 행

🎧 소리 내어 크게 읽어보세요.

ま	み	む	め	も
마	미	무	메	모
ma	mi	mu	me	mo

	a	i	u	e	o
a	あ	い	う	え	お
k	か	き	く	け	こ
s	さ	し	す	せ	そ
t	た	ち	つ	て	と
n	な	に	ぬ	ね	の
h	は	ひ	ふ	へ	ほ
m	ま	み	む	め	も
y	や		ゆ		よ
r	ら	り	る	れ	ろ
w	わ				を
	ん				

👄 **ま**행은 우리말의 **마·미·무·메·모** 발음과 비슷합니다. 이 중 **む**의 발음에 주의해야 하는데, 입술을 쭉 내밀지 말고 **무**와 **므**의 **중간음**으로 소리 냅니다.

まど 창문
마 도

みず 물
미 즈

むすめ 딸
무 스 메

めがね 안경
메 가 네

もの 물건
모 노

히라가나 ま행 ま み む め も

まma

Step 1 손가락으로 따라 그리기

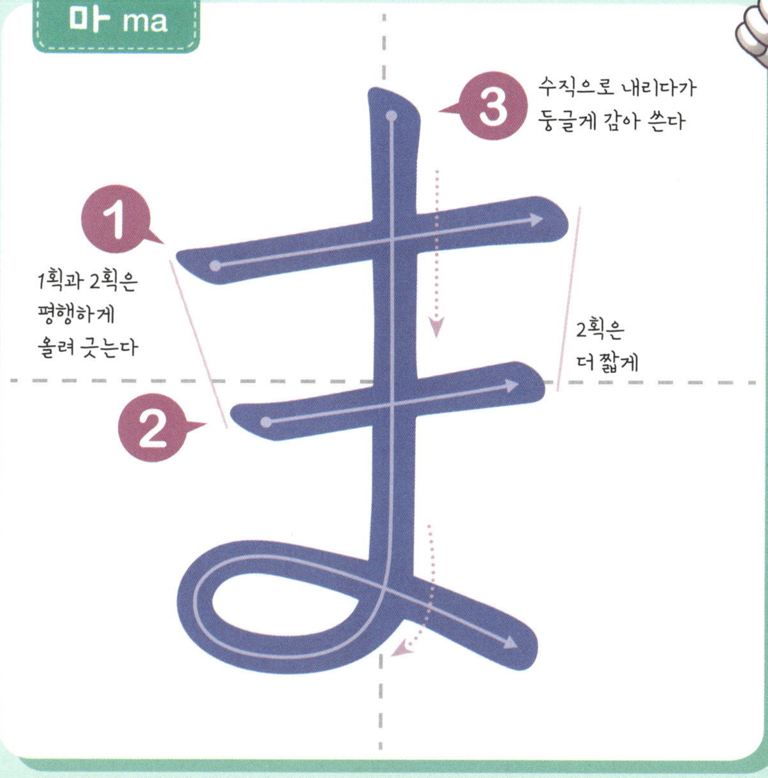

1 1획과 2획은 평행하게 올려 긋는다
2 2획은 더 짧게
3 수직으로 내리다가 둥글게 감아 쓴다

Step 2 연필로 써보기

ま ま ま ま ま ま ま ま

ま가 들어가는 단어

まど 창문
마 도

まくら 베개
마꾸라

まめ 콩
마 메

히라가나 ま행 ま **み** む め も

미 mi

Step 1 손가락으로 따라 그리기

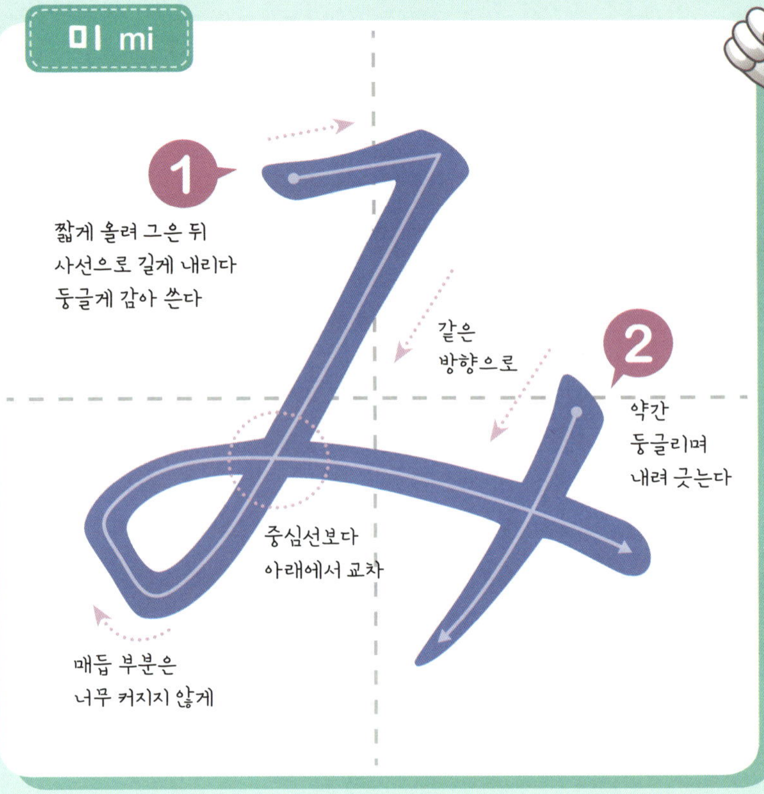

① 짧게 올려 그은 뒤 사선으로 길게 내리다 둥글게 감아 쓴다

② 약간 둥글리며 내려 긋는다

같은 방향으로

중심선보다 아래에서 교차

매듭 부분은 너무 커지지 않게

Step 2 연필로 써보기

み み み み み み み み

み가 들어가는 단어

みせ 가게
미 세

みず 물
미 즈

みかん 귤
미 깡

히라가나 ま행　ま　み　む　め　も

무 mu

1 짧게 올려 긋는다
2 수직으로 내리다가 작은 매듭을 만든다
3 짧은 점을 내려 찍는다

매듭 부분은 너무 커지지 않게
옆으로 똑바로
매듭과 비슷한 높이 또는 더 아래로 내려오도록
꼬리 부분은 위를 향한다

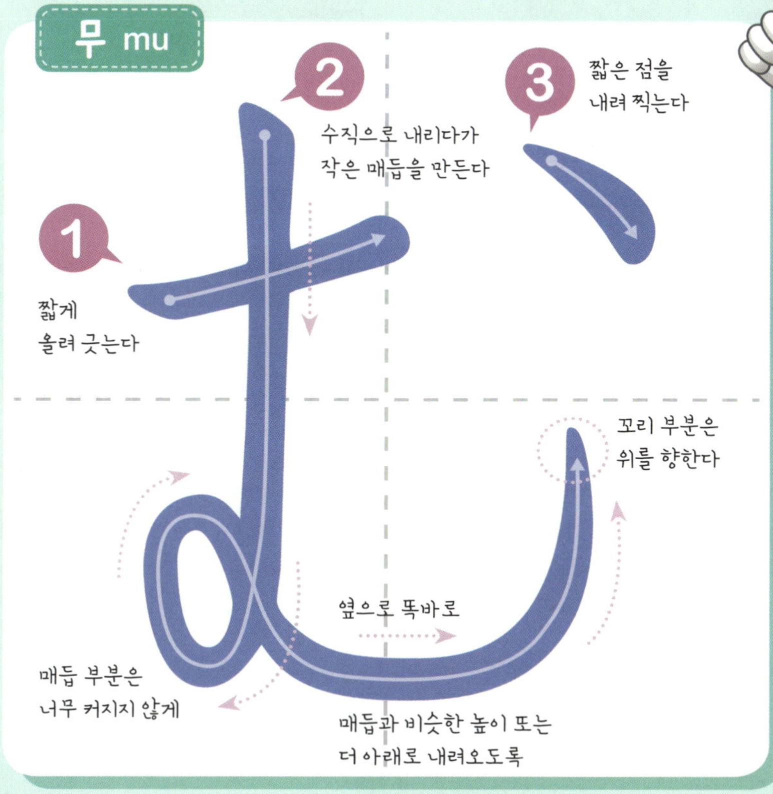

Step 1
손가락으로 따라 그리기

Step 2
연필로 써보기

む　む　む　む　む　む　む　む

む가 들어가는 단어

むし 벌레
무 시

むすこ 아들
무 스 꼬

むすめ 딸
무 스 메

히라가나 ま행 　ま　み　む　め　も

め me

1 살짝 둥글리며 내려 긋는다

2획 시작이 더 높다

2 모양에 유의하여 둥글게 감아 쓴다

1획 끝 부분보다 약간 아래로 내려오도록

Step 1 손가락으로 따라 그리기

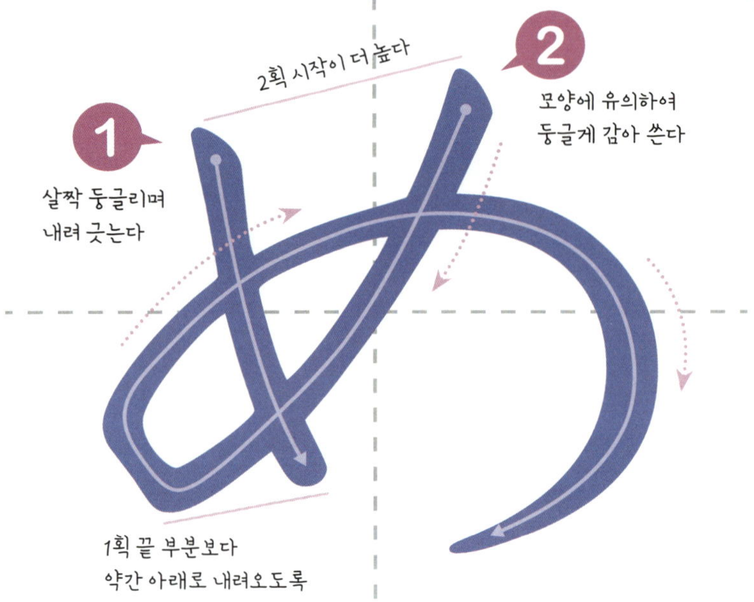

어디가 다를까?
메　　누
め　　ぬ
꼬리 모양에 주의!

Step 2 연필로 써보기

め め め め め め め め

め가 들어가는 단어

めがね 안경
메 가 네

めいし 명함
메 ― 시

ゆめ 꿈
유 메

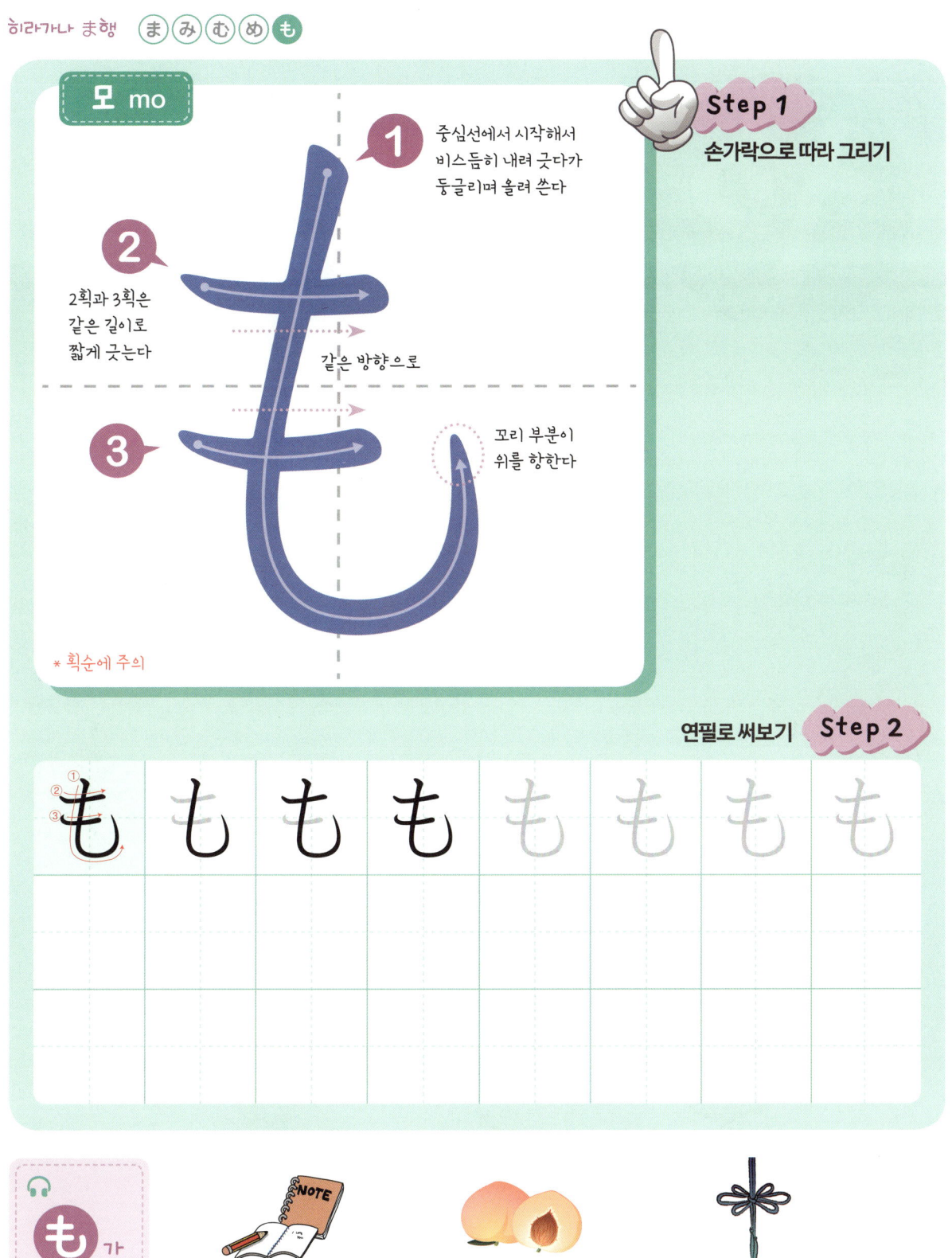

히라가나 청음 や행

🎧 **소리 내어 크게 읽어보세요.**

や ゆ よ
야 유 요
ya yu yo

	a	i	u	e	o
k	あ	い	う	え	お
k	か	き	く	け	こ
s	さ	し	す	せ	そ
t	た	ち	つ	て	と
n	な	に	ぬ	ね	の
h	は	ひ	ふ	へ	ほ
m	ま	み	む	め	も
y	や		ゆ		よ
r	ら	り	る	れ	ろ
w	わ				を
	ん				

💋 **や행**은 현대 일본어에서 **や · ゆ · よ** 세 글자만 쓰이며, 우리말의 **야 · 유 · 요** 발음과 비슷합니다.

や**すみ** 휴일
야 스 미

ゆ**き** 눈
유 끼

よ**む** 읽다
요 무

히라가나 や행 や ゆ よ

や ya

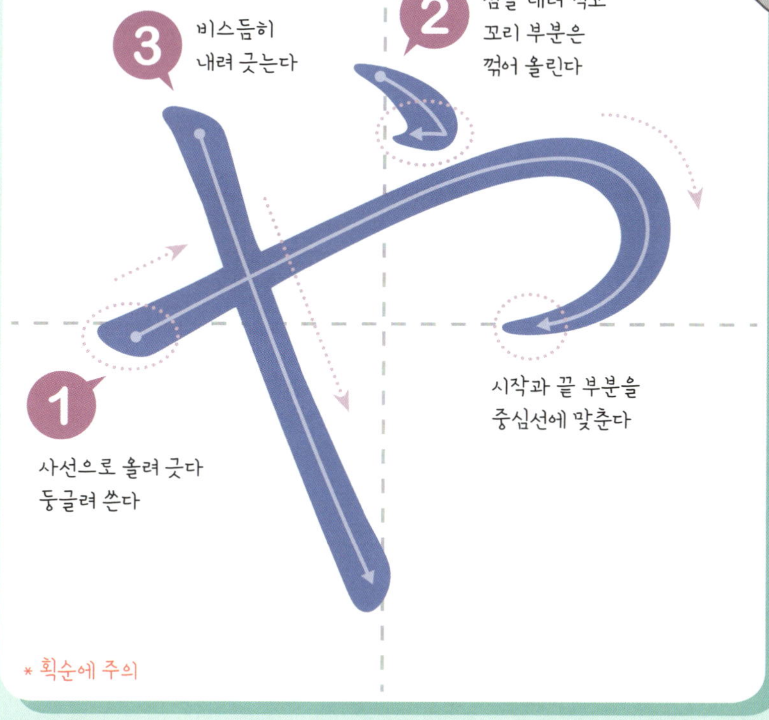

3 비스듬히 내려 긋는다

2 점을 내려 찍고 꼬리 부분은 꺾어 올린다

Step 1 손가락으로 따라 그리기

1 사선으로 올려 긋다 둥글려 쓴다

시작과 끝 부분을 중심선에 맞춘다

* 획순에 주의

Step 2 연필로 써보기

や や や や や や や や

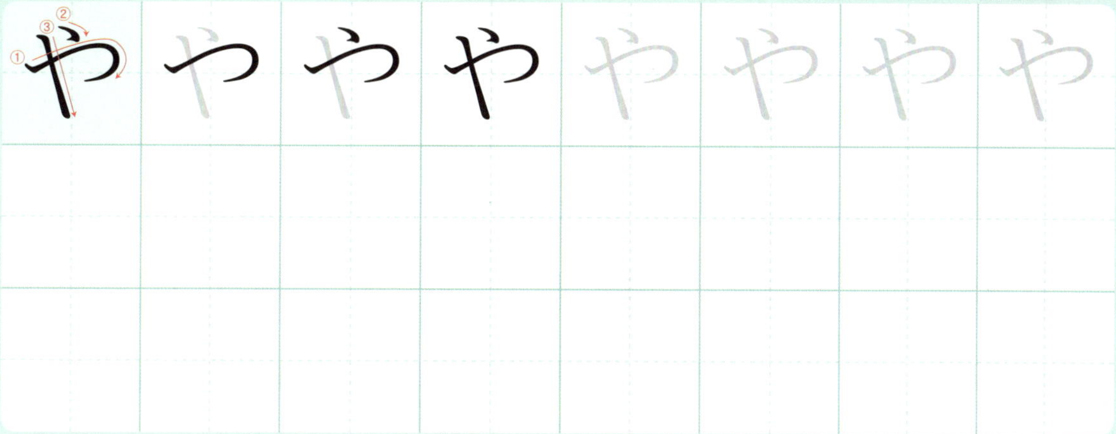

や가 들어가는 단어

やま 산
야 마

やすみ 휴일
야 스 미

やくそく 약속
야 꾸소꾸

히라가나 や행 や ゆ よ

유 yu

Step 1 손가락으로 따라 그리기

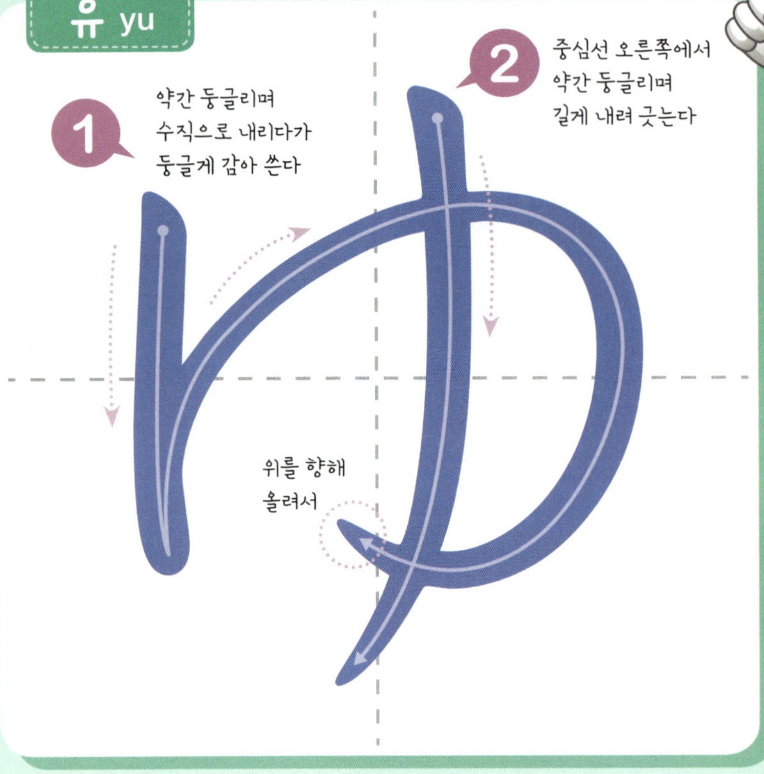

1 약간 둥글리며 수직으로 내리다가 둥글게 감아 쓴다

2 중심선 오른쪽에서 약간 둥글리며 길게 내려 긋는다

위를 향해 올려서

Step 2 연필로 써보기

ゆ ゆ ゆ ゆ ゆ ゆ ゆ ゆ

ゆ 가 들어가는 단어

ゆき 눈
유 끼

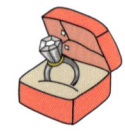
ゆびわ 반지
유 비 와

ゆっくり 천천히
육 꾸 리

히라가나 や행 や ゆ **よ**

よ yo

Step 1 손가락으로 따라 그리기

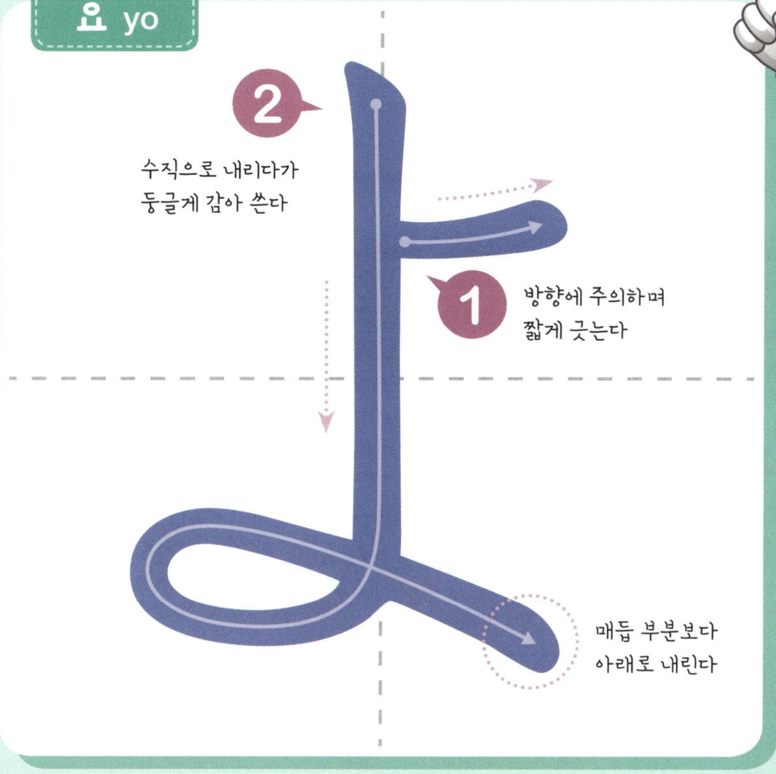

② 수직으로 내리다가 둥글게 감아 쓴다

① 방향에 주의하며 짧게 긋는다

매듭 부분보다 아래로 내린다

Step 2 연필로 써보기

よ よ よ よ よ よ よ よ

よ가 들어가는 단어

よこ 옆
요 꼬

よむ 읽다
요 무

よん 4, 넷
용

히라가나 청음 ら행

🎧 소리 내어 크게 읽어보세요.

ら	り	る	れ	ろ
라	리	루	레	로
ra	ri	ru	re	ro

	a	i	u	e	o
a	あ	い	う	え	お
k	か	き	く	け	こ
s	さ	し	す	せ	そ
t	た	ち	つ	て	と
n	な	に	ぬ	ね	の
h	は	ひ	ふ	へ	ほ
m	ま	み	む	め	も
y	や		ゆ		よ
r	**ら**	**り**	**る**	**れ**	**ろ**
w	わ				を
	ん				

👄 **ら행**은 우리말의 **라·리·루·레·로** 발음과 비슷합니다.
る와 **ろ**는 형태가 비슷하므로 헷갈리지 않게 주의합니다.

らくだ 낙타
라 꾸 다

りんご 사과
링 고

よ**る** 밤
요 루

れっしゃ 열차
렛 샤

ろうそく 양초
로 - 소 꾸

히라가나 ら행 ら り る れ ろ

ら ra

Step 1 손가락으로 따라 그리기

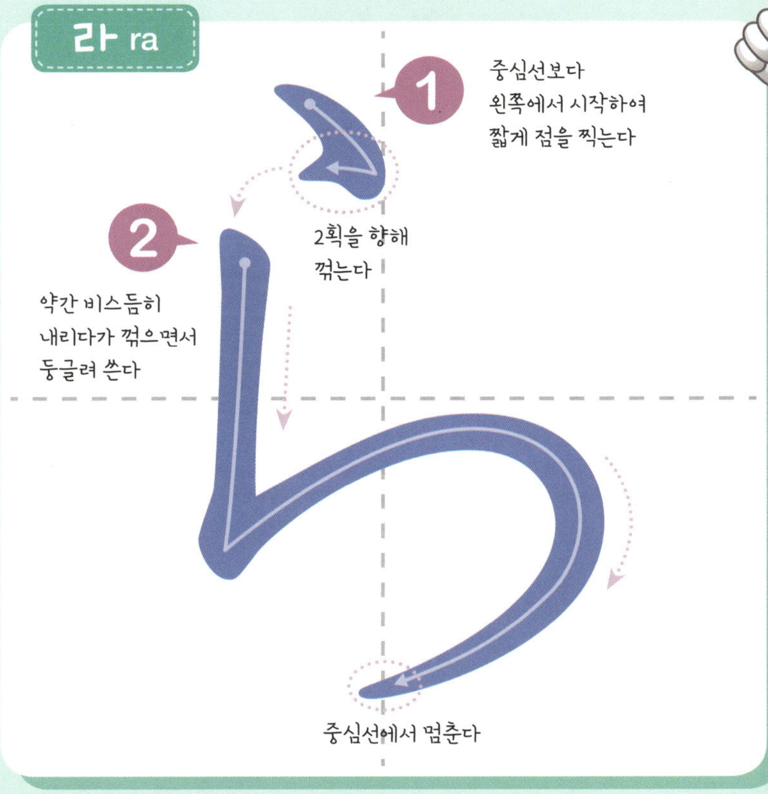

1. 중심선보다 왼쪽에서 시작하여 짧게 점을 찍는다
2획을 향해 꺾는다
2. 약간 비스듬히 내리다가 꺾으면서 둥글려 쓴다
중심선에서 멈춘다

Step 2 연필로 써보기

ら ら ら ら ら ら ら ら

ら가 들어가는 단어

らくだ 낙타
라 꾸 다

もらう 받다
모 라 우

からす 까마귀
카 라 스

히라가나 ら행 ら **り** る れ ろ

리 ri

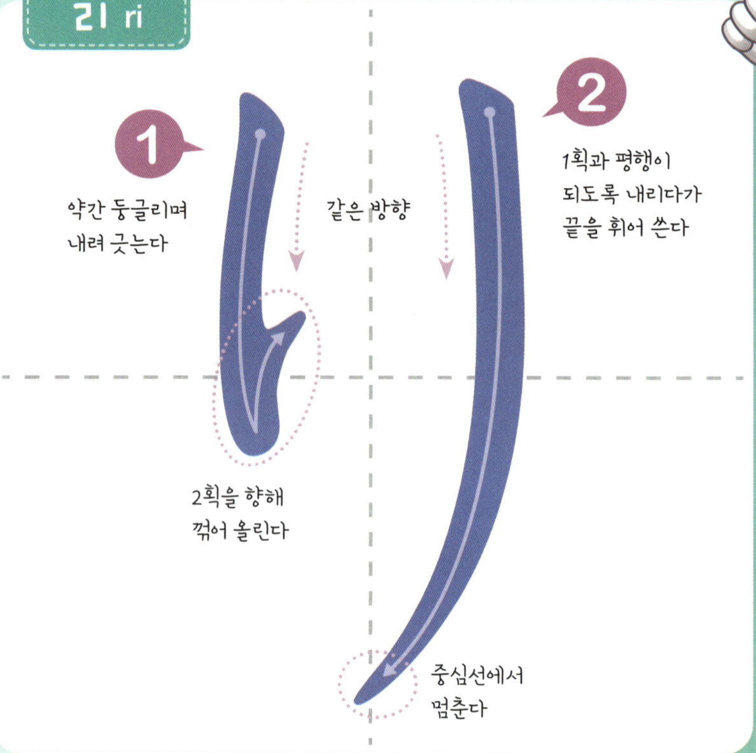

1 약간 둥글리며 내려 긋는다

같은 방향

2획을 향해 꺾어 올린다

2 1획과 평행이 되도록 내리다가 끝을 휘어 쓴다

중심선에서 멈춘다

Step 1 손가락으로 따라 그리기

Step 2 연필로 써보기

り가 들어가는 단어

りんご 사과
링 고

りす 다람쥐
리 스

りょうり 요리
료 ― 리

히라가나 ら행 ら り **る** れ ろ

루 ru

1 지그재그로 두 번 꺾은 뒤 둥글게 감아 쓴다

매듭이 중앙에 오도록

Step 1
손가락으로 따라 그리기

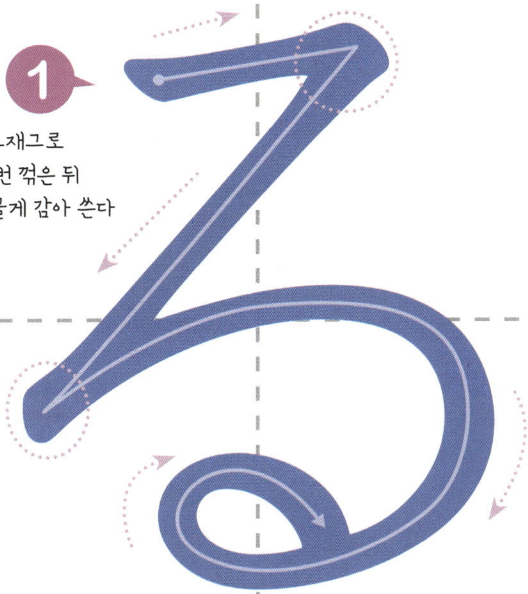

어디가 다를까?
루　　로
る　　ろ
꼬리 모양에 주의!

Step 2
연필로 써보기

る る る る る る る る

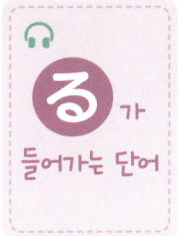
る가 들어가는 단어

る**す** 집을 비움
루 스

よ**る** 밤
요 루

ま**る**い 둥글다
마 루 이

히라가나 ら행 ら り る **れ** ろ

레 re

1 중심선보다 왼쪽에서 길게 내려 긋는다

더 높다

2 지그재그로 두 번 꺾은 뒤 물결 모양처럼 쓴다

꼬리 부분은 위를 향한다

Step 1 손가락으로 따라 그리기

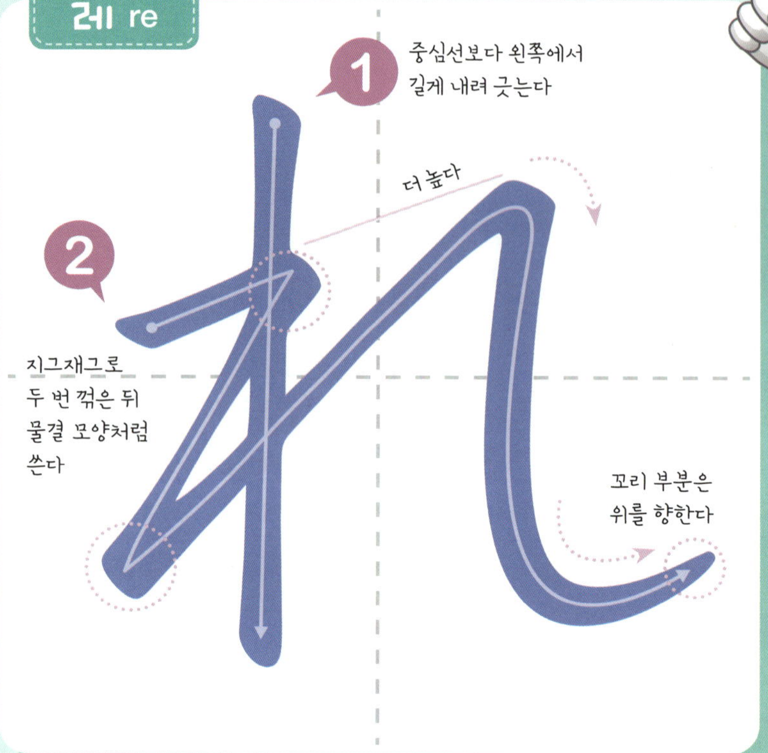

어디가 다를까?
레 네 와
れ ね わ
꼬리 모양에 주의!

Step 2 연필로 써보기

れ れ れ れ れ れ れ れ

れ가 들어가는 단어

れっしゃ 열차
렛 샤

れんらく 연락
렌 라꾸

は**れ** 맑음
하 레

히라가나 ら행 らりるれろ

로 ro

1 지그재그로 두 번 꺾은 뒤 둥글게 감아 쓴다

중심선에서 끝남

Step 1
손가락으로 따라 그리기

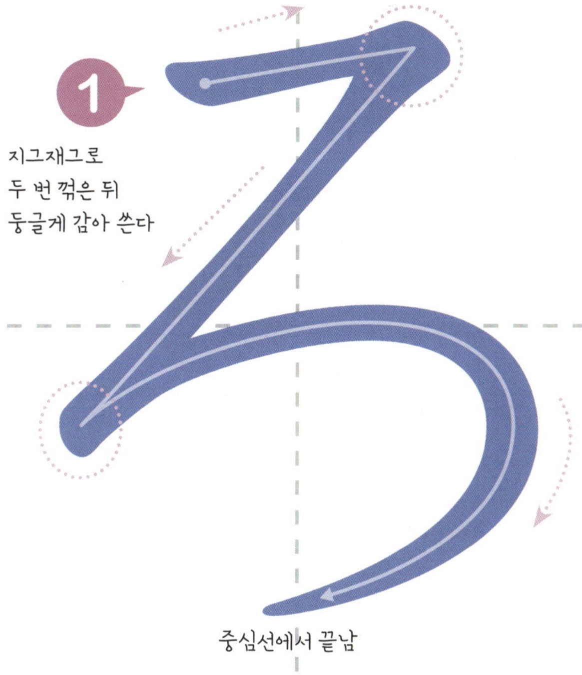

어디가 다를까?

| 로 | 루 |
| ろ | る |

꼬리 모양에 주의!

Step 2
연필로 써보기

ろ ろ ろ ろ ろ ろ ろ ろ

ろ가 들어가는 단어

ろく 6, 여섯
로꾸

ろうそく 양초
로 - 소꾸

ろうじん 노인
로 - 징

히라가나 청음

소리 내어 크게 읽어보세요.

와 오 응
wa　o　n, m, ng

	a	i	u	e	o
a	あ	い	う	え	お
k	か	き	く	け	こ
s	さ	し	す	せ	そ
t	た	ち	つ	て	と
n	な	に	ぬ	ね	の
h	は	ひ	ふ	へ	ほ
m	ま	み	む	め	も
y	や		ゆ		よ
r	ら	り	る	れ	ろ
w	わ				を
	ん				

わ행도 や행처럼 **わ·を·ん** 세 글자만 사용됩니다. **を**는 あ행의 お와 똑같이 **오**로 발음되며, **조사**로만 사용됩니다. **ん**은 단어 첫머리에는 올 수 없습니다.

わたし 나, 저
와　따시

はを みがく 이를 닦다
하 오　미 가 꾸

しゃしん 사진
샤　　싱

히라가나 わ행 わ を ん

와 wa

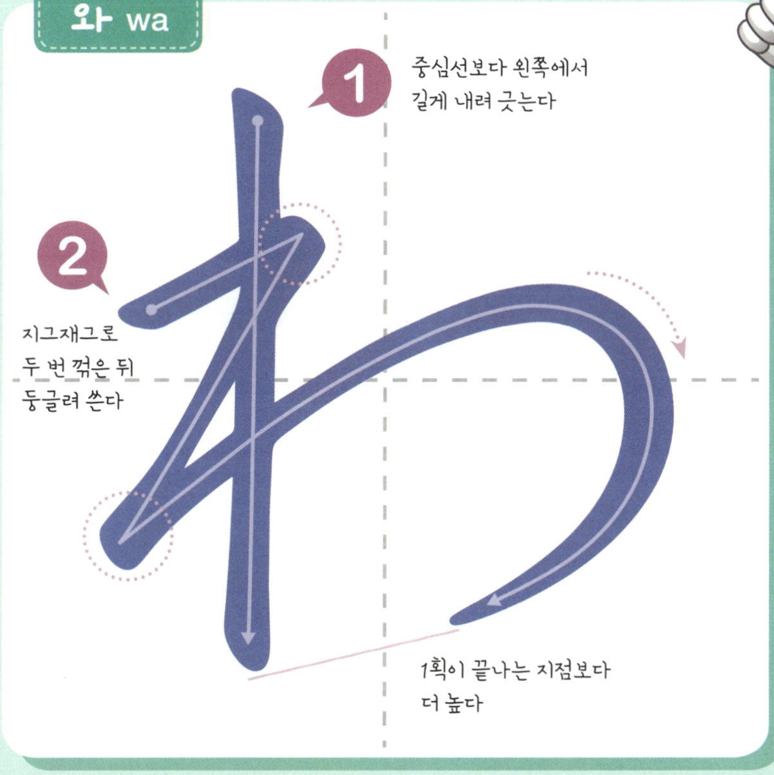

Step 1 손가락으로 따라 그리기

1. 중심선보다 왼쪽에서 길게 내려 긋는다
2. 지그재그로 두 번 꺾은 뒤 둥글려 쓴다

1획이 끝나는 지점보다 더 높다

어디가 다를까?
와 네 레
わ ね れ
꼬리 모양에 주의!

Step 2 연필로 써보기

わ わ わ わ わ わ わ わ

わ가 들어가는 단어

わに 악어
와 니

わかい 젊다
와 까 이

わたし 나, 저
와 따 시

히라가나 わ행 わ を ん

오 o

Step 1 손가락으로 따라 그리기

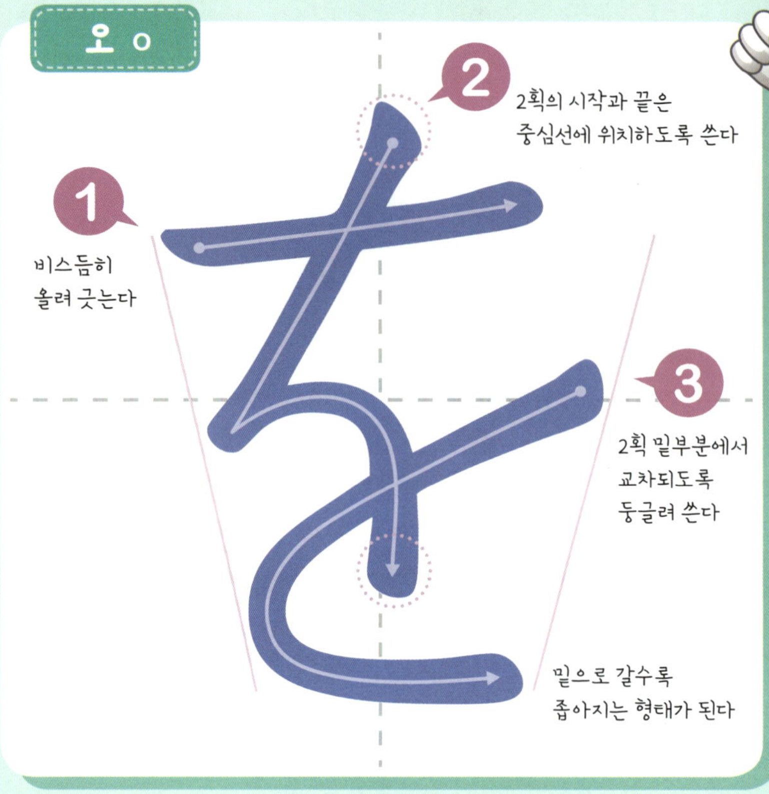

1. 비스듬히 올려 긋는다
2. 2획의 시작과 끝은 중심선에 위치하도록 쓴다
3. 2획 밑부분에서 교차되도록 둥글려 쓴다

밑으로 갈수록 좁아지는 형태가 된다

Step 2 연필로 써보기

を を を を を を を を

 を가 들어가는 단어

 조사 を

~を ~을
오

 はを みがく 이를 닦다
하 오 미 가 꾸

히라가나 わ행 わ を ん

응 n, m, ng

① 중심선에서 시작하여 사선으로 길게 내리다 꺾고 물결 모양으로 둥글려 쓴다

꼬리 부분은 위를 향함

Step 1 손가락으로 따라 그리기

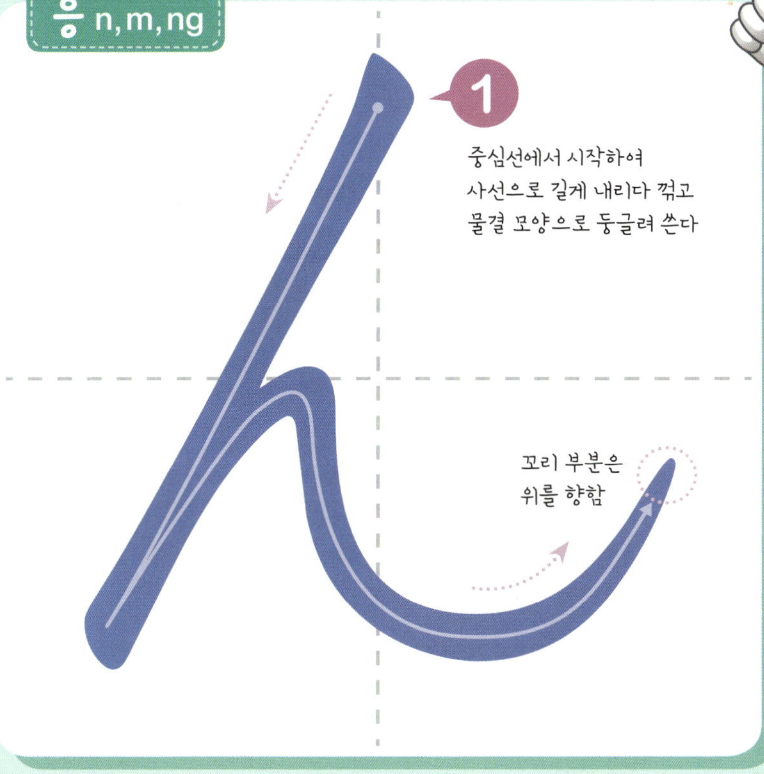

Step 2 연필로 써보기

ん ん ん ん ん ん ん ん

ん이 들어가는 단어

 きん 금
킹

 にんじん 당근
닌징

 しゃしん 사진
샤싱

연습 문제

다음 빈칸에 알맞은 글자를 넣어보세요.

1. ☐ な 하 나
2. ☐ さ 아 사
3. ☐ が み 테 가 미
4. ☐ か ん 미 깡
5. ☐ く 쿠 쯔
6. ☐ い 이 에
7. ☐ け ☐ 토 께 -
8. ☐ つ 츠 끼
9. ☐ く 니 꾸
10. ☐ に 와 니
11. ☐ ☐ み 야 스 미
12. ☐ ね 네 꼬

① は ② あ ③ て ④ み ⑤ つ ⑥ え
⑦ と, い ⑧ き ⑨ に ⑩ わ ⑪ や, す ⑫ こ

Part 1 히라가나 청음

⑬ み の
노 미 모 노

⑭ ん
홍

⑮ ぬ
이 누

⑯ そ
소 라

⑰ が
메 가 네

⑱ き
유 끼

⑲ る い
마 루 이

⑳ さ い
사 이 후

㉑ お
카 오

㉒ か
나 까

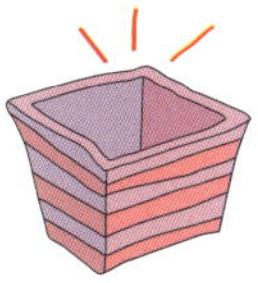

㉓ よ
요 루

㉔ に じ
닌 징

⑬ の, も   ⑭ ほ   ⑮ い   ⑯ ら   ⑰ め, ね   ⑱ ゆ
⑲ ま   ⑳ ふ   ㉑ か   ㉒ な   ㉓ る   ㉔ ん, ん

청음 清音

청음(清音)이란 성대를 울리지 않고 내는 맑은 소리입니다. 탁점(˚)이나 반탁점(˚)을 붙이지 않은 일본 문자 50음도의 기본 소리를 말합니다.

가타카나 50음도

단(段) 행(行)	ア단	イ단	ウ단	エ단	オ단
ア행	ア 아 a	イ 이 i	ウ 우 u	エ 에 e	オ 오 o
カ행	カ 카 ka	キ 키 ki	ク 쿠 ku	ケ 케 ke	コ 코 ko
サ행	サ 사 sa	シ 시 shi	ス 스 su	セ 세 se	ソ 소 so
タ행	タ 타 ta	チ 치 chi	ツ 츠 tsu	テ 테 te	ト 토 to
ナ행	ナ 나 na	ニ 니 ni	ヌ 누 nu	ネ 네 ne	ノ 노 no
ハ행	ハ 하 ha	ヒ 히 hi	フ 후 fu	ヘ 헤 he	ホ 호 ho
マ행	マ 마 ma	ミ 미 mi	ム 무 mu	メ 메 me	モ 모 mo
ヤ행	ヤ 야 ya	イ 이 i	ユ 유 yu	エ 에 e	ヨ 요 yo
ラ행	ラ 라 ra	リ 리 ri	ル 루 ru	レ 레 re	ロ 로 ro
ワ행	ワ 와 wa	ヰ 이 i	ウ 우 u	ヱ 에 e	ヲ 오 o
	ン 응 n, m, ng				

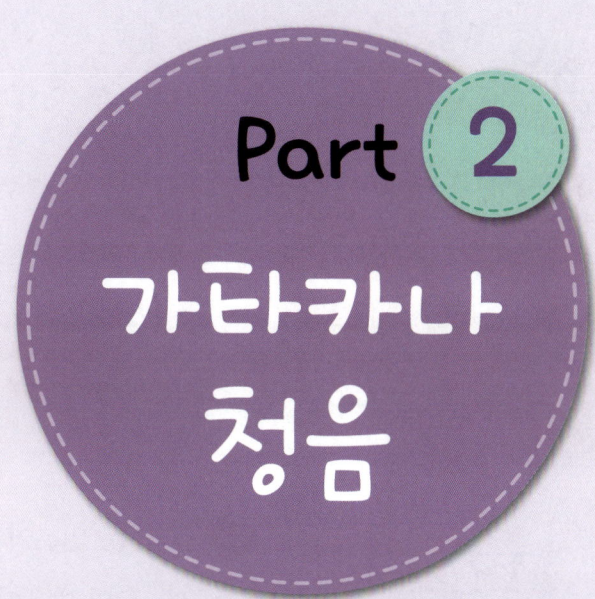

Part 2 가타카나 청음

가타카나란?

외래어를 표기할 때 주로 쓰는 가타카나(カタカナ)는 한자의 일부를 따서 만든 글자라서 딱딱하게 생겼습니다. 보통은 히라가나로 쓰는 단어라도 특별히 강조하기 위해 가타카나를 사용하기도 합니다.

히라가나와 가타카나

히라가나와 가타카나는 같은 소리로 발음합니다. 왜 같은 소리가 나는 글자를 또 외워야 할까요? 히라가나와 가타카나는 쓰임새가 달라서 그렇습니다. 히라가나는 일반적으로 자연스럽게 많이 쓰이는 글자이며, 가타카나는 외래어를 표기하거나 강조할 때 부분적으로 사용합니다.

* 가타카나를 획순에 맞춰 정확하게 쓰면서 익혀봅시다.
* MP3 파일을 들으며 최대한 비슷하게 따라 읽어봅시다.

가타카나 청음 ア행

🎧 소리 내어 크게 읽어보세요.

	a	i	u	e	o
a	ア	イ	ウ	エ	オ
k	カ	キ	ク	ケ	コ
s	サ	シ	ス	セ	ソ
t	タ	チ	ツ	テ	ト
n	ナ	ニ	ヌ	ネ	ノ
h	ハ	ヒ	フ	ヘ	ホ
m	マ	ミ	ム	メ	モ
y	ヤ		ユ		ヨ
r	ラ	リ	ル	レ	ロ
w	ワ				ヲ
	ン				

👄 **ア행**은 일본어의 기본 모음으로, 우리말의 **아·이·우·에·오**와 발음이 비슷합니다. 이 중 **ウ**의 발음에 주의해야 하는데, 입술을 쭉 내밀지 말고 **우**와 **으**의 **중간 음**으로 소리냅니다.

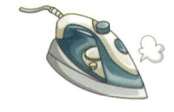

アイロン 다리미
아 이 롱

バ**イ**ク 오토바이
바 이 꾸

ウエイター 웨이터
우 에 이 따 -

エアコン 에어컨
에 아 꽁

オレンジ 오렌지
오 렌 지

가타카나 ア행 ア イ ウ エ オ

아 a

Step 1 손가락으로 따라 그리기

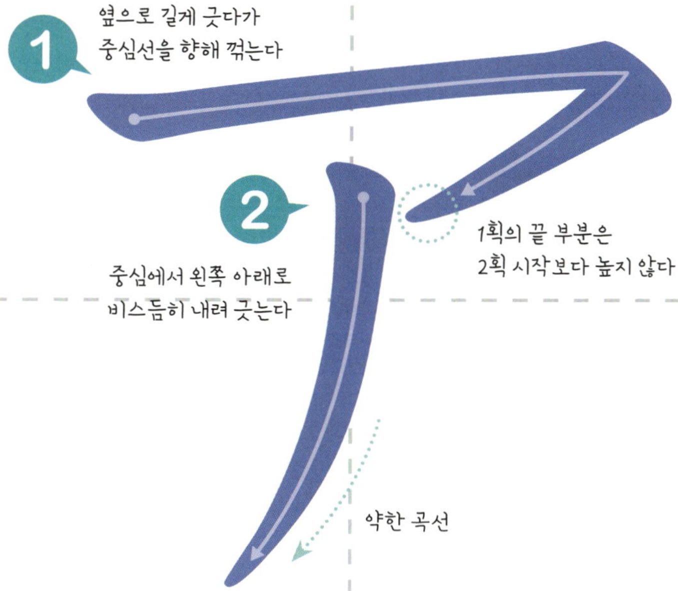

1. 옆으로 길게 긋다가 중심선을 향해 꺾는다
2. 중심에서 왼쪽 아래로 비스듬히 내려 긋는다

1획의 끝 부분은 2획 시작보다 높지 않다

약한 곡선

Step 2 연필로 써보기

ア ア ア ア ア ア ア ア ア

ア가 들어가는 단어

アイロン 다리미
아 이 롱

アイスクリーム 아이스크림
아 이 스 꾸 리 - 무

75

가타카나 ア행 アイウエオ

이 i

오른쪽 위에서
왼쪽 아래로
길게 내려 긋는다

1

2

1획 중간 부분에서
수직으로 내린다

너무 길어지지
않게

Step 1 손가락으로 따라 그리기

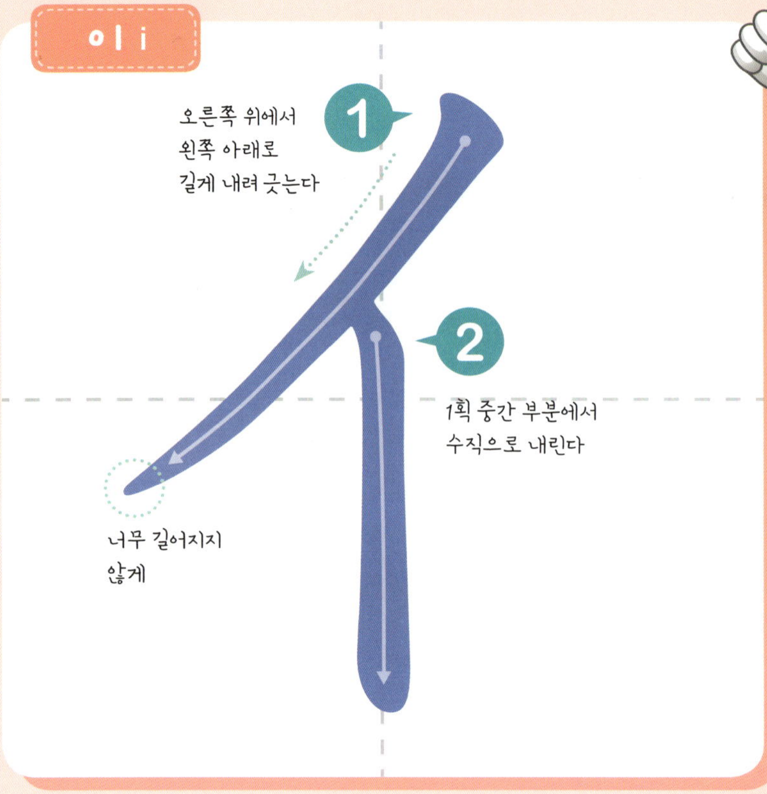

Step 2 연필로 써보기

イ イ イ イ イ イ イ イ

イ가 들어가는 단어

イラスト 일러스트
이 라 스 또

バイク 오토바이
바 이 꾸

パイ 파이
파 이

가타카나 ア행　アイウエオ

우 u

1. 중심선을 따라 짧게 내려 긋는다
2.
3.

2획을 짧게 내려 긋고 크게 한글 'ㄱ'자를 그리듯이 3획을 긋는다

약한 곡선

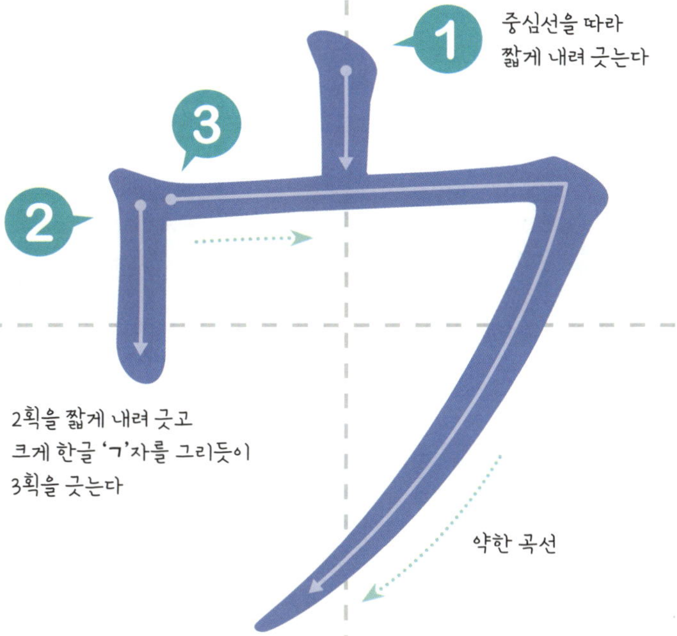

Step 1 손가락으로 따라 그리기

어디가 다를까?

우　　와
ウ　　ワ

상단 부분 획의 유무에 주의!

연필로 써보기 **Step 2**

ウ ウ ウ ウ ウ ウ ウ ウ

 ウ가 들어가는 단어

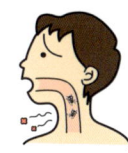
ウイルス 바이러스
우 이 루 스

ウエイター 웨이터
우 에 이 따 -

キウイ 키위
키 우 이

가타카나 ア행 アイウエオ

에 e

1. 오른쪽으로 길게 긋는다
2. 중앙선을 따라 수직으로 내린다
3. 1획과 평행이 되도록 길게 긋는다

3획이 더 길다

Step 1 손가락으로 따라 그리기

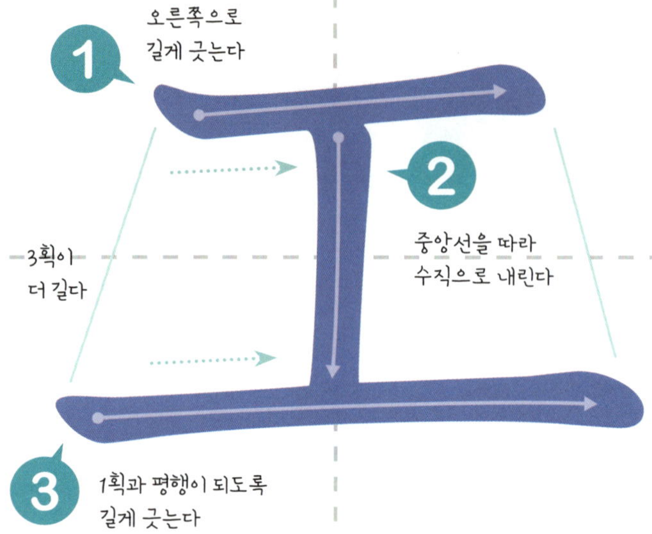

어디가 다를까?

가타카나 에   한자 장인 공

エ   工

모양이 많이 닮았죠? 같은 문장 속에 있으면 한자가 약간 더 큽니다.

Step 2 연필로 써보기

エ エ エ エ エ エ エ エ

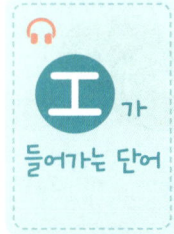
エ가 들어가는 단어

エプロン 앞치마
에 뿌 롱

エアコン 에어컨
에 아 꽁

エコ 에코, 환경 보호
에 꼬

가타카나 ア행 アイウエ**オ**

오 o

Step 1 손가락으로 따라 그리기

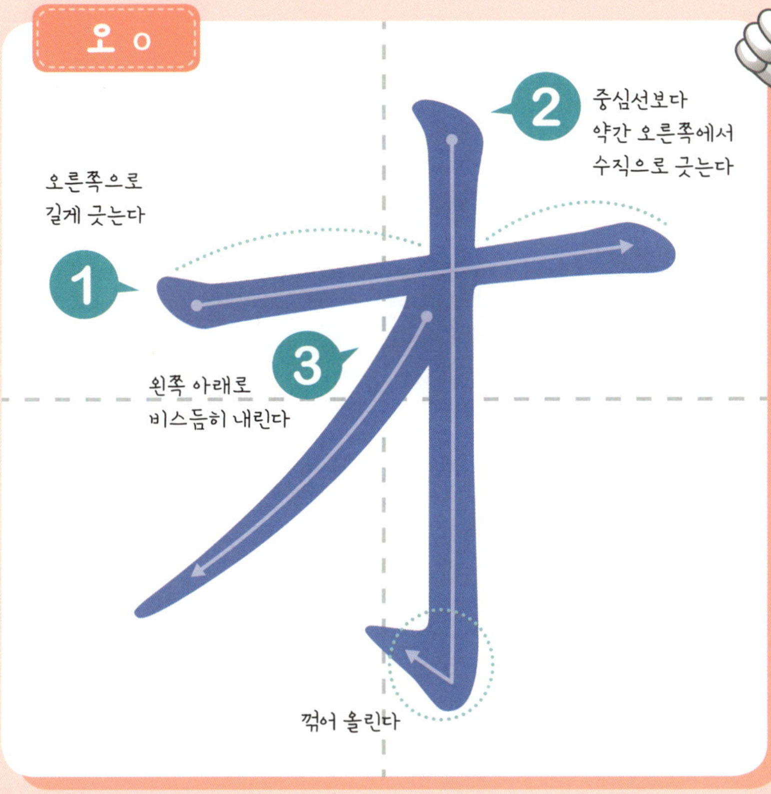

① 오른쪽으로 길게 긋는다
② 중심선보다 약간 오른쪽에서 수직으로 긋는다
③ 왼쪽 아래로 비스듬히 내린다
꺾어 올린다

Step 2 연필로 써보기

オ オ オ オ オ オ オ オ

オ가 들어가는 단어

オレンジ 오렌지
오 렌 지

オイル 오일
오 이 루

ラジ**オ** 라디오
라 지 오

가타카나 청음 カ행

🎧 소리 내어 크게 읽어보세요.

カ キ ク ケ コ
카 키 쿠 케 코
ka ki ku ke ko

	a	i	u	e	o
a	ア	イ	ウ	エ	オ
k	カ	キ	ク	ケ	コ
s	サ	シ	ス	セ	ソ
t	タ	チ	ツ	テ	ト
n	ナ	ニ	ヌ	ネ	ノ
h	ハ	ヒ	フ	ヘ	ホ
m	マ	ミ	ム	メ	モ
y	ヤ		ユ		ヨ
r	ラ	リ	ル	レ	ロ
w	ワ				ヲ
	ン				

👄 **カ행**은 우리말의 **ㄱ**과 **ㅋ**의 **중간** 정도의 발음이지만, 단어의 맨 **첫머리**에 올 때는 **ㅋ**, 단어 **중간**에 올 때는 **ㄲ**에 가깝게 발음합니다.

カード 카드
카 ― 도

キー 열쇠
키 ―

クラス 클래스
쿠 라 스

ケーキ 케이크
케 ― 끼

コーヒー 커피
코 ― 히 ―

가타카나 カ행 カ キ ク ケ コ

카 ka

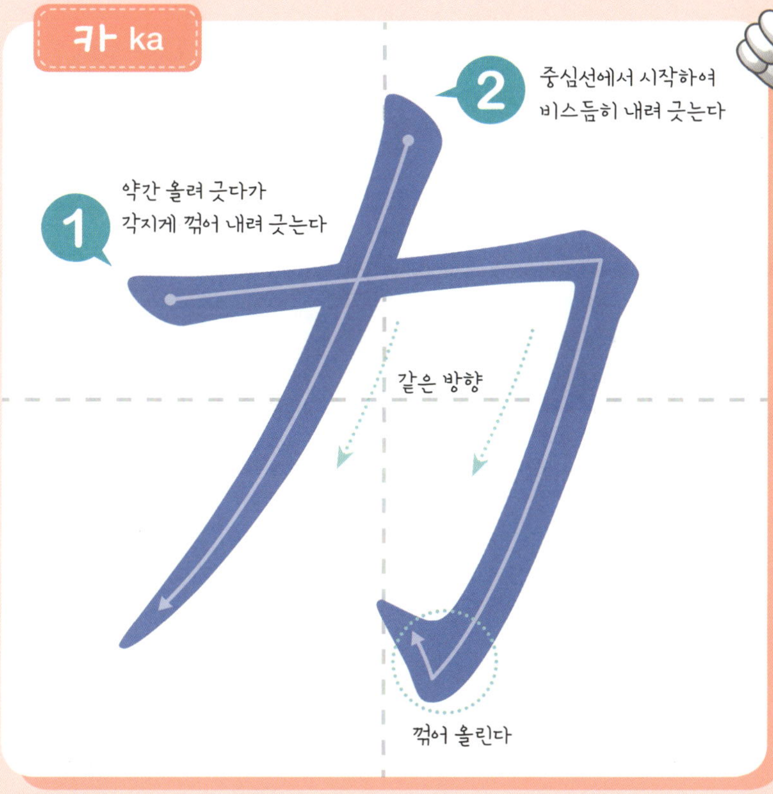

Step 1 손가락으로 따라 그리기

① 약간 올려 긋다가 각지게 꺾어 내려 긋는다

② 중심선에서 시작하여 비스듬히 내려 긋는다

같은 방향

꺾어 올린다

어디가 다를까?

가타카나 카 　 한자 힘 력

カ 　 力

모양이 많이 닮았죠? 같은 문장 속에 있으면 한자가 약간 더 큽니다.

Step 2 연필로 써보기

カ カ カ カ カ カ カ カ

カ가 들어가는 단어

カメラ 카메라
카 메 라

カード 카드
카 - 도

カレー 카레
카 레 -

가타카나 カ행 カ キ ク ケ コ

키 ki

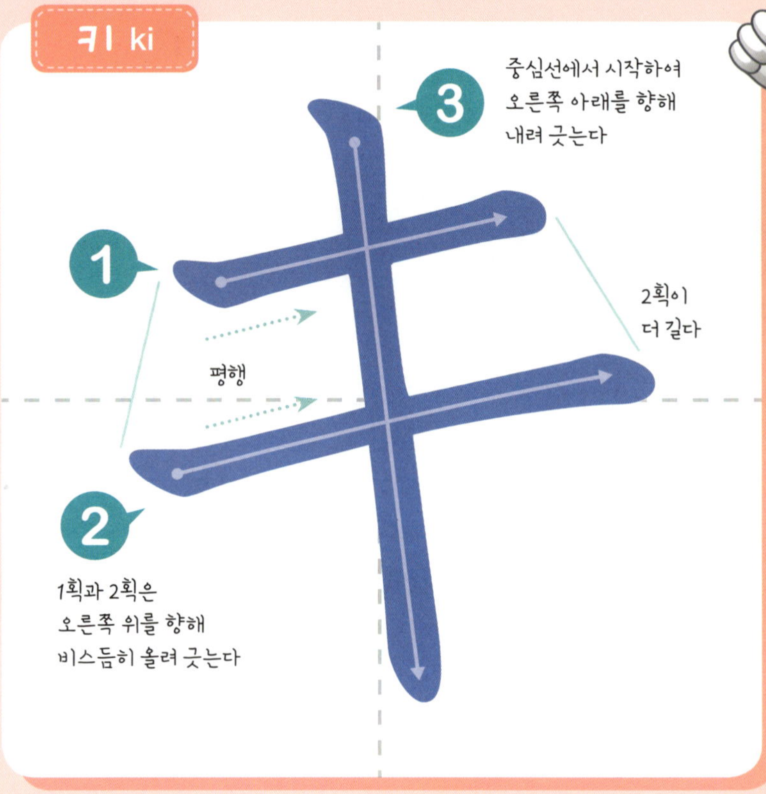

Step 1 손가락으로 따라 그리기

①
② 1획과 2획은 오른쪽 위를 향해 비스듬히 올려 긋는다
③ 중심선에서 시작하여 오른쪽 아래를 향해 내려 긋는다

평행
2획이 더 길다

Step 2 연필로 써보기

キ キ キ キ キ キ キ キ

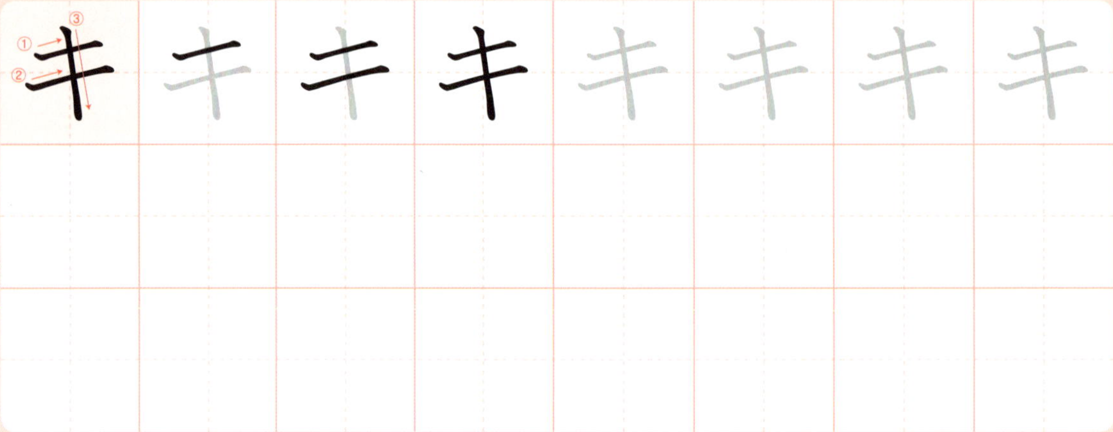

キ가 들어가는 단어

キー 열쇠
키 —

キッチン 부엌
킷 찡

キーボード 키보드
키 — 보 — 도

가타카나 カ행 カ キ ク ケ コ

쿠 ku

1 왼쪽 아래로 비스듬히 내려 긋는다

2 옆으로 짧게 긋다가 비스듬히 꺾어 내린다

같은 방향

중심선에서 끝남

1획과 2획의 끝을 맞춘다

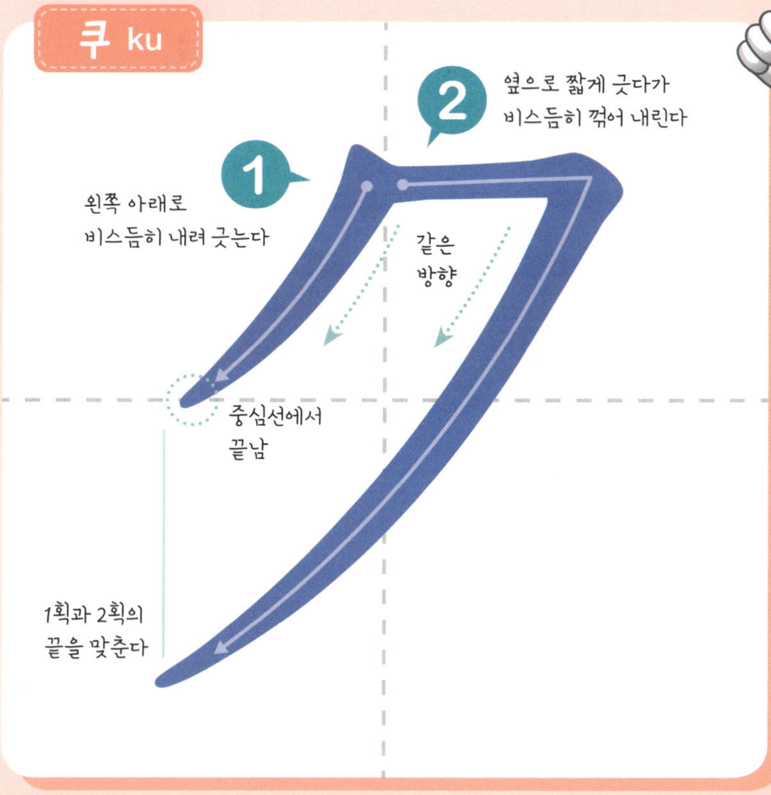

Step 1 손가락으로 따라 그리기

어디가 다를까?
쿠　케
ク　ケ
획수와 각 획의 길이에 주의!

Step 2 연필로 써보기

ク ク ク ク ク ク ク ク

ク가 들어가는 단어

クラス 클래스
쿠 라 스

クリスマス 크리스마스
쿠 리 스 마 스

クリーム 크림
쿠 리 - 무

가타카나 カ행 カ キ ク ケ コ

케 ke

1. 왼쪽 아래로 짧게 내려 긋는다
2. 1획 중앙에서 시작하여 약간 비스듬히 올리듯 긋는다
3. 2획 중앙에서 왼쪽 아래로 내려 긋는다

같은 방향

Step 1
손가락으로 따라 그리기

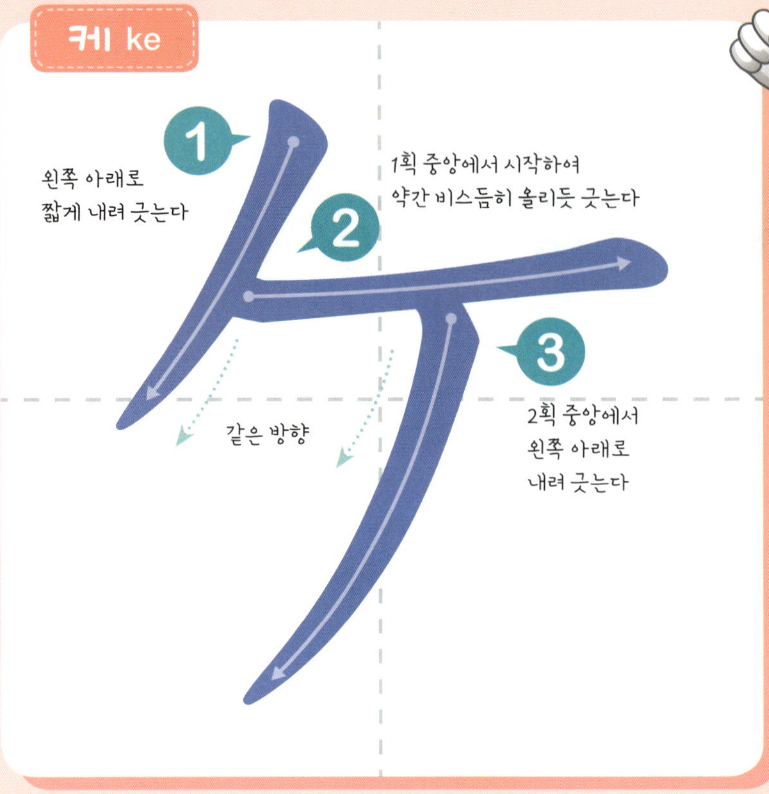

어디가 다를까?
케 쿠
ケ ク
획수와 각 획의 길이에 주의!

Step 2
연필로 써보기

ケ ケ ケ ケ ケ ケ ケ ケ

ケ가 들어가는 단어

ケーキ 케이크
케 - 끼

ケーブル 케이블
케 - 부 루

ラケット 라켓
라 껫 또

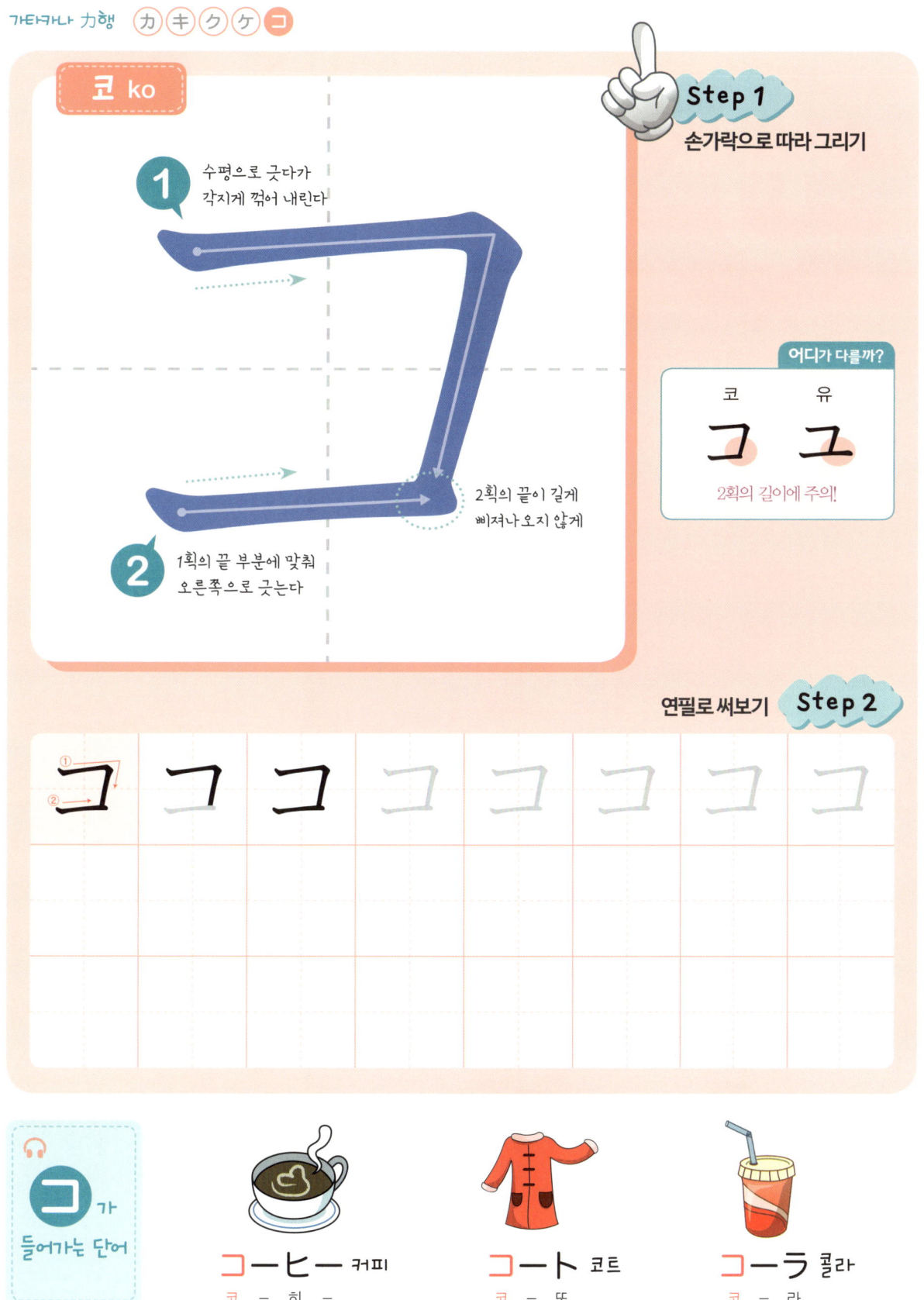

가타카나 청음

サ행

🎧 소리 내어 크게 읽어보세요.

サ	シ	ス	セ	ソ
사	시	스	세	소
sa	shi	su	se	so

	a	i	u	e	o
a	ア	イ	ウ	エ	オ
k	カ	キ	ク	ケ	コ
s	サ	シ	ス	セ	ソ
t	タ	チ	ツ	テ	ト
n	ナ	ニ	ヌ	ネ	ノ
h	ハ	ヒ	フ	ヘ	ホ
m	マ	ミ	ム	メ	モ
y	ヤ		ユ		ヨ
r	ラ	リ	ル	レ	ロ
w	ワ				ヲ
	ン				

👄 **サ**행은 우리말의 **사·시·스·세·소** 발음과 비슷합니다. 이 중 **ス**의 발음에 주의해야 하는데 입술을 쭉 내밀지 말고 **스**에 가깝게 발음합니다.

サッカー 축구
삭 까 -

ブラシ 브러쉬
부 라 시

スキー 스키
스 끼 -

セット 세트
셋 또

ソファー 소파
소 화 -

가타카나 サ행 サ シ ス セ ソ

사 sa

1. 오른쪽으로 길게 긋는다
2.
3. 2획과 3획은 같은 방향으로 내려 긋는다

3획 끝은 안쪽으로 약간 휘도록

Step 1 손가락으로 따라 그리기

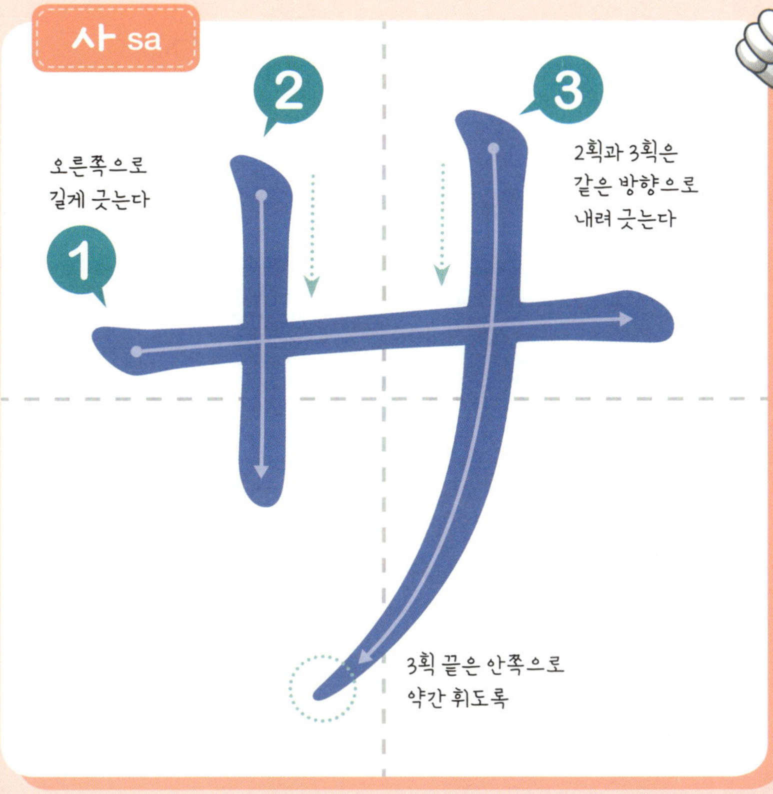

Step 2 연필로 써보기

サ サ サ サ サ サ サ サ

サ가 들어가는 단어

サラダ 샐러드
사 라 다

サッカー 축구
삭 까 -

サンダル 샌들
산 다 루

가타카나 サ행 サ シ ス セ ソ

シ shi

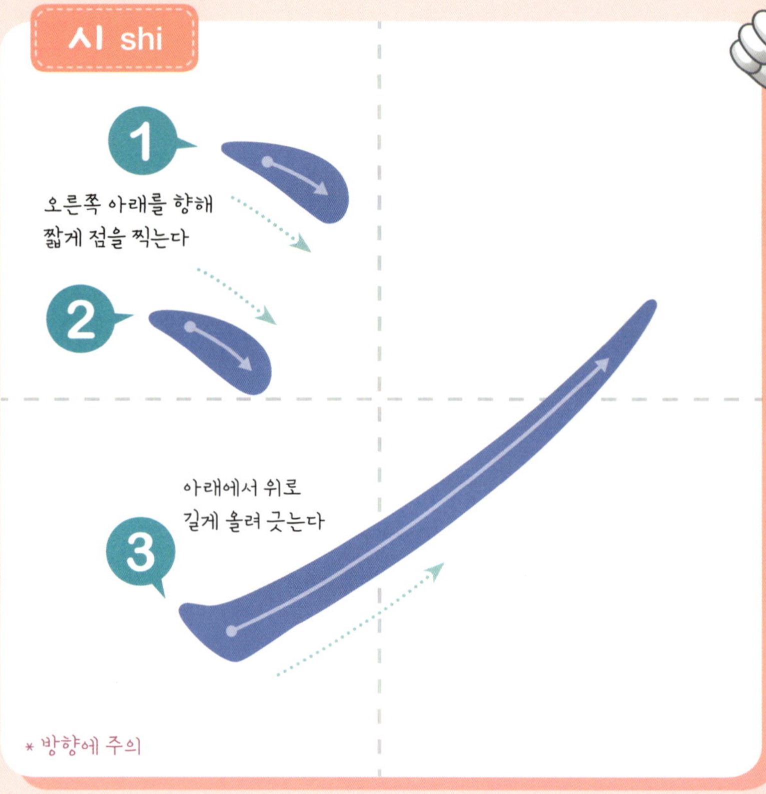

Step 1 손가락으로 따라 그리기

1. 오른쪽 아래를 향해 짧게 점을 찍는다
2. (점을 찍는다)
3. 아래에서 위로 길게 올려 긋는다

* 방향에 주의

어디가 다를까? 
시 シ   츠 ツ
각 획의 방향에 주의!

Step 2 연필로 써보기

シ가 들어가는 단어

シーディー 시디
시 - 디 -

シート 좌석, 시트
시 - 트

ブラシ 브러쉬
부 라 시

가타카나 サ행 　サ　シ　ス　セ　ソ

ス su

1. 오른쪽으로 긋다가 왼쪽 아래로 꺾고 길게 내려 긋는다
2. 1획 중간에서 시작하여 대각선 아래로 긋는다

Step 1 손가락으로 따라 그리기

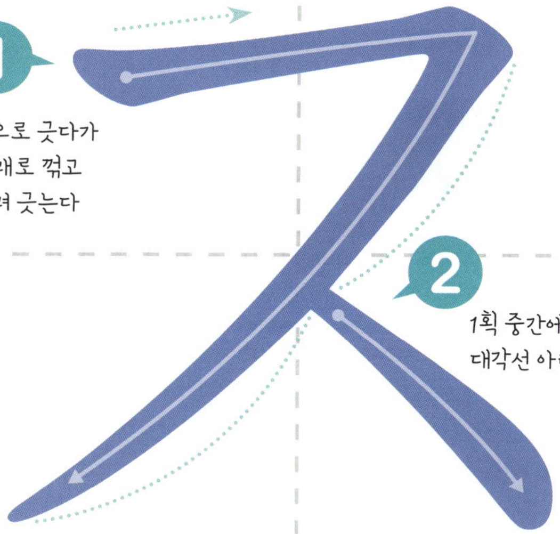

어디가 다를까?
가타카나 ス　　한글 ス

ス　ス

모양이 많이 닮았어요!

Step 2 연필로 써보기

ス ス ス ス ス ス ス ス

ス가 들어가는 단어

スカート 스커트
스 까 ― 또

スーツ 슈트
스 ― 쯔

スキー 스키
스 끼 ―

가타카나 サ행 サ シ ス **セ** ソ

セ se

1 약간 위를 향해 똑바로 긋다가 꺾어 내린다

2 수직으로 내려 긋다가 오른쪽으로 부드럽게 둥글려 꺾는다

확실히 꺾기
약간 둥글린다
옆으로 똑바로

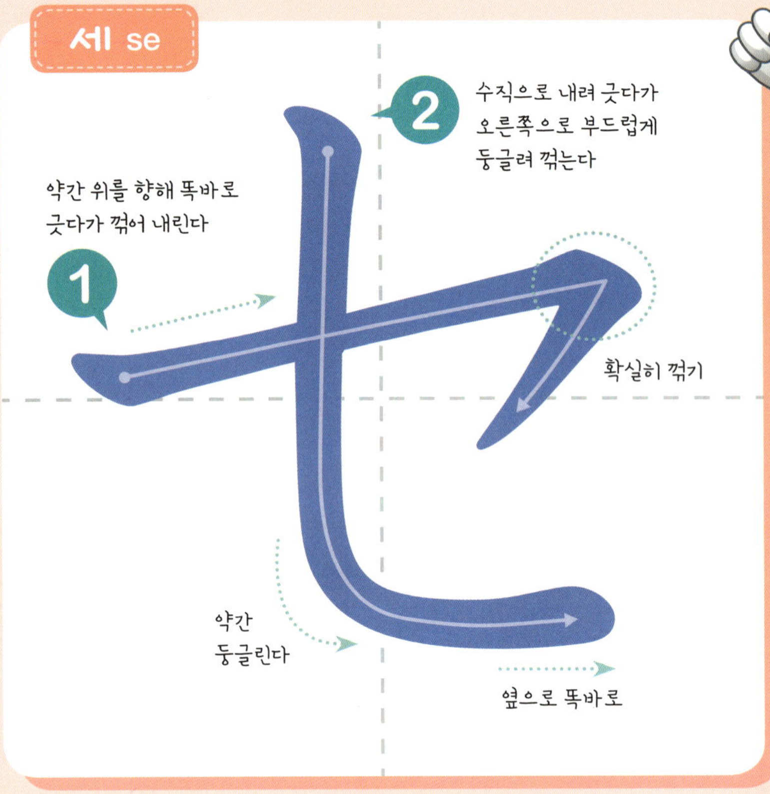

Step 1 손가락으로 따라 그리기

Step 2 연필로 써보기

セ セ セ セ セ セ セ セ

セ가 들어가는 단어

セット 세트
셋 또

センチ 센티미터
센 찌

セーター 스웨터
세 - 따 -

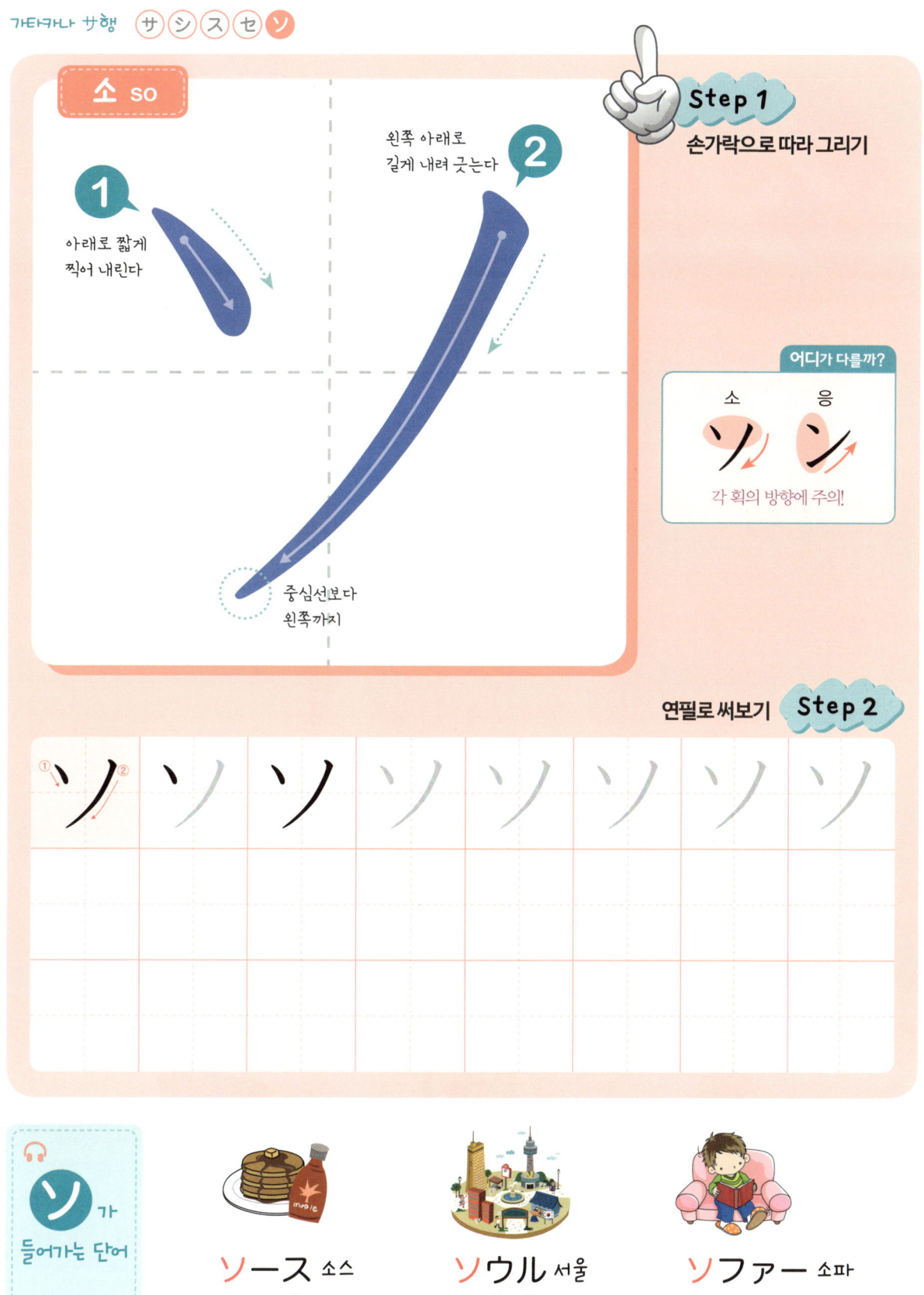

가타카나 청음 タ행

🎧 소리 내어 크게 읽어보세요.

タ	チ	ツ	テ	ト
타	치	츠	테	토
ta	chi	tsu	te	to

	a	i	u	e	o
a	ア	イ	ウ	エ	オ
k	カ	キ	ク	ケ	コ
s	サ	シ	ス	セ	ソ
t	**タ**	**チ**	**ツ**	**テ**	**ト**
n	ナ	ニ	ヌ	ネ	ノ
h	ハ	ヒ	フ	ヘ	ホ
m	マ	ミ	ム	メ	モ
y	ヤ		ユ		ヨ
r	ラ	リ	ル	レ	ロ
w	ワ				ヲ
	ン				

👄 **タ행**의 발음은 **타·티·투·테·토**로 하지 않는 점에 유의하세요. **チ**는 **치**와 **찌**의 중간 소리로, **ツ**는 **츠**와 **쯔**의 중간 소리로 발음합니다. 특히 **ツ** 발음이 어려운데, 혀끝을 윗잇몸과 윗니 사이에 대고 가볍게 파열시켜 발음합니다. 이 때 혀의 양 옆이 어금니에 닿아 있어야 합니다.

タクシー 택시
타 꾸 시 -

チーズ 치즈
치 - 즈

ツリー 트리
쯔 리 -

テレビ 텔레비전
테 레 비

トマト 토마토
토 마 토

가타카나 タ행 タ チ ツ テ ト

타 ta

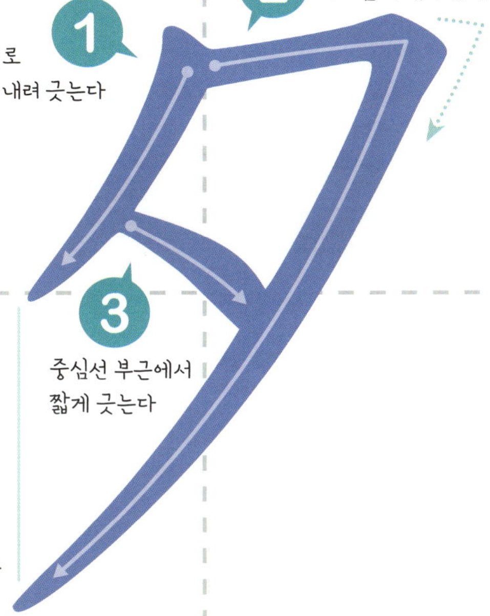

Step 1 손가락으로 따라 그리기

1. 왼쪽 아래로 비스듬히 내려 긋는다
2. 옆으로 짧게 긋다가 비스듬히 꺾어 길게 내린다
3. 중심선 부근에서 짧게 긋는다

1획과 2획의 끝을 맞춘다

어디가 다를까?

가타카나 타 　 한자 저녁 석
タ 　 夕

모양이 많이 닮았죠? 같은 문장 속에 있으면 한자가 약간 더 큽니다.

Step 2 연필로 써보기

タ タ タ タ タ タ タ タ

タ가 들어가는 단어

タオル 수건
타 오 루

タクシー 택시
타 꾸 시 -

タイヤ 타이어
타 이 야

가타카나 タ행 タ チ ツ テ ト

치 chi

Step 1 손가락으로 따라 그리기

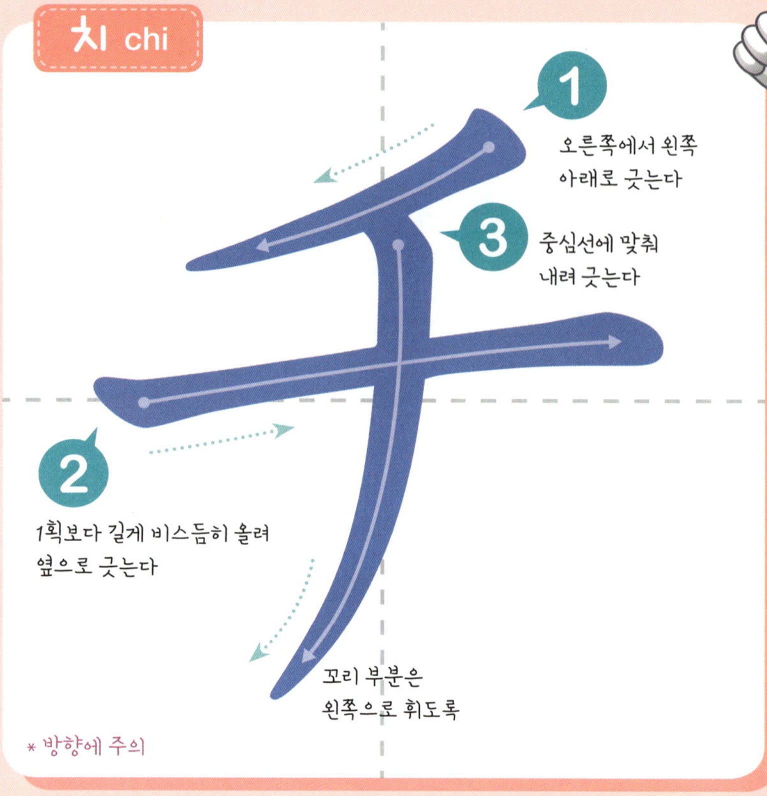

1. 오른쪽에서 왼쪽 아래로 긋는다
2. 1획보다 길게 비스듬히 올려 옆으로 긋는다
3. 중심선에 맞춰 내려 긋는다

꼬리 부분은 왼쪽으로 휘도록

* 방향에 주의

어디가 다를까?

치 テ
チ テ

상단 부분 모양에 주의!

Step 2 연필로 써보기

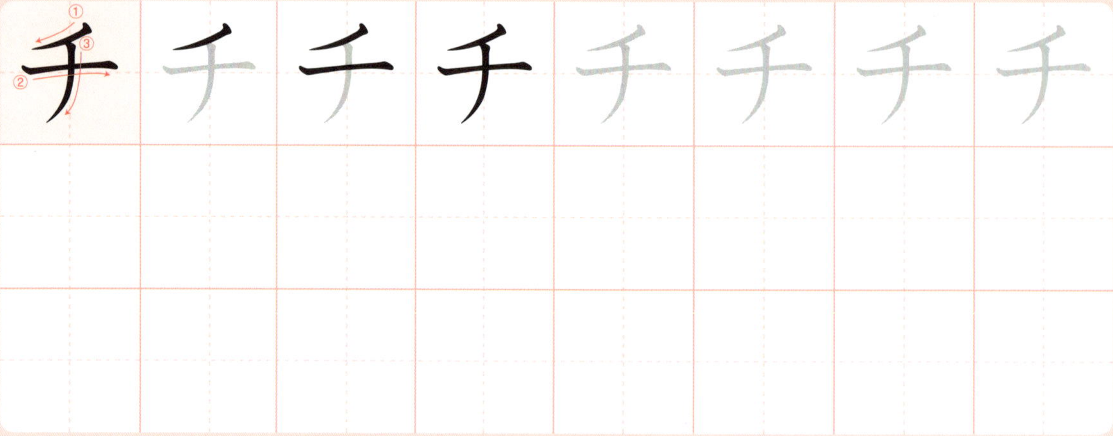

チ チ チ チ チ チ チ チ

チ가 들어가는 단어

チーズ 치즈
치 ー 즈

チキン 치킨
치 킹

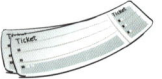
チケット 티켓
치 껫 또

가타카나 タ행 タ チ ツ テ ト

츠 tsu

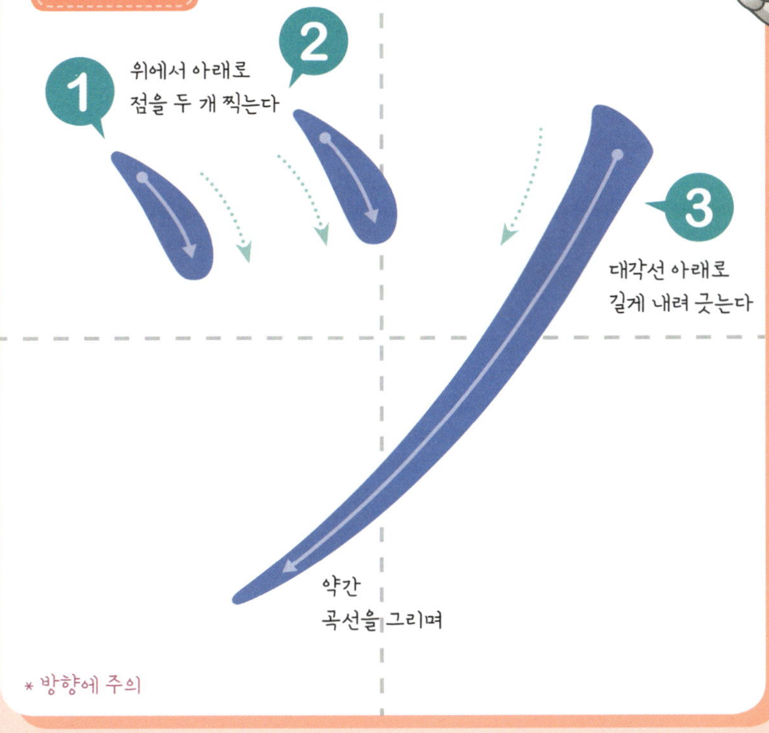

Step 1 손가락으로 따라 그리기

1. 위에서 아래로 점을 두 개 찍는다
2.
3. 대각선 아래로 길게 내려 긋는다

약간 곡선을 그리며

* 방향에 주의

어디가 다를까? 
츠 ツ   시 シ
각 획의 방향에 주의!

Step 2 연필로 써보기

ツ ツ ツ ツ ツ ツ ツ ツ

ツ 가 들어가는 단어

ツリー 트리
쯔리-

ツアー 투어
쯔아-

キャベツ 양배추
캬베쯔

가타카나 夕행 タ チ ツ テ ト

테 te

1. 1획과 2획을 평행하게 긋는다
2. 2획이 더 길다
3. 2획의 중앙에서 왼쪽 아래로 긋는다

꼬리 부분은 왼쪽으로 휘도록

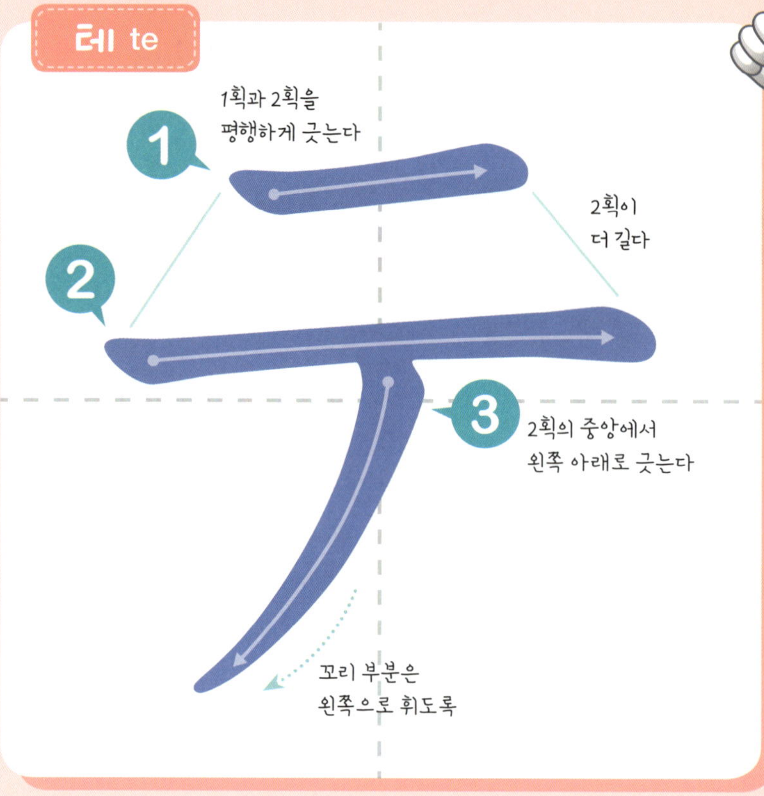

Step 1
손가락으로 따라 그리기

어디가 다를까?

테　치
テ　チ

상단 부분 모양에 주의!

Step 2
연필로 써보기

テ テ テ テ テ テ テ テ テ

テ가 들어가는 단어

テレビ 텔레비전
테 레 비

テニス 테니스
테 니 스

テスト 테스트
테 스 또

가타카나 タ행 タ チ ツ テ **ト**

토 to

Step 1 손가락으로 따라 그리기

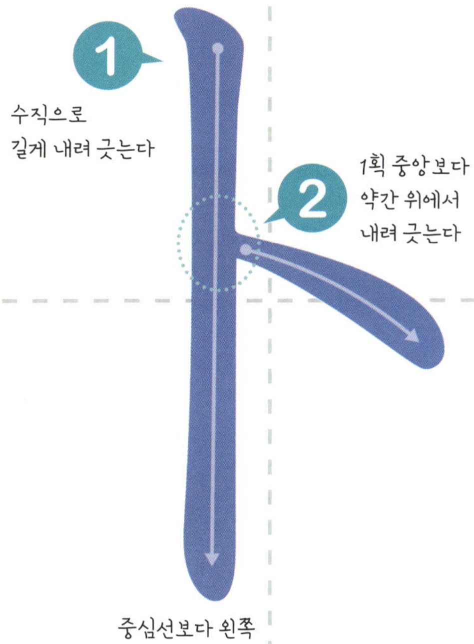

① 수직으로 길게 내려 긋는다
② 1획 중앙보다 약간 위에서 내려 긋는다

중심선보다 왼쪽

Step 2 연필로 써보기

ト ト ト ト ト ト ト ト

ト가 들어가는 단어

トマト 토마토
토 마 토

トラック 트럭
토 락 꾸

トースト 토스트
토 ー 스 또

가타카나 청음

ナ행

🎧 소리 내어 크게 읽어보세요.

ナ	ニ	ヌ	ネ	ノ
나	니	누	네	노
na	ni	nu	ne	no

	a	i	u	e	o
a	ア	イ	ウ	エ	オ
k	カ	キ	ク	ケ	コ
s	サ	シ	ス	セ	ソ
t	タ	チ	ツ	テ	ト
n	ナ	ニ	ヌ	ネ	ノ
h	ハ	ヒ	フ	ヘ	ホ
m	マ	ミ	ム	メ	モ
y	ヤ		ユ		ヨ
r	ラ	リ	ル	レ	ロ
w	ワ				ヲ
	ン				

👄 **ナ**행은 우리말의 **나·니·누·네·노** 발음과 비슷합니다. 이 중 **ヌ**의 발음에 주의해야 하는데, 입술을 쭉 내밀지 말고 **누**와 **느**의 **중간음**으로 소리 냅니다.

 バナナ 바나나
바 나 나

 ニュース 뉴스
뉴 - 스

 ヌードル 국수
누 - 도 루

 ネクタイ 넥타이
네 꾸 따 이

 ノート 공책
노 - 또

가타카나 ナ행 ナ ニ ヌ ネ ノ

ナ na

Step 1 손가락으로 따라 그리기

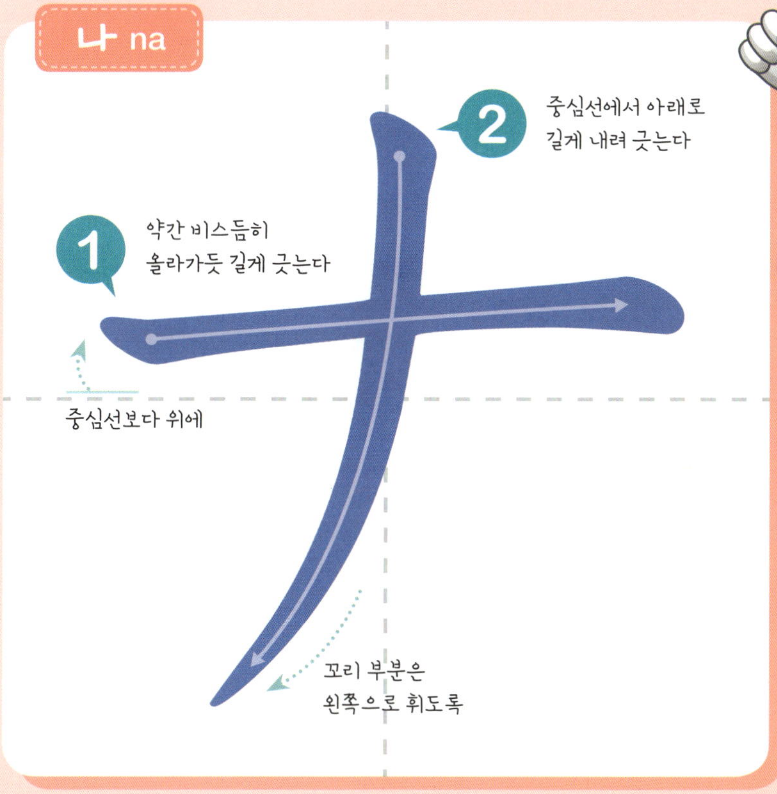

1. 약간 비스듬히 올라가듯 길게 긋는다
2. 중심선에서 아래로 길게 내려 긋는다

중심선보다 위에

꼬리 부분은 왼쪽으로 휘도록

어디가 다를까?

나 치
ナ チ

상단 부분 모양에 주의!

Step 2 연필로 써보기

ナ ナ ナ ナ ナ ナ ナ ナ

ナ가 들어가는 단어

ナイフ 나이프
나 이 후

バナナ 바나나
바 나 나

カーナビ 카 내비게이션
카 - 나 비

가타카나 ナ행 ナ ニ ヌ ネ ノ

니 ni

1. 1획과 2획이 평행이 되도록 긋는다
2. 2획이 더 길다

Step 1
손가락으로 따라 그리기

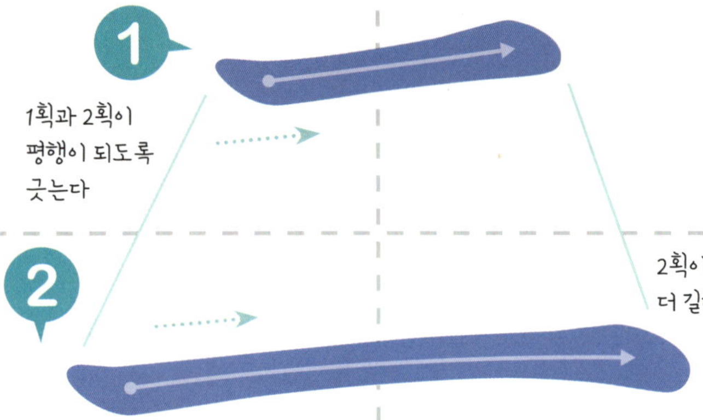

어디가 다를까?

가타카나 니   한자 두 이
ニ   二

모양이 많이 닮았죠? 같은 문장 속에 있으면 한자가 약간 더 큽니다.

Step 2
연필로 써보기

ニ 가 들어가는 단어

ニット 니트
닛 또

ニュース 뉴스
뉴 - 스

ビニール 비닐
비 니 - 루

가타카나 ナ행 ナ ニ ヌ ネ ノ

누 nu

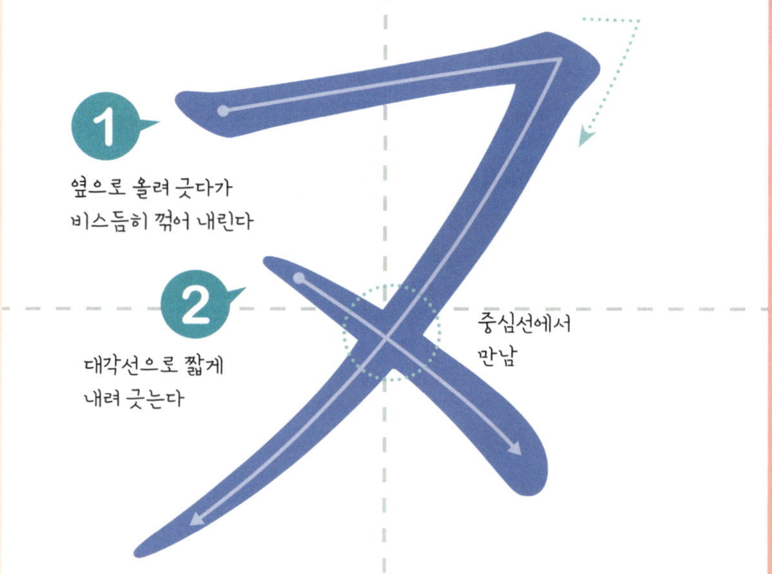

Step 1 손가락으로 따라 그리기

1. 옆으로 올려 긋다가 비스듬히 꺾어 내린다
2. 대각선으로 짧게 내려 긋는다

중심선에서 만남

어디가 다를까?

누 후
ヌ フ

중간 부분 획의 유무에 주의!

Step 2 연필로 써보기

ヌ ヌ ヌ ヌ ヌ ヌ ヌ ヌ

ヌ가 들어가는 단어

ヌード 누드
누 - 도

ヌードル 국수
누 - 도 루

エヌ (영어 알파벳의) N
에 누

가타카나 ナ행 ナ ニ ヌ ネ ノ

네 ne

① 짧게 점을 찍는다
② 옆으로 올려 긋다가 비스듬히 꺾어 내린다
③ 중심선에 맞춰 수직으로 내린다
④ 2획 꼬리 부분과 대칭을 이루도록 점을 찍는다

Step 1 손가락으로 따라 그리기

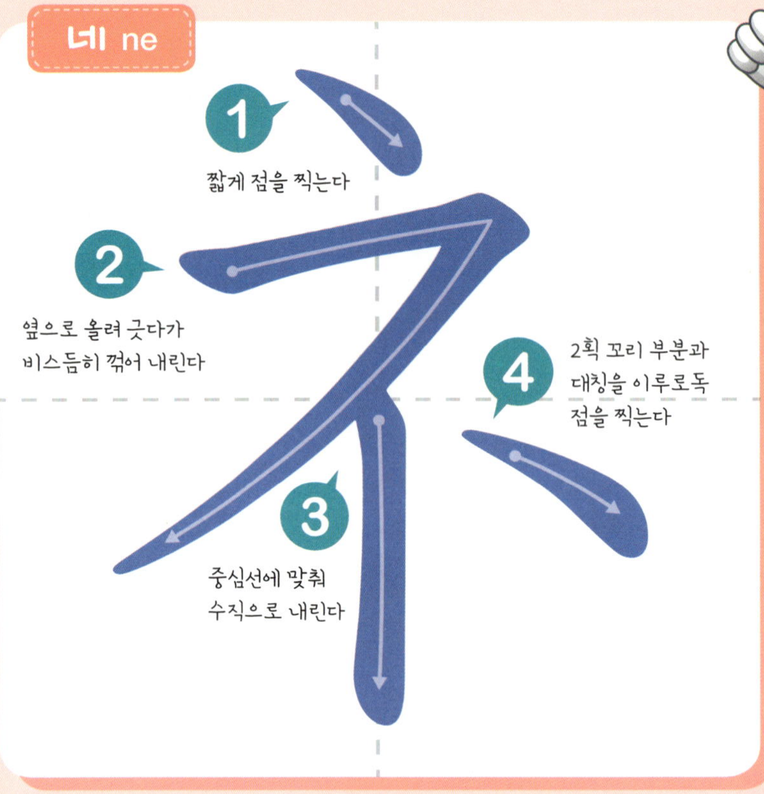

Step 2 연필로 써보기

ネ ネ ネ ネ ネ ネ ネ ネ

ネ가 들어가는 단어

ネクタイ 넥타이
네꾸따이

ネックレス 목걸이
넥꾸레스

가타카나 ナ행 ナ ニ ヌ ネ ノ

노 no

Step 1 손가락으로 따라 그리기

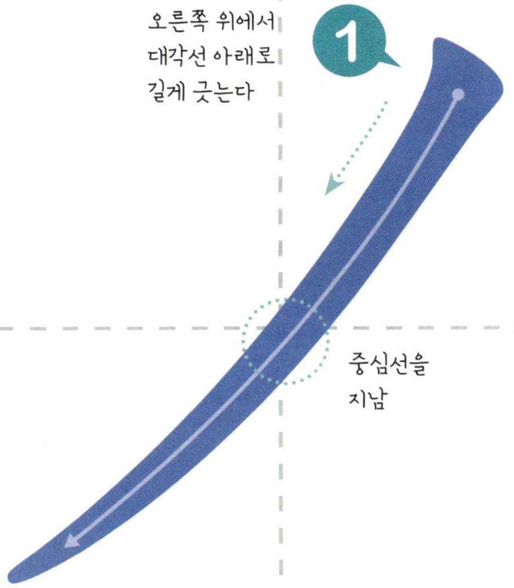

① 오른쪽 위에서 대각선 아래로 길게 긋는다

중심선을 지남

어디가 다를까?

노 / 메 メ

중앙 부분 획의 유무에 주의!

Step 2 연필로 써보기

ノ ノ ノ ノ ノ ノ ノ ノ

ノ가 들어가는 단어

 ノート 노트
노 ― 또

 ノック 노크
녹 꾸

 ピアノ 피아노
피 아 노

가타카나 청음 ハ행

🎧 소리 내어 크게 읽어보세요.

ハ	ヒ	フ	ヘ	ホ
하	히	후	헤	호
ha	hi	fu	he	ho

	a	i	u	e	o
a	ア	イ	ウ	エ	オ
k	カ	キ	ク	ケ	コ
s	サ	シ	ス	セ	ソ
t	タ	チ	ツ	テ	ト
n	ナ	ニ	ヌ	ネ	ノ
h	ハ	ヒ	フ	ヘ	ホ
m	マ	ミ	ム	メ	モ
y	ヤ		ユ		ヨ
r	ラ	リ	ル	レ	ロ
w	ワ				ヲ
	ン				

👄 ハ행은 우리말의 **하·히·후·헤·호** 발음과 비슷하지만, 우리말보다 조금 세게 발음하여 **h 음이 확실히 들리도록** 합니다. 배에 손을 대고 있으면 떨림이 느껴질 정도로 세게 발음해 보세요. 약하게 발음하면 **아·이·우·에·오**처럼 들릴 수도 있으니 주의하세요.

ハム 햄
하 무

ヒーター 히터
히 - 따 -

ゴルフ 골프
고 루 후

ヘア 헤어
헤 아

ホワイト 화이트, 흰색
호 와 이 또

가타카나 ハ행 ハ ヒ フ ヘ ホ

ハ ha

1 중심선 양쪽으로 대칭이 되도록 비스듬히 내려 긋는다

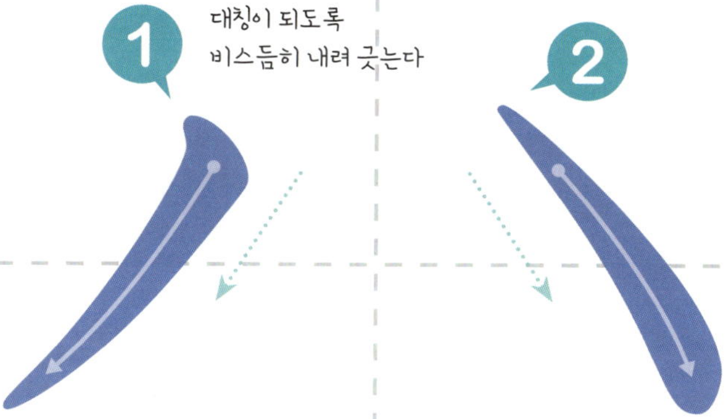

2

Step 1
손가락으로 따라 그리기

어디가 다를까?

가타카나 하   한자 여덟 팔

ハ   八

모양이 많이 닮았죠? 같은 문장 속에 있으면 한자가 약간 더 큽니다.

Step 2
연필로 써보기

ハ가 들어가는 단어

ハム 햄
하 무

ハワイ 하와이
하 와 이

ハムスター 햄스터
하 무 스 따 -

가타카나 八행 ハ ヒ フ ヘ ホ

ヒ hi

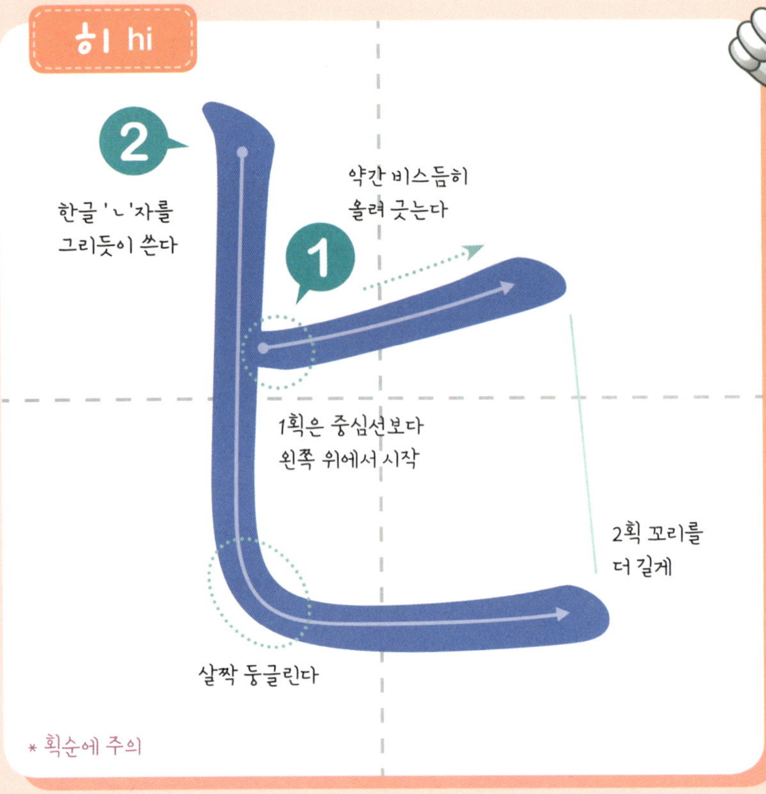

Step 1 손가락으로 따라 그리기

② 한글 'ㄴ'자를 그리듯이 쓴다
① 약간 비스듬히 올려 긋는다
1획은 중심선보다 왼쪽 위에서 시작
2획 꼬리를 더 길게
살짝 둥글린다
* 획순에 주의

어디가 다를까?

가타카나 히　한자 비수 비

ヒ　匕

모양이 많이 닮았죠? 같은 문장 속에 있으면 한자가 약간 더 큽니다.

Step 2 연필로 써보기

ヒ ヒ ヒ ヒ ヒ ヒ ヒ ヒ

ヒ가 들어가는 단어

ヒーター 히터
히 - 따 -

ヒット 히트, 안타
힛 또

ハイヒール 하이힐
하 이 히 - 루

가타카나 八행 ハ ヒ フ ヘ ホ

후 fu

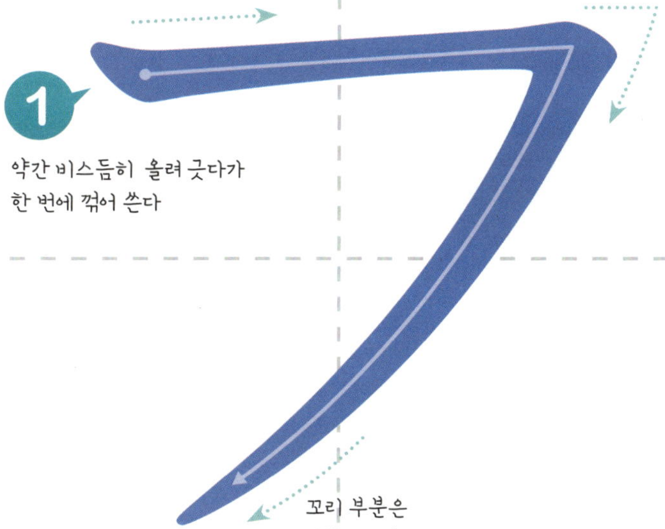

1 약간 비스듬히 올려 긋다가 한 번에 꺾어 쓴다

꼬리 부분은 왼쪽으로 휘도록

Step 1 손가락으로 따라 그리기

어디가 다를까?
후 ㅡ 누
フ ヌ
중간 부분 획의 유무에 주의!

Step 2 연필로 써보기

フ フ フ フ フ フ フ フ フ

フ가 들어가는 단어

フランス 프랑스
후 란 스

フライパン 프라이팬
후 라 이 빵

ゴルフ 골프
고 루 후

가타카나 ハ행 ハ ヒ フ ヘ ホ

ヘ he

Step 1
손가락으로 따라 그리기

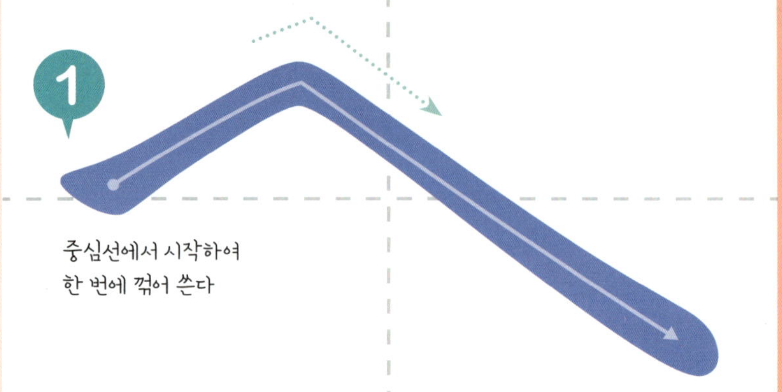

1
중심선에서 시작하여
한 번에 꺾어 쓴다

Step 2
연필로 써보기

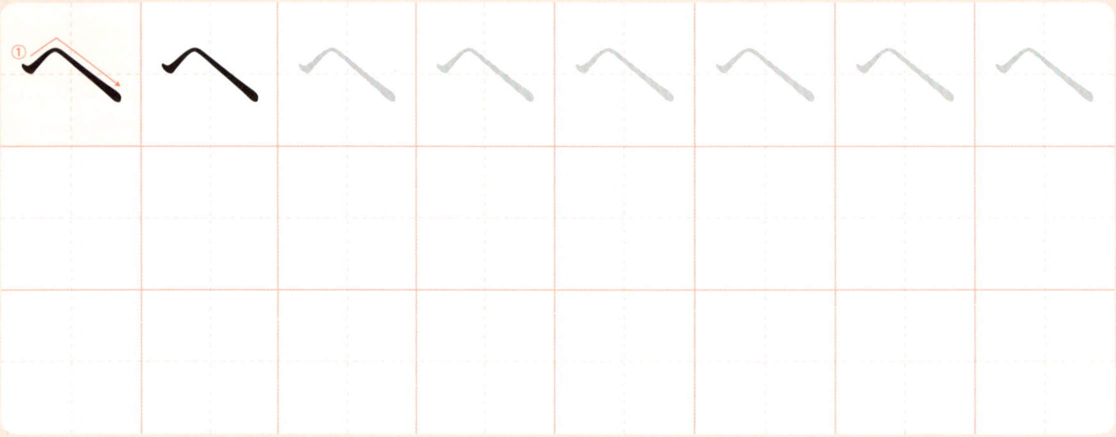

ヘ가 들어가는 단어

ヘア 헤어
헤 아

ヘッドホン 헤드폰
헷 도 홍

ヘルメット 헬멧
헤 루 멧 또

가타카나 ハ행 ハ ヒ フ ヘ ホ

ホ ho

Step 1 손가락으로 따라 그리기

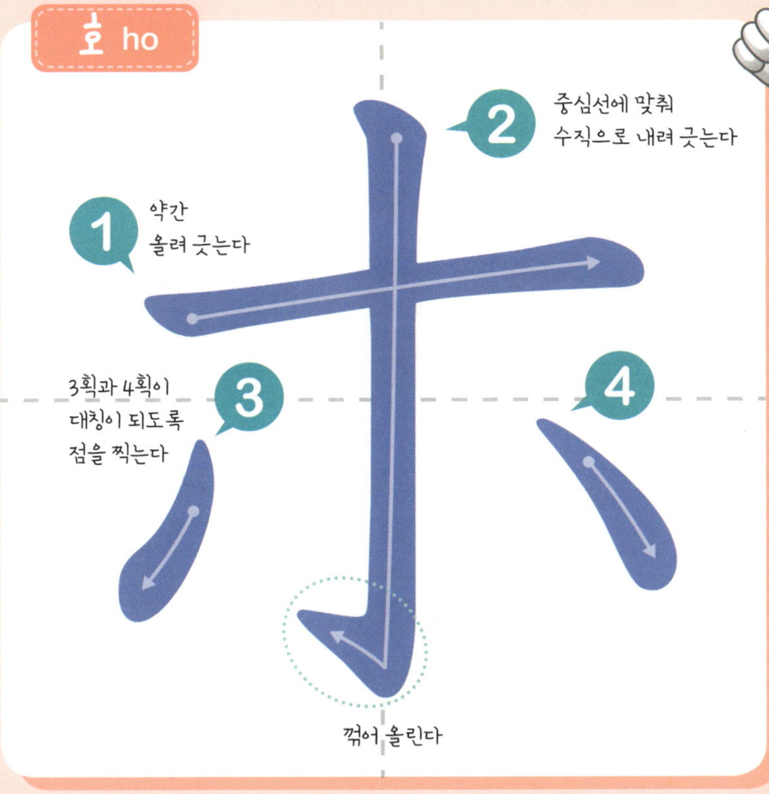

1. 약간 올려 긋는다
2. 중심선에 맞춰 수직으로 내려 긋는다
3. 3획과 4획이 대칭이 되도록 점을 찍는다
4. 꺾어 올린다

Step 2 연필로 써보기

ホ ホ ホ ホ ホ ホ ホ ホ

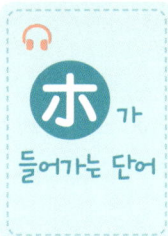 ホ가 들어가는 단어

ホテル 호텔
호 떼 루

ホース 호스
호 ー 스

ホワイト 화이트, 흰색
호 와 이 또

가타카나 청음 マ행

🎧 소리 내어 크게 읽어보세요.

マ	ミ	ム	メ	モ
마	미	무	메	모
ma	mi	mu	me	mo

	a	i	u	e	o
a	ア	イ	ウ	エ	オ
k	カ	キ	ク	ケ	コ
s	サ	シ	ス	セ	ソ
t	タ	チ	ツ	テ	ト
n	ナ	ニ	ヌ	ネ	ノ
h	ハ	ヒ	フ	ヘ	ホ
m	マ	ミ	ム	メ	モ
y	ヤ		ユ		ヨ
r	ラ	リ	ル	レ	ロ
w	ワ				ヲ
	ン				

👄 マ행은 우리말의 **마·미·무·메·모** 발음과 비슷합니다. 이 중 **ム**의 발음에 주의해야 하는데, 입술을 쭉 내밀지 말고 **무와 므의 중간 음**으로 소리 냅니다.

マウス 마우스
마 우 스

ミルク 우유
미 루 꾸

ジャム 잼
쟈 무

メロン 멜론
메 롱

モニター 모니터
모 니 따 -

가타카나 マ행 マ ミ ム メ モ

마 ma

Step 1 손가락으로 따라 그리기

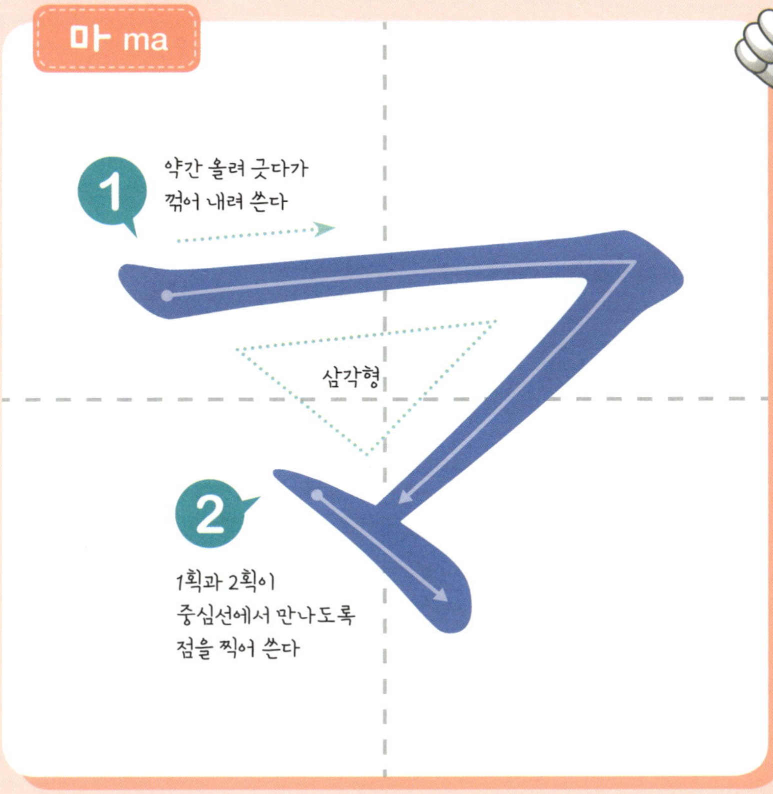

1. 약간 올려 긋다가 꺾어 내려 쓴다
   삼각형
2. 1획과 2획이 중심선에서 만나도록 점을 찍어 쓴다

어디가 다를까?

마 무
マ ム

삼각형과 뚫린 방향에 주의!

Step 2 연필로 써보기

マ マ マ マ マ マ マ マ

マ가 들어가는 단어

マフラー 머플러
마 후 라 -

マウス 마우스
마 우 스

ドラマ 드라마
도 라 마

가타카나 マ행 マ ミ ム メ モ

ミ mi

Step 1 손가락으로 따라 그리기

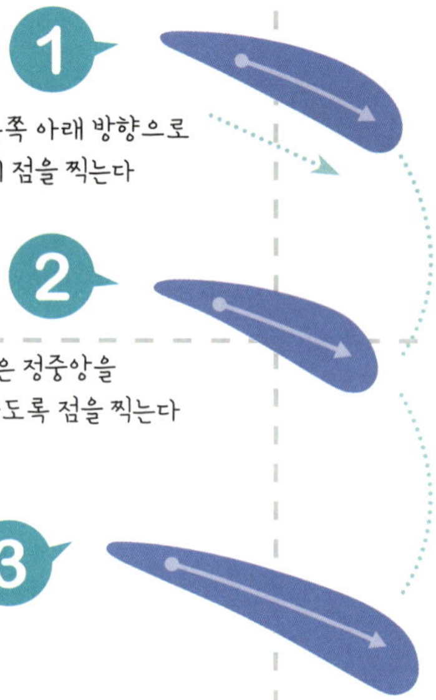

1. 오른쪽 아래 방향으로 짧게 점을 찍는다
2. 2획은 정중앙을 지나도록 점을 찍는다
3. 서로 같은 간격으로 / 3획이 약간 길다

Step 2 연필로 써보기

ミ가 들어가는 단어

ミルク 우유
미 루 꾸

ミシン 재봉틀
미 싱

ミーティング 미팅
미 - 띵 구

가타카나 マ행 マ ミ ム メ モ

무 mu

1. 비스듬히 내리다가 꺾어서 올려 긋는다
2. 1획의 꼬리 부분과 만나도록 내려 긋는다

삼각형

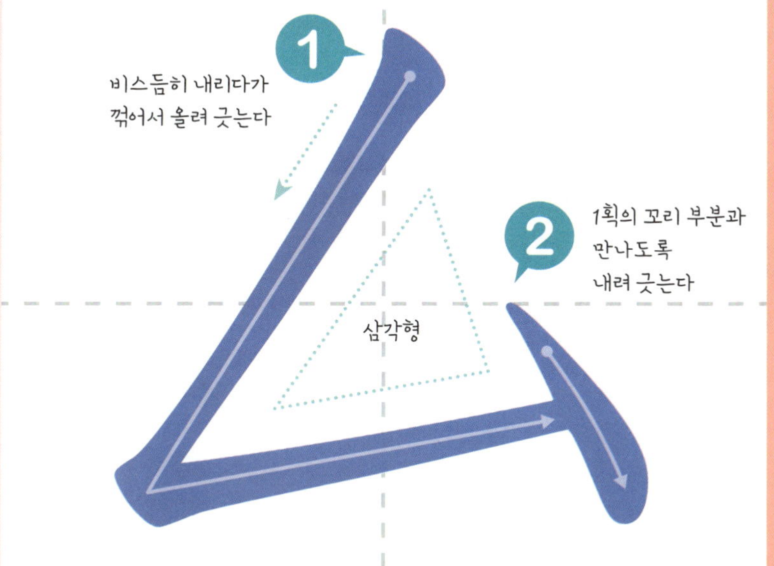

Step 1 손가락으로 따라 그리기

어디가 다를까?

무　마
ム　マ

삼각형과 뚫린 방향에 주의!

Step 2 연필로 써보기

ム ム ム ム ム ム ム ム ム

ム가 들어가는 단어

 ムービー 영화
무 － 비 －

 ゲーム 게임
게 － 무

 ジャム 잼
쟈　무

가타카나 マ행 マ ミ ム メ モ

메 me

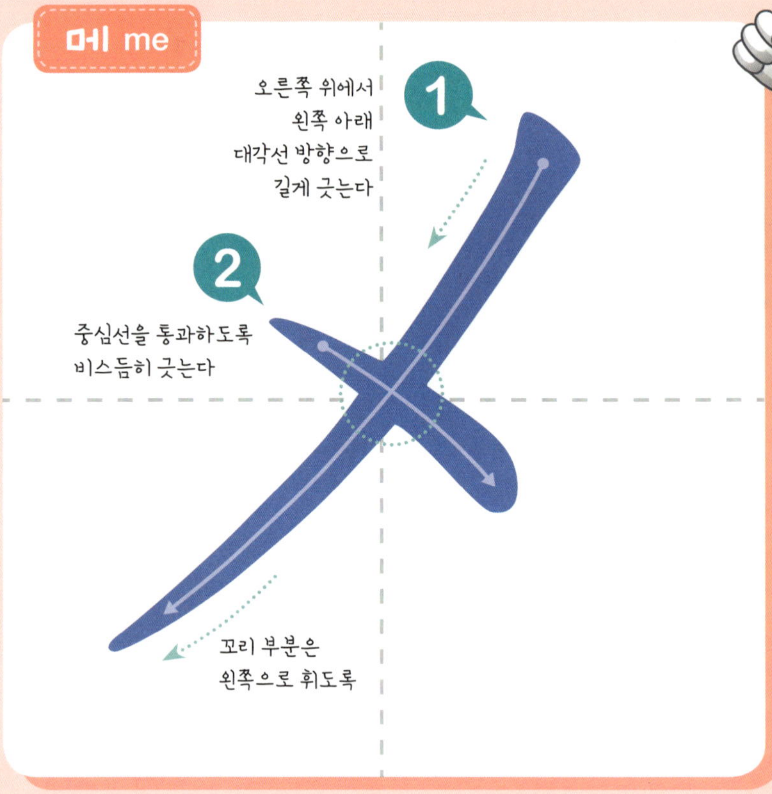

Step 1 손가락으로 따라 그리기

① 오른쪽 위에서 왼쪽 아래 대각선 방향으로 길게 긋는다

② 중심선을 통과하도록 비스듬히 긋는다

꼬리 부분은 왼쪽으로 휘도록

어디가 다를까?
메   노
メ   ノ

중앙 부분 획의 유무에 주의!

Step 2 연필로 써보기

メ 가 들어가는 단어

 メロン 멜론
메 롱

 メール 메일
메 ― 루

 メートル 미터
메 ― 또 루

가타카나 マ행 マ ミ ム メ **モ**

モ mo

1 약간 비스듬히 올려 긋는다

3 수직으로 내리다 꺾어 쓴다

2획이 더 길다

2 1획과 평행이 되도록 약간 올려 긋는다

약간 둥글게

Step 1 손가락으로 따라 그리기

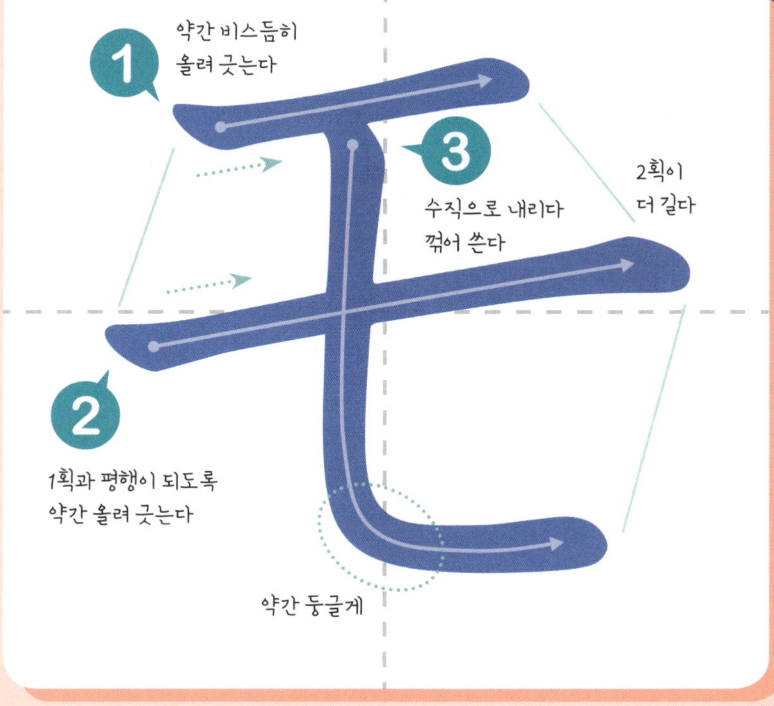

Step 2 연필로 써보기

モ モ モ モ モ モ モ モ

モ가 들어가는 단어

モニター 모니터
모니따-

モデル 모델
모데루

メモ 메모
메모

가타카나 청음 ヤ행

🎧 소리 내어 크게 읽어보세요.

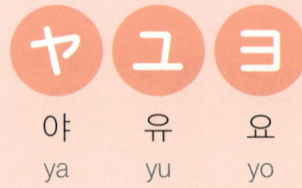

ヤ　ユ　ヨ
야　유　요
ya　yu　yo

	a	i	u	e	o
k	ア	イ	ウ	エ	オ
k	カ	キ	ク	ケ	コ
s	サ	シ	ス	セ	ソ
t	タ	チ	ツ	テ	ト
n	ナ	ニ	ヌ	ネ	ノ
h	ハ	ヒ	フ	ヘ	ホ
m	マ	ミ	ム	メ	モ
y	**ヤ**		**ユ**		**ヨ**
r	ラ	リ	ル	レ	ロ
w	ワ				ヲ
	ン				

👄 **ヤ행**은 현대 일본어에서 **ヤ·ユ·ヨ 세 글자만** 쓰이며, 우리말의 **야·유·요** 발음과 비슷합니다.

タイヤ 타이어
타 이 야

ユニフォーム 유니폼
유 니 훠 - 무

ヨガ 요가
요 가

가타카나 ヤ행 ヤ ユ ヨ

야 ya

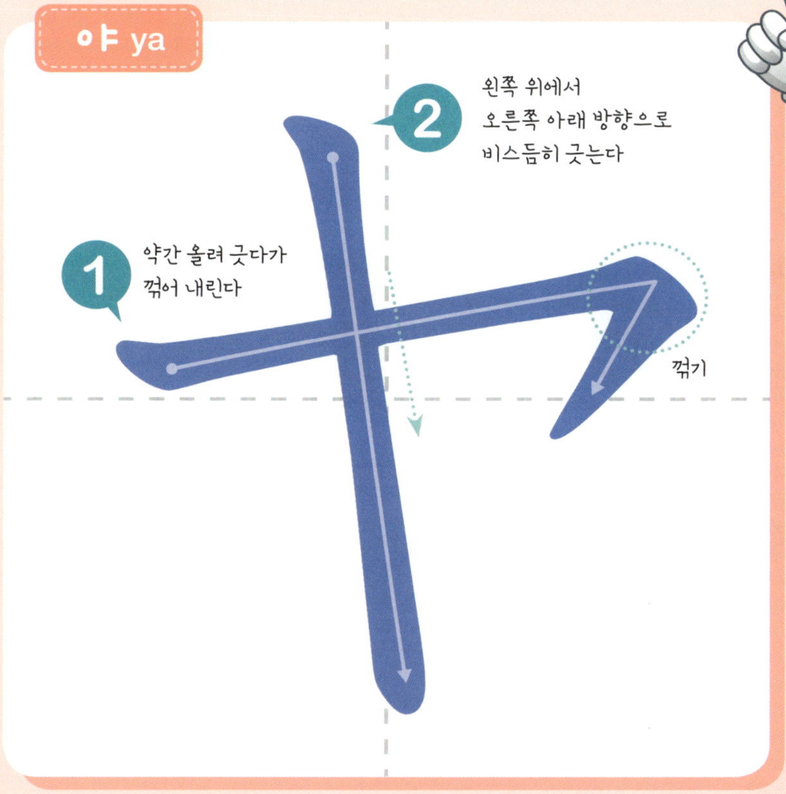

Step 1 손가락으로 따라 그리기

1. 약간 올려 긋다가 꺾어 내린다
2. 왼쪽 위에서 오른쪽 아래 방향으로 비스듬히 긋는다

꺾기

Step 2 연필로 써보기

ヤ ヤ ヤ ヤ ヤ ヤ ヤ ヤ

ヤ가 들어가는 단어

ダイヤモンド 다이아몬드
다 이 야 몬 도

タイヤ 타이어
타 이 야

가타카나 ヤ행 ヤ ユ ヨ

ユ yu

Step 1 손가락으로 따라 그리기

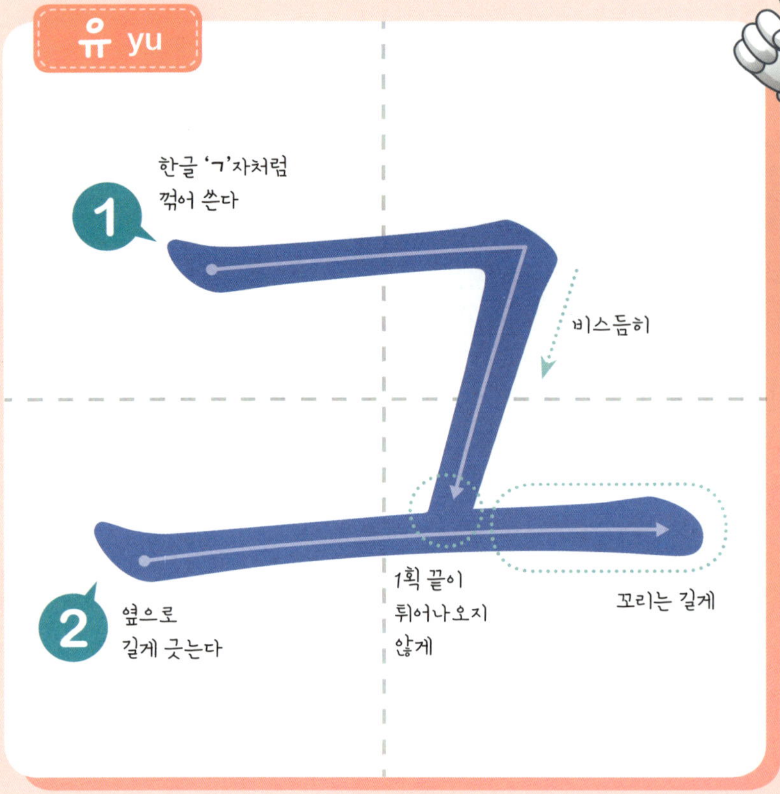

1 한글 'ㄱ'자처럼 꺾어 쓴다
비스듬히
2 옆으로 길게 긋는다
1획 끝이 튀어나오지 않게
꼬리는 길게

어디가 다를까?
유   코
ユ   コ
2획의 길이에 주의!

Step 2 연필로 써보기

ユ ユ ユ ユ ユ ユ ユ ユ

 ユ가 들어가는 단어

 ユニフォーム 유니폼
유 니 훠 - 무

 ユーターン 유턴
유 - 따 - ㅇ

가타카나 ヤ행   ヤ ユ ヨ

ヨ yo

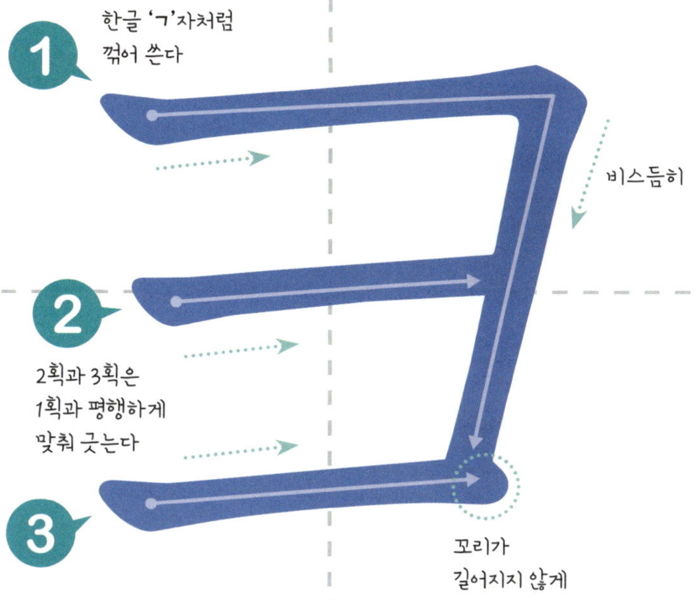

Step 1 손가락으로 따라 그리기

1. 한글 'ㄱ'자처럼 꺾어 쓴다
2. 2획과 3획은 1획과 평행하게 맞춰 긋는다
3. 꼬리가 길어지지 않게

비스듬히

어디가 다를까?

요 코
ヨ コ

중앙 부분 획의 유무에 주의!

Step 2 연필로 써보기

ヨ ヨ ヨ ヨ ヨ ヨ ヨ ヨ

ヨ가 들어가는 단어

ヨット 요트
욧 또

ヨーロッパ 유럽
요 - 롭 빠

ヨガ 요가
요 가

119

가타카나 청음 ラ행

🎧 소리 내어 크게 읽어보세요.

ラ リ ル レ ロ
라 리 루 레 로
ra ri ru re ro

	a	i	u	e	o
a	ア	イ	ウ	エ	オ
k	カ	キ	ク	ケ	コ
s	サ	シ	ス	セ	ソ
t	タ	チ	ツ	テ	ト
n	ナ	ニ	ヌ	ネ	ノ
h	ハ	ヒ	フ	ヘ	ホ
m	マ	ミ	ム	メ	モ
y	ヤ		ユ		ヨ
r	ラ	リ	ル	レ	ロ
w	ワ				ヲ
	ン				

👄 ラ행은 우리말의 **라·리·루·레·로** 발음과 비슷합니다.
ル와 **レ**는 형태가 비슷하므로 헷갈리지 않게 주의합니다.

ラーメン 라면
라 - 멩

リモコン 리모컨
리 모 꽁

ビール 맥주
비 - 루

レモン 레몬
레 몽

ロープ 로프
로 - 뿌

가타카나 ラ행 ラ リ ル レ ロ

라 ra

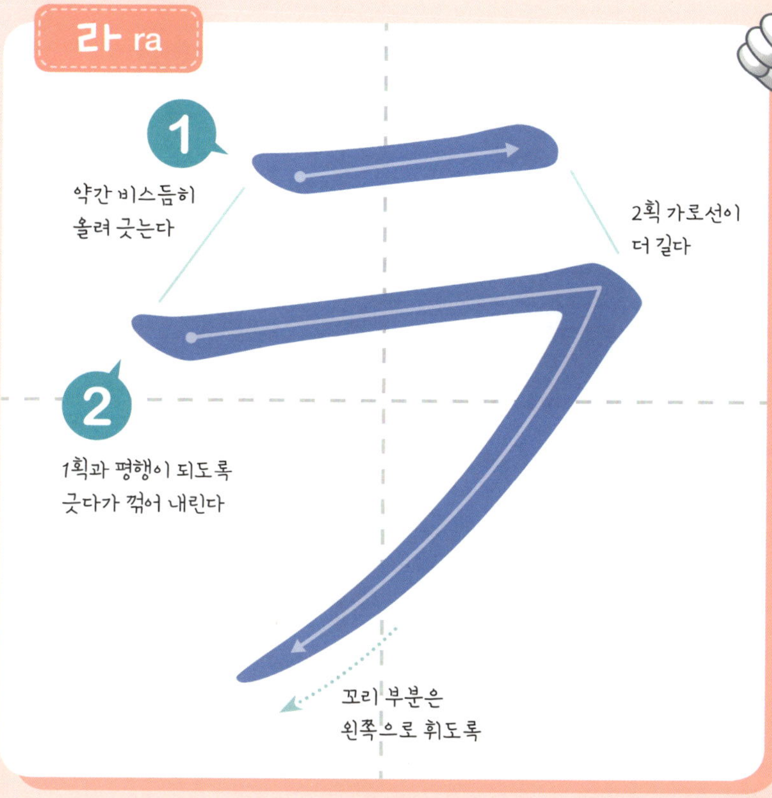

Step 1 손가락으로 따라 그리기

1. 약간 비스듬히 올려 긋는다
2획 가로선이 더 길다
2. 1획과 평행이 되도록 긋다가 꺾어 내린다

꼬리 부분은 왼쪽으로 휘도록

어디가 다를까?
라 오
ラ ヲ
상단 부분 모양에 주의!

Step 2 연필로 써보기

ラ ラ ラ ラ ラ ラ ラ ラ ラ

ラ가 들어가는 단어

ラーメン 라면
라 - 멩

ライオン 사자
라 이 옹

ラブレター 연애편지
라 부 레 따 -

가타카나 ラ행 ラ リ ル レ ロ

リ ri

1 수직으로 내려 긋는다

더 높다

2 1획과 평행이 되도록 내리다가 끝을 휘어 쓴다

중심선에서 조금 지나 멈춘다

Step 1 손가락으로 따라 그리기

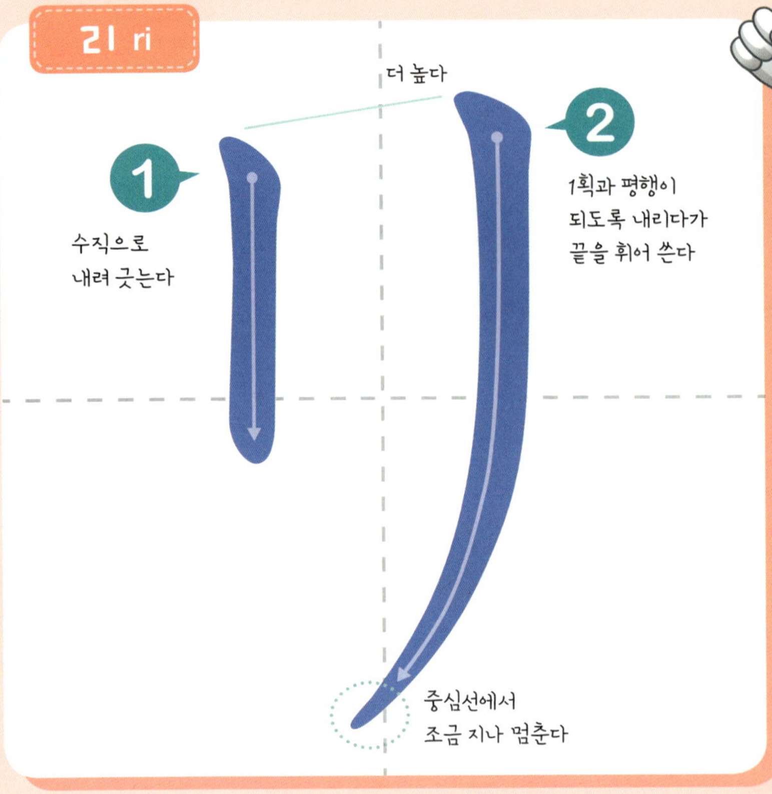

Step 2 연필로 써보기

リ リ リ リ リ リ リ リ

リ가 들어가는 단어

リボン 리본
리 봉

リモコン 리모컨
리 모 꽁

リンス 린스
린 스

가타카나 ラ행 ラ リ ル レ ロ

루 ru

1 약간 둥글리며 비스듬히 내려 긋는다
더 높다
2 수직으로 내리다가 꺾어 올린다
중심선 약간 오른쪽
위를 향해 약간 둥글리며

Step 1
손가락으로 따라 그리기

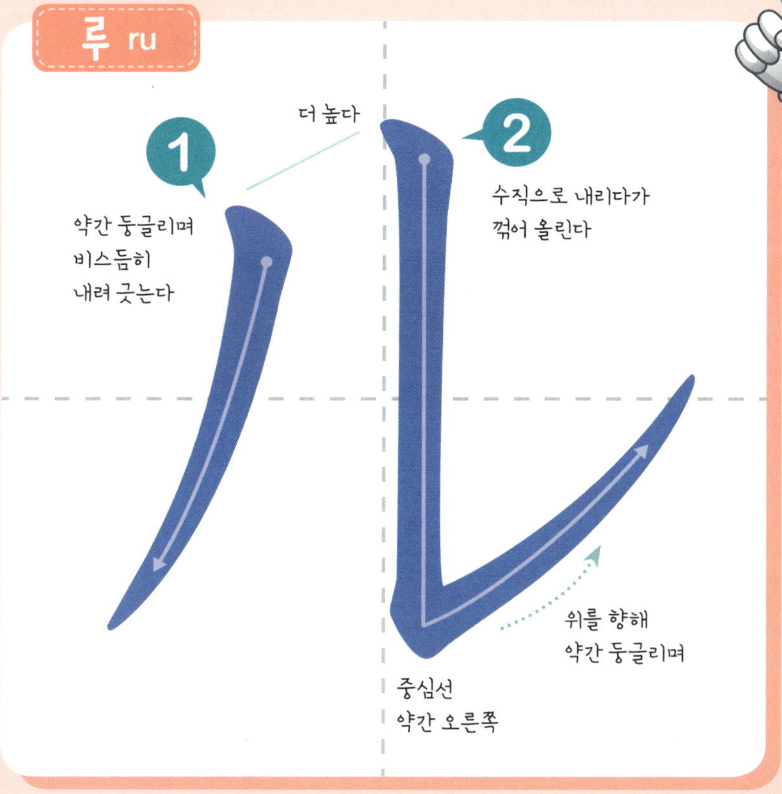

어디가 다를까?
루   레
ル レ
왼쪽 부분 획의 유무에 주의!

Step 2
연필로 써보기

ル ル ル ル ル ル ル ル

ル가 들어가는 단어

ルビー 루비
루 비 -

ビール 맥주
비 - 루

プール 수영장
푸 - 루

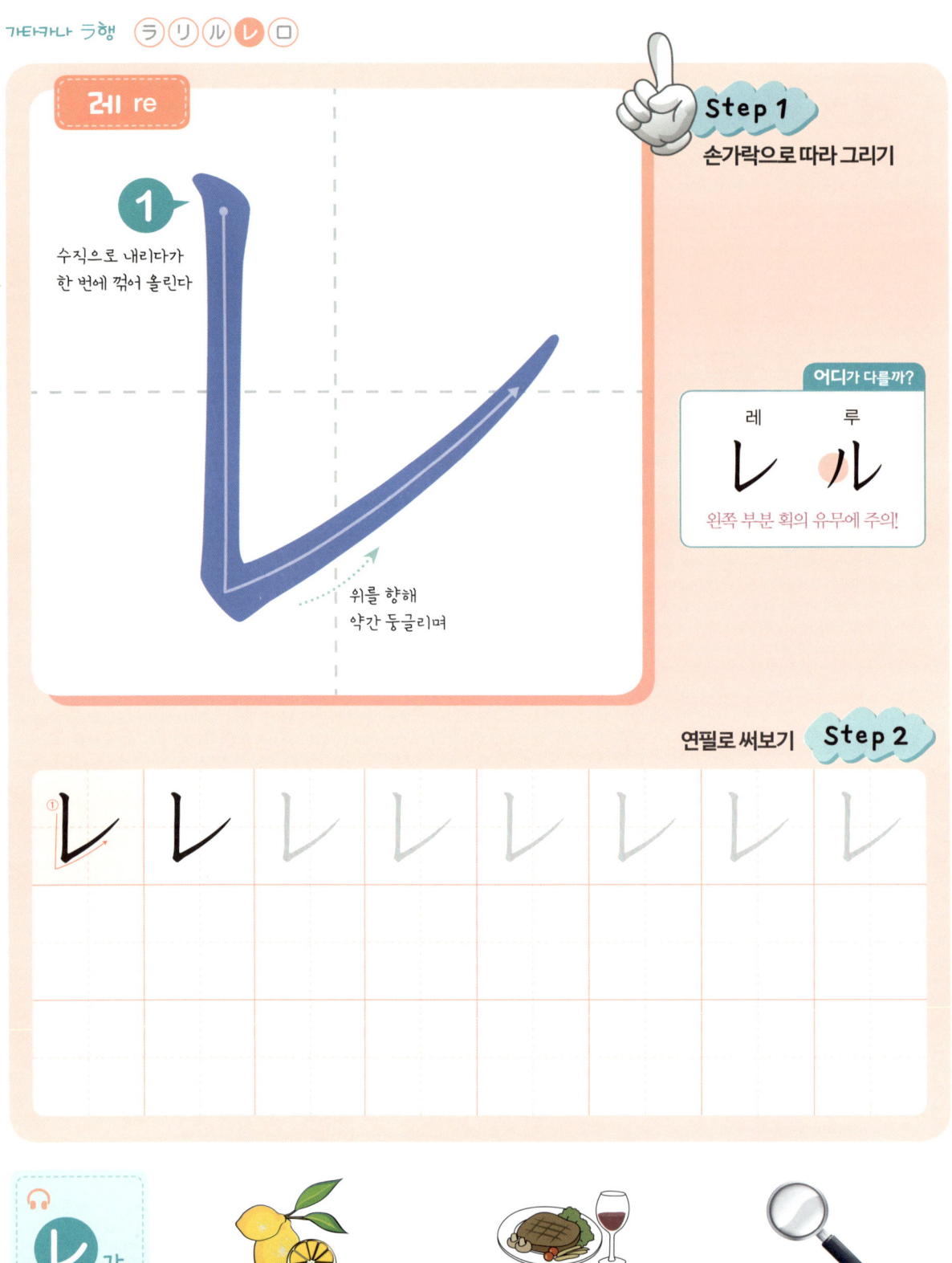

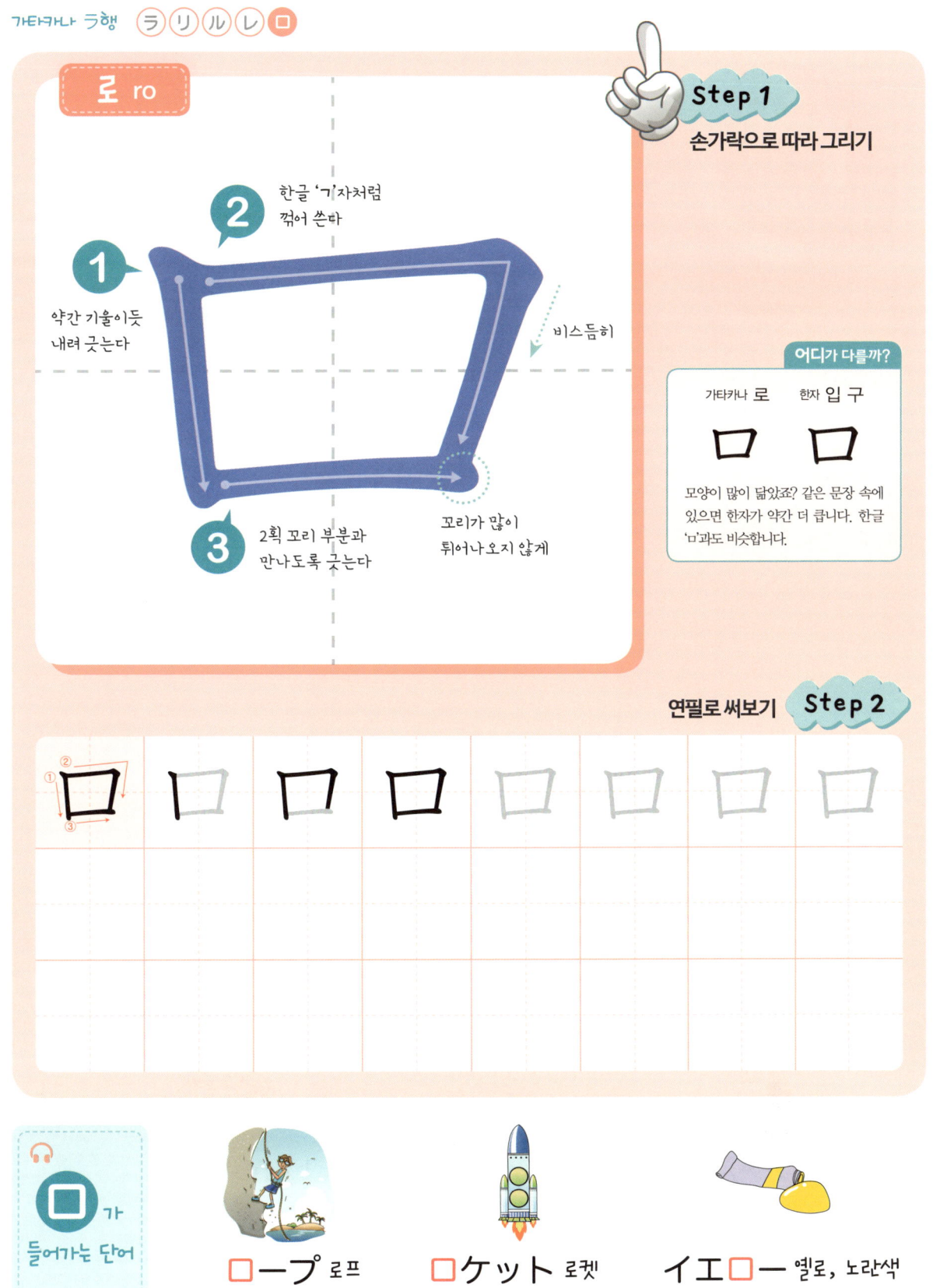

가타카나 청음

ワ행

🎧 소리 내어 크게 읽어보세요.

ワ ヲ ン
와 오 응
wa o n, m, ng

	a	i	u	e	o
a	ア	イ	ウ	エ	オ
k	カ	キ	ク	ケ	コ
s	サ	シ	ス	セ	ソ
t	タ	チ	ツ	テ	ト
n	ナ	ニ	ヌ	ネ	ノ
h	ハ	ヒ	フ	ヘ	ホ
m	マ	ミ	ム	メ	モ
y	ヤ		ユ		ヨ
r	ラ	リ	ル	レ	ロ
w	ワ				ヲ
	ン				

👄 ワ행도 ヤ행처럼 **ワ·ヲ·ン 세 글자만** 사용됩니다. **ヲ**는 ア행의 オ와 똑같이 **오**로 발음되며, 히라가나 を와 달리 거의 사용되지 않습니다. **ン**은 단어 첫머리에는 올 수 없습니다.

ワイン 와인
와　 잉

ワイシャツ 와이셔츠
와 이 샤 쯔

パン 빵
팡

가타카나 ワ행 ワ ヲ ン

ワ wa

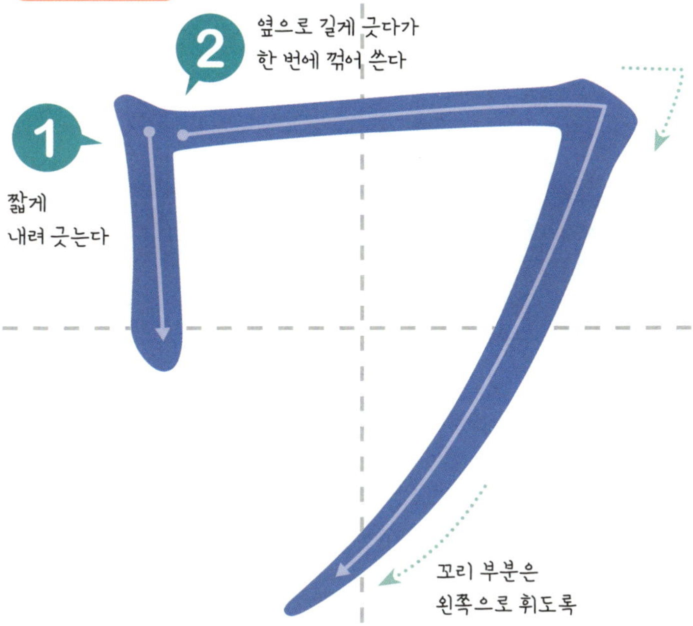

Step 1 손가락으로 따라 그리기

1. 짧게 내려 긋는다
2. 옆으로 길게 긋다가 한 번에 꺾어 쓴다

꼬리 부분은 왼쪽으로 휘도록

어디가 다를까?
와 ワ 우 ウ
상단 부분 획의 유무에 주의!

Step 2 연필로 써보기

ワ ワ ワ ワ ワ ワ ワ ワ

ワ가 들어가는 단어

ワイン 와인
와 잉

ワンピース 원피스
왐 삐 ー 스

ワイシャツ 와이셔츠
와 이 샤 쯔

가타카나 ワ행 ワ ヲ ン

오 ㅇ

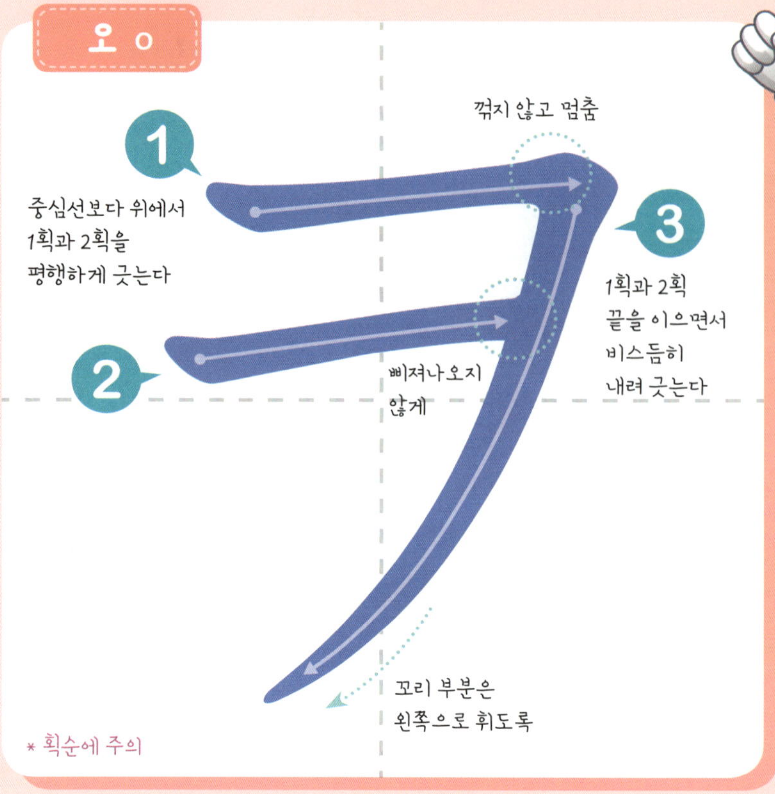

Step 1 손가락으로 따라 그리기

1 중심선보다 위에서 1획과 2획을 평행하게 긋는다

꺾지 않고 멈춤

3 1획과 2획 끝을 이으면서 비스듬히 내려 긋는다

2

삐져나오지 않게

꼬리 부분은 왼쪽으로 휘도록

* 획순에 주의

어디가 다를까?
오 ヲ   라 ラ
상단 부분 모양에 주의!

Step 2 연필로 써보기

ヲ ヲ ヲ ヲ ヲ ヲ ヲ ヲ

ヲ가 들어가는 단어

가타카나 ヲ는 거의 사용하지 않음

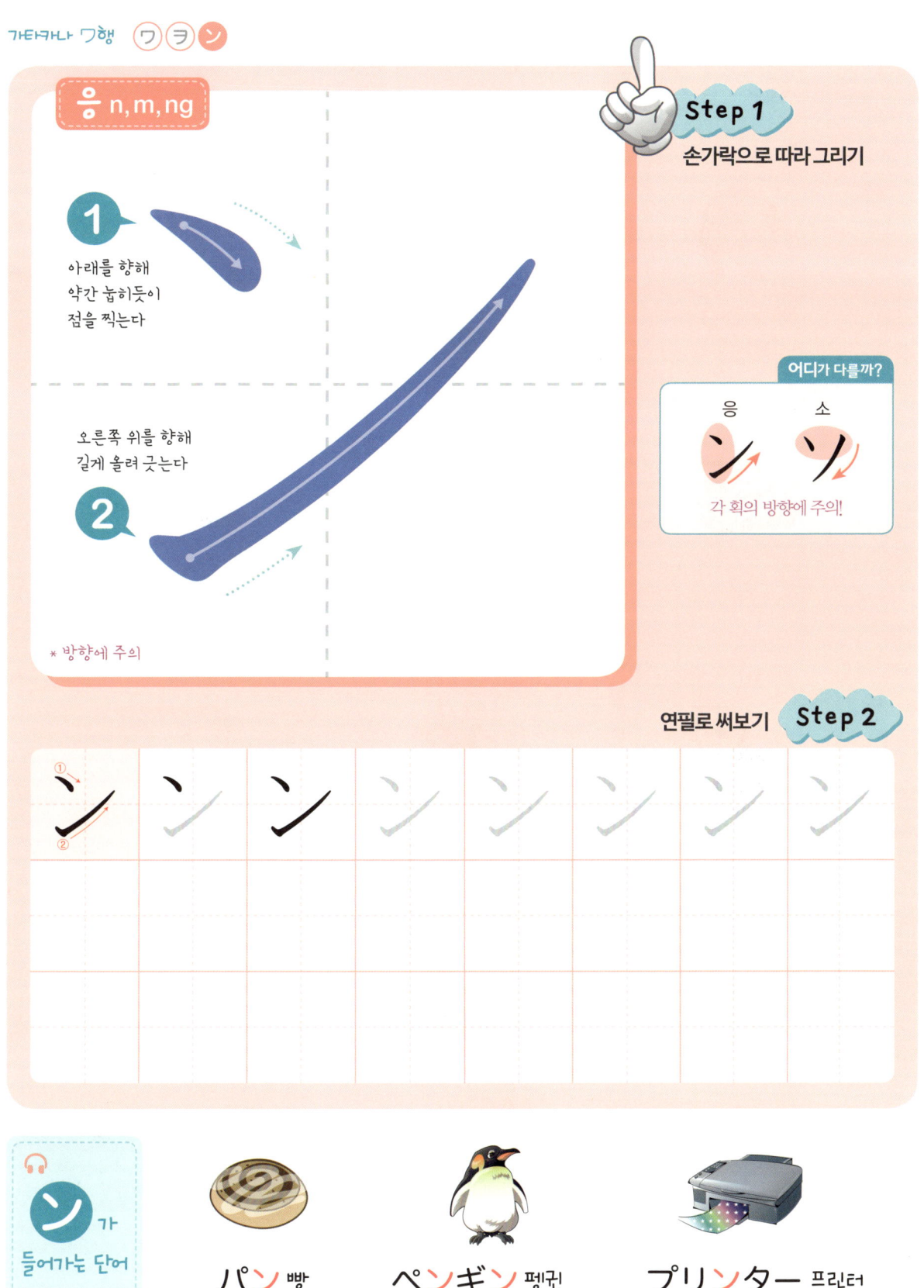

연습 문제

다음 빈칸에 알맞은 글자를 넣어보세요.

답
① ヘ ② ク ③ ア, ロ ④ オ ⑤ キ ⑥ カ
⑦ イ ⑧ ケ ⑨ モ, タ ⑩ サ ⑪ ノ ⑫ テ, ニ

Part 2
가타카나 청음

⑬ ＿ ヒ ー
코 ー 히 ー

⑭ ム
하 무

⑮ イ フ
나 이 후

⑯ ル ク
미 루 꾸

⑰ モ ン
레 몽

⑱ ク タ イ
네 꾸 따 이

⑲ ＿ タ ー
히 ー 따 ー

⑳ ウ
마 우 스

㉑ ロ ン
메 롱

㉒ マ
토 마 토

㉓ イ ン
와 잉

㉔ イ オ
라 이 옹

답 ⑬ コ   ⑭ ハ   ⑮ ナ   ⑯ ミ   ⑰ レ   ⑱ ネ
    ⑲ ヒ   ⑳ マ, ス   ㉑ メ   ㉒ ト, ト   ㉓ ワ   ㉔ ラ, ン

일본어 자원(字源) 히라가나

히라가나는 한자 초서체의 일부를 간단히 하여 만들어진 글자로 각 글자마다 기원이 되는 한자가 있습니다. 자원을 외울 필요는 없지만 어떻게 변화했는지 비교해보는 것도 재미있답니다.

安→あ (아)	以→い (이)	宇→う (우)	衣→え (에)	於→お (오)
加→か (카)	幾→き (키)	久→く (쿠)	計→け (케)	己→こ (코)
左→さ (사)	之→し (시)	寸→す (스)	世→せ (세)	曽→そ (소)
太→た (타)	知→ち (치)	川→つ (츠)	天→て (테)	止→と (토)
奈→な (나)	仁→に (니)	奴→ぬ (누)	称→ね (네)	乃→の (노)
波→は (하)	比→ひ (히)	不→ふ (후)	部→へ (헤)	保→ほ (호)
未→ま (마)	美→み (미)	武→む (무)	女→め (메)	毛→も (모)
也→や (야)		由→ゆ (유)		与→よ (요)
良→ら (라)	利→り (리)	留→る (루)	礼→れ (레)	呂→ろ (로)
和→わ (와)				袁→を (오)
无→ん (응)				

Part 3
탁음·반탁음 요음
+장음·발음·촉음

일본어에는 기본이 되는 청음 외에 탁점(˚)을 붙이는 **탁음**, 반탁점(˚)을 붙이는 **반탁음**, 작은 ゃ, ゅ, ょ를 붙이는 **요음** 등이 있습니다. 글자는 어떤 모양이고 어떻게 발음하는지 자세히 알아봅시다.

학습 포인트

* 청음과는 모양과 발음이 어떻게 다른지 유의하며 익혀봅시다.
* MP3 파일을 들으며 최대한 비슷하게 따라 읽어봅시다.

탁음 濁音 / 반탁음 半濁音

성대를 울려 내는 유성음이기 때문에 청음에 비해 탁한 소리가 납니다. 히라가나와 가타카나의 **か(カ)행·さ(サ)행·た(タ)행·は(ハ)행**에 **탁점(゛)**이 붙으면 **탁음**이 되며, **は(ハ)행**에 **반탁점(゜)**이 붙으면 **반탁음**이 됩니다. 반탁음의 경우 단어의 맨 첫머리에 올 때는 ㅍ, 단어 중간에 올 때는 ㅃ에 가깝게 발음합니다.

히라가나 탁음

	あ단	い단	う단	え단	お단
が행	が 가 ga	ぎ 기 gi	ぐ 구 gu	げ 게 ge	ご 고 go
ざ행	ざ 자 za	じ 지 ji	ず 즈 zu	ぜ 제 ze	ぞ 조 zo
だ행	だ 다 da	ぢ 지 ji	づ 즈 zu	で 데 de	ど 도 do
ば행	ば 바 ba	び 비 bi	ぶ 부 bu	べ 베 be	ぼ 보 bo

히라가나 반탁음

	あ단	い단	う단	え단	お단
ぱ행	ぱ 파 pa	ぴ 피 pi	ぷ 푸 pu	ぺ 페 pe	ぽ 포 po

가타카나 탁음

	ア단	イ단	ウ단	エ단	オ단
ガ행	ガ 가 ga	ギ 기 gi	グ 구 gu	ゲ 게 ge	ゴ 고 go
ザ행	ザ 자 za	ジ 지 ji	ズ 즈 zu	ゼ 제 ze	ゾ 조 zo
ダ행	ダ 다 da	ヂ 지 ji	ヅ 즈 zu	デ 데 de	ド 도 do
バ행	バ 바 ba	ビ 비 bi	ブ 부 bu	ベ 베 be	ボ 보 bo

가타카나 반탁음

	ア단	イ단	ウ단	エ단	オ단
パ행	パ 파 pa	ピ 피 pi	プ 푸 pu	ペ 페 pe	ポ 포 po

 히라가나

が행

が ga 가　ぎ gi 기　ぐ gu 구　げ ge 게　ご go 고

우리말의 '가·기·구·게·고'와 비슷한 발음이지만 좀 더 성대를 울려 소리 냅니다. 단어의 첫머리에 올 때의 발음이 특히 어려운데, 앞에 (으)를 살짝 붙이는 듯이 발음해 봅시다.

が	が	が			
ぎ	ぎ	ぎ			
ぐ	ぐ	ぐ			
げ	げ	げ			
ご	ご	ご			

がいこく 외국
　가 이 꼬 꾸

ぎん 은 (금속)
　깅

ぐあい 상태
　구 아 이

げんき 건강함
　겡 끼

ごはん 밥
　고 항

가타카나

ガ행

ガ ga 가　ギ gi 기　グ gu 구　ゲ ge 게　ゴ go 고

히라가나 が행과 같은 요령으로 발음합니다.

ガ	ガ	ガ			
ギ	ギ	ギ			
グ	グ	グ			
ゲ	ゲ	ゲ			
ゴ	ゴ	ゴ			

ガイド 안내
　가 이 도

ギター 기타 (악기)
　기 따 -

グラム 그램 (g)
　구 라 무

ゲーム 게임
　게 - 무

ゴルフ 골프
　고 루 후

 ざ행의 발음은 우리말에는 없는 발음이라서 조금 어려울 수 있습니다. 영어의 [z]를 발음하는 요령으로 성대를 울려 소리 냅니다. 특히 ざ와 ぞ 발음에 주의합시다.

ざせき 좌석
자세끼

じかん 시간
지깡

ちず 지도
치즈

ぜんぶ 전부
젬부

ぞう 코끼리
조 -

 히라가나 ざ행과 같은 요령으로 발음합니다.

ピザ 피자
피자

ジーパン 청바지
지 - 빵

ズボン 바지
즈봉

ゼロ 제로, 영
제로

リゾート 리조트
리조 - 또

다 da　지 ji　즈 zu　데 de　도 do

우리말의 '다·지·즈·데·도'와 비슷한 발음이지만 좀 더 성대를 울려 소리 냅니다. ぢ는 じ, づ는 ず에 합류되어 현재는 잘 쓰이지 않습니다.

だれ 누구
다 레

はなぢ 코피
하 나 지

つづく 계속되다
츠 즈 꾸

でんき 전기
뎅 끼

どこ 어디
도 꼬

다 da　지 ji　즈 zu　데 de　도 do

우리말의 '다·지·즈·데·도'와 비슷한 발음이지만 좀 더 성대를 울려 소리 냅니다. ヂ는 ジ, ヅ는 ズ에 합류되어 현재는 잘 쓰이지 않습니다.

ダイエット 다이어트
다 이 엣 또

ダイヤモンド 다이아몬드
다 이 야 몬 도

デート 데이트
데 - 또

デジタル 디지털
데 지 따 루

ドア 도어, 문
도 아

바 ba 비 bi 부 bu 베 be 보 bo

ば행의 자음은 영어의 [b] 발음과 비슷합니다. 우리말의 '바·비·부·베·보'와 비슷한 발음이지만, 좀 더 성대를 울려 소리 냅니다.

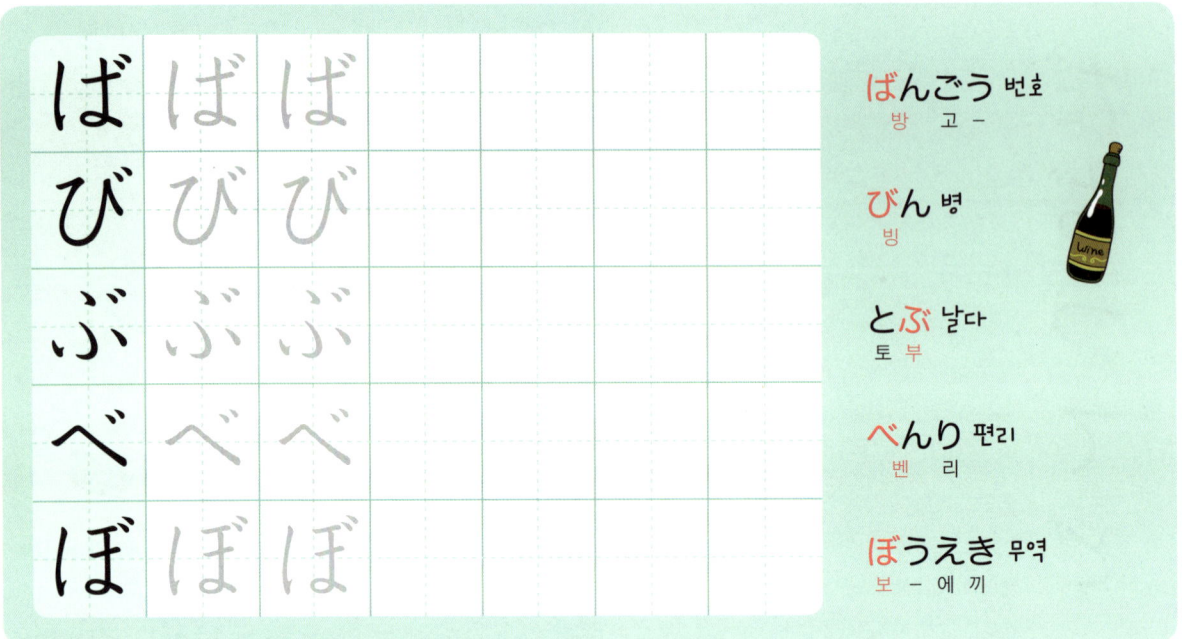

ばんごう 번호
방 고 -

びん 병
빙

とぶ 날다
토 부

べんり 편리
벤 리

ぼうえき 무역
보 - 에 끼

바 ba 비 bi 부 bu 베 be 보 bo

히라가나 ば행과 같은 요령으로 발음합니다.

バイト 아르바이트
바 이 또

ビル 빌딩
비 루

ブーツ 부츠
부 - 쯔

ベスト 베스트, 조끼
베 스 또

ボール 볼, 공
보 - 루

 **ぱ**행
파 pa 피 pi 푸 pu 페 pe 포 po

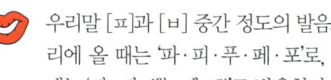 우리말 [ㅍ]과 [ㅂ] 중간 정도의 발음으로, 단어 첫머리에 올 때는 '파·피·푸·페·포'로, 단어 중간에 올 때는 '빠·삐·뿌·뻬·뽀'로 발음합니다.

りっぱ 훌륭함
립 빠

ぴったり 딱 맞음
핏 따리

きっぷ 표
킵 뿌

ぺこぺこ 몹시 배고픔
페꼬 뻬꼬

さんぽ 산책
삼 뽀

 **パ**행
파 pa 피 pi 푸 pu 페 pe 포 po

 히라가나 ぱ행과 같은 요령으로 발음합니다.

パスポート 여권
파 스 뽀 - 또

ピアノ 피아노
피 아 노

プログラム 프로그램
푸 로 구 라 무

ページ 페이지
페 - 지

ポイント 포인트
포 인 또

요음
拗音

い단에 반모음 や・ゆ・よ를 작게 쓴 ゃ・ゅ・ょ를 붙여 한 글자처럼 발음하는 소리입니다. 모양은 두 글자이지만 **한 박자로 발음**해야 합니다. あ행(모음)에는 붙이지 않는 것에 유의하세요. 가타카나의 경우에도 똑같습니다.

きゃ キャ 캬 kya	きゅ キュ 큐 kyu	きょ キョ 쿄 kyo
しゃ シャ 샤 sya	しゅ シュ 슈 syu	しょ ショ 쇼 syo
ちゃ チャ 챠 cha	ちゅ チュ 츄 chu	ちょ チョ 쵸 cho
にゃ ニャ 냐 nya	にゅ ニュ 뉴 nyu	にょ ニョ 뇨 nyo
ひゃ ヒャ 햐 hya	ひゅ ヒュ 휴 hyu	ひょ ヒョ 효 hyo
みゃ ミャ 먀 mya	みゅ ミュ 뮤 myu	みょ ミョ 묘 myo
りゃ リャ 랴 rya	りゅ リュ 류 ryu	りょ リョ 료 ryo
ぎゃ ギャ 갸 gya	ぎゅ ギュ 규 gyu	ぎょ ギョ 교 gyo
じゃ ジャ 쟈 jya	じゅ ジュ 쥬 jyu	じょ ジョ 죠 jyo
びゃ ビャ 뱌 bya	びゅ ビュ 뷰 byu	びょ ビョ 뵤 byo
ぴゃ ピャ 퍄 pya	ぴゅ ピュ 퓨 pyu	ぴょ ピョ 표 pyo

히라가나 きゃ きゅ きょ
캬 kya 큐 kyu 쿄 kyo

きゃ	きゃ		
きゅ	きゅ		
きょ	きょ		

きゃく 손님
캬 꾸

きゅう 9, 아홉
큐 -

きょう 오늘
쿄 -

가타카나 キャ キュ キョ
캬 kya 큐 kyu 쿄 kyo

キャ	キャ		
キュ	キュ		
キョ	キョ		

キャベツ 양배추
캬 베쯔

キャッシュ 캐시, 현금
캇 슈

キュート 큐트, 귀여운
큐 - 또

히라가나 しゃ しゅ しょ
샤 sya 슈 syu 쇼 syo

しゃ	しゃ		
しゅ	しゅ		
しょ	しょ		

しゃしん 사진
샤 싱

しゅみ 취미
슈 미

しょくじ 식사
쇼 꾸지

가타카나 シャ シュ ショ
샤 sya 슈 syu 쇼 syo

シャ	シャ		
シュ	シュ		
ショ	ショ		

シャワー 샤워
샤 와 -

シューズ 슈즈
슈 - 즈

ショッピング 쇼핑
숍 뼁구

141

히라가나
ちゃ cha　ちゅ chu　ちょ cho

ちゃ	ちゃ		
ちゅ	ちゅ		
ちょ	ちょ		

ちゃいろ 갈색
챠 이 로

ちゅうい 주의
츄 - 이

ちょうど 정확히, 마침
쵸 - 도

가타카나
チャ cha　チュ chu　チョ cho

チャ	チャ		
チュ	チュ		
チョ	チョ		

チャック 지퍼
챡 꾸

チューブ 튜브
츄 - 부

チョコレート 초콜릿
쵸 꼬 레 - 또

히라가나
にゃ nya　にゅ nyu　にょ nyo

にゃ	にゃ		
にゅ	にゅ		
にょ	にょ		

こん**にゃ**く 곤약
콘 냐 꾸

にゅうがく 입학
뉴 - 가 꾸

にょうぼう 마누라
뇨 - 보 -

가타카나
ニャ nya　ニュ nyu　ニョ nyo

ニャ	ニャ		
ニュ	ニュ		
ニョ	ニョ		

ニュース 뉴스
뉴 - 스

メ**ニュ**ー 메뉴
메 뉴 -

ニョッキ 뇨키 (이탈리아 요리)
뇩 끼

햐 hya　휴 hyu　효 hyo

ひゃ	ひゃ		
ひゅ	ひゅ		
ひょ	ひょ		

ひゃく 100, 백　　**ひょ**うか 평가
햐 꾸　　　　　　　효 － 까

ひょうげん 표현
효 － 겡

햐 hya　휴 hyu　효 hyo

ヒャ	ヒャ		
ヒュ	ヒュ		
ヒョ	ヒョ		

ヒューズ 퓨즈
휴 － 즈

ヒューマン 휴먼, 인간다움
휴 － 망

먀 mya　뮤 myu　묘 myo

みゃ	みゃ		
みゅ	みゅ		
みょ	みょ		

みゃく 맥, 가망성　　**みょ**うじ 성씨
먀 꾸　　　　　　　　묘 － 지

び**みょ**う 미묘함
비 묘 －

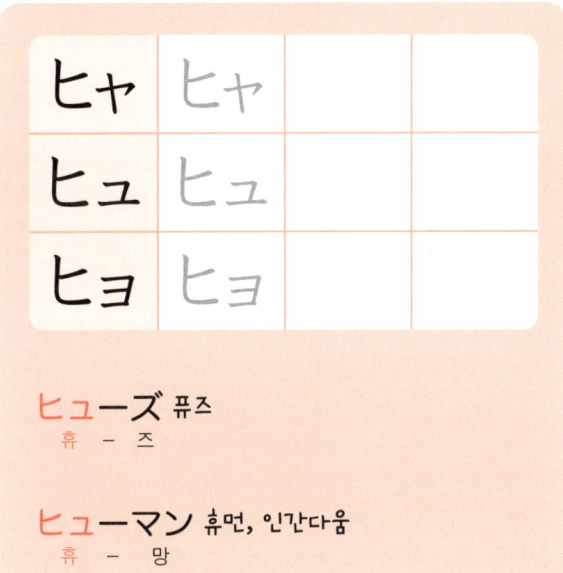
먀 mya　뮤 myu　묘 myo

ミャ	ミャ		
ミュ	ミュ		
ミョ	ミョ		

ミャンマー 미얀마　　**ミュ**ージック 음악
먄 마 －　　　　　　　뮤 － 직꾸

ミュージアム 뮤지엄, 박물관
뮤 － 지아무

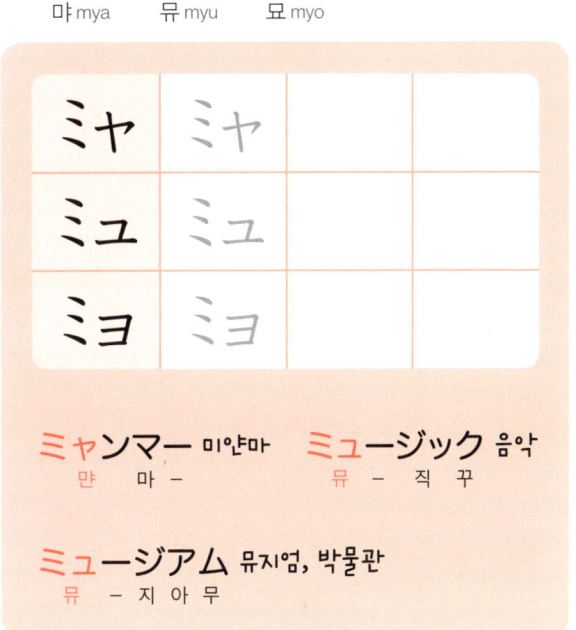

히라가나

りゃ りゅ りょ 🎧
랴 rya 류 ryu 료 ryo

りゃ	りゃ		
りゅ	りゅ		
りょ	りょ		

りゃくす 생략하다
랴 꾸스

りゅうこう 유행
류 - 꼬 -

りょこう 여행
료 꼬 -

가타카나

リャ リュ リョ 🎧
랴 rya 류 ryu 료 ryo

リャ	リャ		
リュ	リュ		
リョ	リョ		

リュック 배낭
륙 꾸

リューマチ 류마티즘
류 - 마 찌

ボ**リュ**ーム 볼륨
보 류 - 무

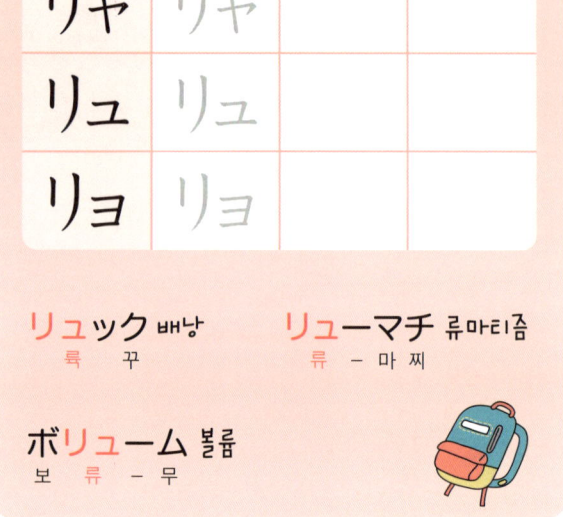

히라가나

ぎゃ ぎゅ ぎょ 🎧
갸 gya 규 gyu 교 gyo

ぎゃ	ぎゃ		
ぎゅ	ぎゅ		
ぎょ	ぎょ		

ぎゃく 반대
갸 꾸

ぎゅうにゅう 우유
규 - 뉴 -

きん**ぎょ** 금붕어
킹 교

가타카나

ギャ ギュ ギョ 🎧
갸 gya 규 gyu 교 gyo

ギャ	ギャ		
ギュ	ギュ		
ギョ	ギョ		

ギャグ 개그
갸 구

ギャラリー 갤러리
갸 라 리 -

ギョーザ 중국식 만두
교 - 자

히라가나
じゃ 쟈 jya　**じゅ** 쥬 jyu　**じょ** 죠 jyo

じゃ	じゃ		
じゅ	じゅ		
じょ	じょ		

じゃま 방해
쟈 마

じゅんび 준비
쥼 비

じょうず 능숙함
죠 ― 즈

가타카나
ジャ 쟈 jya　**ジュ** 쥬 jyu　**ジョ** 죠 jyo

ジャ	ジャ		
ジュ	ジュ		
ジョ	ジョ		

ジャズ 재즈
쟈 즈

ジュニア 주니어
쥬 니 아

ジョギング 조깅
죠 깅 구

히라가나
びゃ 뱌 bya　**びゅ** 뷰 byu　**びょ** 뵤 byo

びゃ	びゃ		
びゅ	びゅ		
びょ	びょ		

さんびゃく 삼백
삼 뱌 꾸

びゅうびゅう 휙휙
뷰 ― 뷰 ―

びょういん 병원
뵤 ― 잉

가타카나
ビャ 뱌 bya　**ビュ** 뷰 byu　**ビョ** 뵤 byo

ビャ	ビャ		
ビュ	ビュ		
ビョ	ビョ		

ビューティー 뷰티
뷰 ― 띠 ―

インタビュー 인터뷰
인 따 뷰 ―

히라가나 ぴゃ ぴゅ ぴょ
퍄 pya　퓨 pyu　표 pyo

ぴゃ	ぴゃ		
ぴゅ	ぴゅ		
ぴょ	ぴょ		

はっぴゃく 팔백
합 빠 꾸

はっぴょう 발표
합 뾰 ―

ぴょんぴょん 깡충깡충
퓸　뽕

가타카나 ピャ ピュ ピョ
퍄 pya　퓨 pyu　표 pyo

ピャ	ピャ		
ピュ	ピュ		
ピョ	ピョ		

ピュア 퓨어, 순수함
퓨　아

ピューマ 퓨마
퓨 ― 마

장음 長音

한 단어에서 같은 모음이 중복되는 경우 **앞의 발음을 길게 발음**하는 소리를 말합니다. 음의 길이에 따라 의미가 바뀌는 단어도 있으니 주의합시다. **가타카나**의 경우에는 같은 모음을 반복하는 대신 ー로 표기하므로 구분이 쉽습니다.

あ　あ단+あ

おかあさん 어머니
오 까 ― 상

デパート 백화점
데 빠 ― 또

い　い단+い

おにいさん 형, 오빠
오 니 ― 상

ビール 맥주
비 ― 루

う	う단+う	 ふつう 보통 후 쯔 ー	 スーパー 슈퍼마켓 스 ー 파 ー
え	え단+え	 おねえさん 누나, 언니 오 네 ー 상	 ページ 페이지 페 ー 지
	え단+い	 とけい 시계 토 께 ー	 えいが 영화 에 ー 가
お	お단+お	 おおきい 크다 오 ー 끼 ー	 ノート 노트 노 ー 또
	お단+う	 こうえん 공원 코 ー 엥	 そうじ 청소 소 ー 지
		 きょう 오늘 쿄 ー	しょうかい 소개 쇼 ー 까 이

발음 撥音 🎧

오십음도의 마지막 글자인 **ん(ン)**은 다른 글자 뒤에 와서 우리말의 받침과 같은 역할을 합니다. 하지만 하나의 음절 길이를 가집니다. 상황에 따라 다음의 네 가지 소리로 발음됩니다.

ㅇ (ng) ん(ン) + か が행

おんがく 음악 / 옹 가꾸
げんき 건강함 / 겡 끼
インク 잉크 / 잉 꾸

ㄴ (n) ん(ン) + さ ざ た だ な ら행

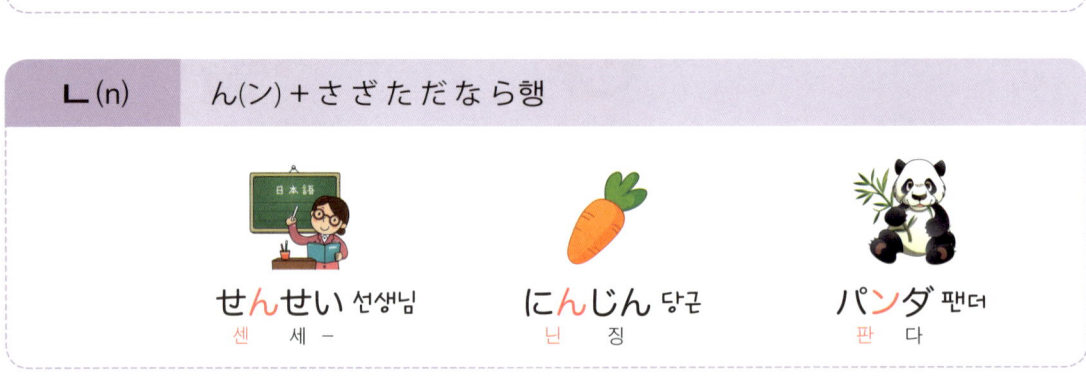

せんせい 선생님 / 센 세 -
にんじん 당근 / 닌 징
パンダ 팬더 / 판 다

ㅁ (m) ん(ン) + ま ば ぱ행

しんぶん 신문 / 심 붕
えんぴつ 연필 / 엠 삐쯔
ハンバーガー 함버거 / 함 바 가 -

콧소리 (N) ん(ン) + は や わ행, ん(ン)으로 끝날 때

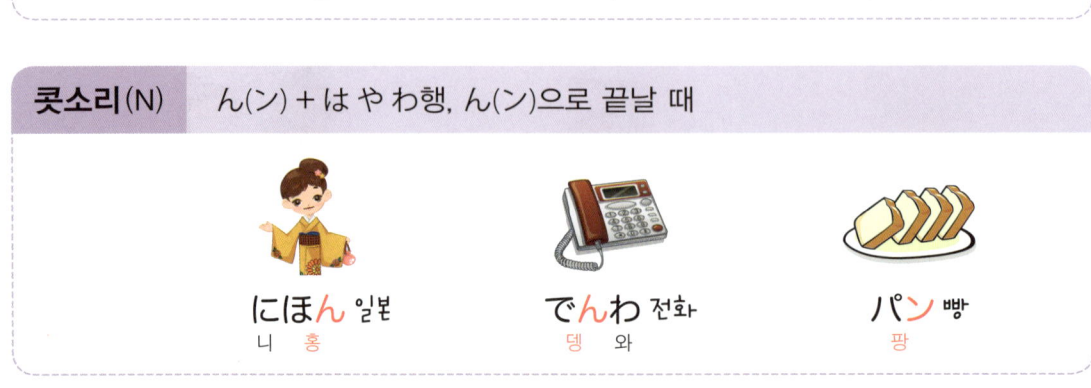

にほん 일본 / 니 홍
でんわ 전화 / 뎅 와
パン 빵 / 팡

촉음
促音

촉음은 **つ(ツ)**를 작은 크기로 **っ(ッ)**로 표기합니다. 우리말의 받침 역할을 하며, 하나의 독립된 음절로 발음합니다. 상황에 따른 다음 세 가지 발음이 있습니다.

ㄱ(k)　っ(ッ) + か행

- けっか 결과 — 켁 까
- がっこう 학교 — 각 꼬-
- サッカー 축구 — 삭 까-

ㅅ(s)　っ(ッ) + さ행, っ(ッ) + た행

- ざっし 잡지 — 잣 시
- メッセージ 메시지 — 멧 세-지
- きって 우표 — 킷 떼

ㅂ(p)　っ(ッ) + ぱ행

- いっぱい 가득 — 입 빠이
- きっぷ 표 — 킵 뿌
- コップ 컵 — 콥 뿌

여러 가지 외래어 표기

1 외래어의 [v] 발음

일본의 잡지나 영화 제목을 보면 가타카나 ウ에 ゛(탁점)이 붙어 있는 ヴ가 종종 등장하곤 합니다. 교과서에도 없는 이 글자는 어떻게 발음해야 할까요? ヴ는 외래어의 v 발음을 표기하기 위해 사용하는데, ヴ에 작은 모음을 붙인 형태로 쓰며, [va], [vi], [vu], [ve], [vo]는 각각 **ヴァ, ヴィ, ヴ, ヴェ, ヴォ**로 표기합니다.

> **예** Louis Vuitton　　ルイ・ヴィトン
> 　　 루이뷔통　　　　루 이　뷔　똥

신문이나 방송에서는 원칙적으로는 バ행으로 쓰게 되어 있지만 최근에는 혼용하기도 합니다. 어디까지나 표기상의 문제이며, 일본어에는 v 발음이 존재하지 않으므로 ヴァ는 실제로 バ로 발음하게 되는 셈이지요.
아래의 단어들은 **バ**행을 사용하는 것이 **일반적**으로 굳어진 경우입니다.

> 　　　　　　　　〈일반적인 표기〉　　〈ヴ를 사용한 표기〉
> **예** violin　　　バイオリン　　　　ヴァイオリン
> 　　 바이올린　　바 이 오 링　　　　봐 이 오 링
>
> 　　 Venus　　　ビーナス　　　　　ヴィーナス
> 　　 비너스　　　비 - 나 스　　　　 뷔 - 나 스
>
> 　　 vest　　　　ベスト　　　　　　ヴェスト
> 　　 베스트　　　베 스 또　　　　　 붸 스 또

2 외래어의 [f] 발음

외래어의 **f 발음**을 보다 원음에 가깝게 표기하기 위해 가타카나 **フ**에 작은 **ァ, ィ, ェ, ォ**를 붙여 사용합니다. 즉, [fa], [fi], [fe], [fo]는 각각 **ファ, フィ, フェ, フォ**로 표기하며, [fu]의 경우 그냥 **フ**로 씁니다.

예				
file	ファイル	film	フィルム
파일	화 이 루	필름	휘 루 무
café	カフェ	fork	フォーク
카페	카 훼	포크	휘 - 꾸

3 외래어의 [ti] [di] 발음

외래어의 [ti]와 [di] 발음은 **テ**와 **デ**에 작은 **ィ**를 붙여 표기합니다. 즉, [ti]는 **ティ**, [di]는 **ディ**로 씁니다.

예				
party	パーティー	building	ビルディング
파티	파 - 띠 -	빌딩	비 루 딩 구

4 그 밖에 자주 쓰는 발음

외래어의 [워] 발음은 **ウォ**로, [투] 발음은 **トゥ**로 쓰기도 합니다.

예				
water	ウォーター	tomorrow	トゥモロー
물	워 - 따 -	내일	투 모 로 -

일본어 자원(字源) 가타카나

가타카나는 한자의 자획에서 일부를 따오거나 간단히 하여 만들어진 문자로, 각 글자마다 기원이 된 한자가 있습니다. 자원을 외울 필요는 없지만 어떻게 변화했는지 비교해보는 것도 재미있답니다.

阿→ア 아	伊→イ 이	宇→ウ 우	江→エ 에	於→オ 오
加→カ 카	幾→キ 키	久→ク 쿠	介→ケ 케	己→コ 코
散→サ 사	之→シ 시	須→ス 스	世→セ 세	曽→ソ 소
多→タ 타	千→チ 치	川→ツ 츠	天→テ 테	止→ト 토
奈→ナ 나	二→ニ 니	奴→ヌ 누	祢→ネ 네	乃→ノ 노
八→ハ 하	比→ヒ 히	不→フ 후	部→ヘ 헤	保→ホ 호
万→マ 마	三→ミ 미	牟→ム 무	女→メ 메	毛→モ 모
也→ヤ 야		由→ユ 유		与→ヨ 요
良→ラ 라	利→リ 리	流→ル 루	礼→レ 레	呂→ロ 로
和→ワ 와				乎→ヲ 오
无→ン 응				

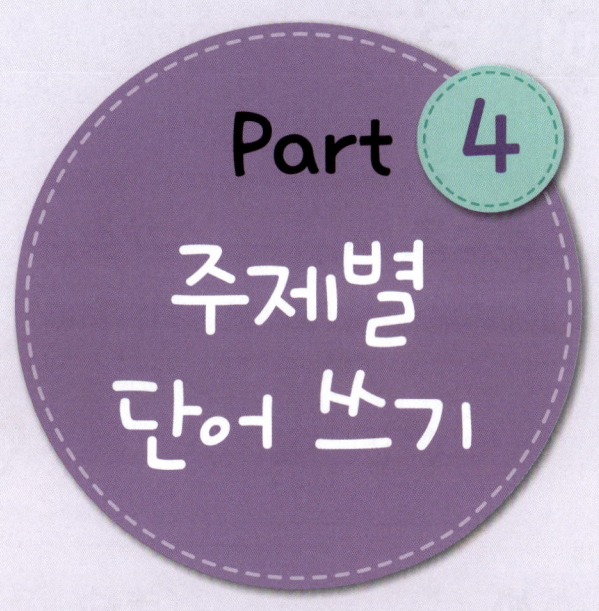

Part 4
주제별 단어 쓰기

| 01 얼굴 | 02 몸 | 03 옷 | 04 집 | 05 방 | 06 거실 | 07 욕실 | 08 부엌 |

| 09 서양 음식 | 10 일본 음식 | 11 과일 | 12 채소 | 13 동물 | 14 교통 |

| 15 마을 | 16 위치 | 17 스포츠 | 18 색 | 19 반대말 1 | 20 반대말 2 |

학습 포인트

* 단어를 쓰면서 앞에서 배운 글자를 복습합시다.
* 주제별로 일상생활에서 많이 쓰는 어휘를 익혀봅시다.
* MP3 파일을 들으며 최대한 비슷하게 따라 읽어봅시다.

Unit 01 얼굴 かお [顔]

① **あたま** [頭]
아따마
머리

② **かみ** [髪]
카미
머리카락
(＝かみのけ)

③ **ほお** [頬]
호―
볼

④ **め** [目]
메
눈

⑤ **まゆ** [眉]
마유
눈썹

⑥ **まつげ** [睫]
마쯔게
속눈썹

⑦ **はな** [鼻]
하나
코

⑧ **みみ** [耳]
미미
귀

⑨ **くち** [口]
쿠찌
입

⑩ **くちびる** [唇]
쿠찌비루
입술

⑪ **した** [舌]
시따
혀

⑫ **は** [歯]
하
이

✏️ 단어를 쓰면서 일본어 글자랑 친해집시다!

① 머리	あたま
② 머리카락	かみ
③ 볼	ほお
④ 눈	め
⑤ 눈썹	まゆ
⑥ 속눈썹	まつげ
⑦ 코	はな
⑧ 귀	みみ
⑨ 입	くち
⑩ 입술	くちびる
⑪ 혀	した
⑫ 이	は

Unit 02 몸 からだ [体]

❶ くび [首]
쿠비
목, 고개

❷ かた [肩]
카따
어깨

❸ うで [腕]
우데
팔

❹ て [手]
테
손

❺ ゆび [指]
유비
손가락

❻ あし [足・脚]
아시
발, 다리
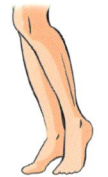

❼ むね [胸]
무네
가슴
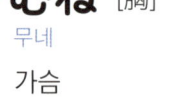

❽ おなか [お腹]
오나까
배

❾ おしり [お尻]
오시리
엉덩이

❿ せなか [背中]
세나까
등

⓫ こし [腰]
코시
허리

⓬ ひざ [膝]
히자
무릎

✏️ 단어를 쓰면서 일본어 글자랑 친해집시다!

❶ 목, 고개	くび
❷ 어깨	かた
❸ 팔	うで
❹ 손	て
❺ 손가락	ゆび
❻ 발, 다리	あし
❼ 가슴	むね
❽ 배	おなか
❾ 엉덩이	おしり
❿ 등	せなか
⓫ 허리	こし
⓬ 무릎	ひざ

157

Unit 03 옷　ようふく [洋服]

❶ シャツ
샤쯔
셔츠

❷ ブラウス
부라우스
블라우스

❸ ジャケット
쟈켓또
재킷

❹ スカート
스까―또
치마

❺ ズボン
즈봉
바지

❻ ベルト
베루또
벨트

❼ マフラー
마후라―
목도리

❽ てぶくろ [手袋]
테부꾸로
장갑

❾ ネクタイ
네꾸따이
넥타이

❿ ぼうし [帽子]
보―시
모자

⓫ くつした [靴下]
쿠쯔시따
양말

⓬ くつ [靴]
쿠쯔
구두

✏️ 단어를 쓰면서 일본어 글자랑 친해집시다!

❶ 셔츠	シャツ
❷ 블라우스	ブラウス
❸ 재킷	ジャケット
❹ 치마	スカート
❺ 바지	ズボン
❻ 벨트	ベルト
❼ 목도리	マフラー
❽ 장갑	てぶくろ
❾ 넥타이	ネクタイ
❿ 모자	ぼうし
⓫ 양말	くつした
⓬ 구두	くつ

Unit 04 집 いえ [家]

❶ **かべ** [壁] 카베 벽	❷ **まど** [窓] 마도 창문 	❸ **ドア** 도아 문
❹ **げんかん** [玄関] 겡깡 현관	❺ **やね** [屋根] 야네 지붕 	❻ **にわ** [庭] 니와 마당 
❼ **かいだん** [階段] 카이당 계단 	❽ **ゆか** [床] 유까 마루	❾ **だんぼう** [暖房] 담보- 난방 
❿ **たたみ** [畳] 타따미 다다미 (마루방에 까는 일본식 돗자리)	⓫ **わしつ** [和室] 와시쯔 일본식 방	⓬ **ようしつ** [洋室] 요-시쯔 서양식 방

160

✏️ 단어를 쓰면서 일본어 글자랑 친해집시다!

① 벽	かべ	
② 창문	まど	
③ 문	ドア	
④ 현관	げんかん	
⑤ 지붕	やね	
⑥ 마당	にわ	
⑦ 계단	かいだん	
⑧ 바닥	ゆか	
⑨ 난방	だんぼう	
⑩ 다다미	たたみ	
⑪ 일본식 방	わしつ	
⑫ 서양식 방	ようしつ	

Unit 05 방 へや [部屋]

❶ ベッド
벳도
침대

❷ ふとん [布団]
후똥
이불

❸ とけい [時計]
토케-
시계

❹ つくえ [机]
츠꾸에
책상

❺ いす [椅子]
이스
의자

❻ ノートパソコン
노-또빠소꽁
노트북

❼ けいたい [携帯]
케-따이
휴대전화
(携帯電話 けいたいでんわ의 줄임말)

❽ ほん [本]
홍
책

❾ ほんだな [本棚]
혼다나
책장

❿ けしょうひん
케쇼-힝
[化粧品]
화장품

⓫ カレンダー
카렌다-
달력

⓬ ごみばこ [ごみ箱]
고미바꼬
쓰레기통

✏️ 단어를 쓰면서 일본어 글자랑 친해집시다!

① 침대	ベッド
② 이불	ふとん
③ 시계	とけい
④ 책상	つくえ
⑤ 의자	いす
⑥ 노트북	ノートパソコン
⑦ 휴대전화	けいたい
⑧ 책	ほん
⑨ 책장	ほんだな
⑩ 화장품	けしょうひん
⑪ 달력	カレンダー
⑫ 쓰레기통	ごみばこ

Unit 06 거실 リビング

① テレビ
테레비
텔레비전

② リモコン
리모꽁
리모컨

③ ソファー
소화-
소파

④ テーブル
테-부루
테이블

⑤ こたつ [炬燵]
코따쯔
각로
(일본의 난방 가구. 이불 안에 넣어 발을 따뜻하게 하는 화로)

⑥ しんぶん [新聞]
심붕
신문

⑦ でんわ [電話]
뎅와
전화

⑧ カーテン
카-뗑
커튼

⑨ カーペット
카-펫또
카펫

⑩ オーディオ
오-디오
오디오

⑪ エアコン
에아꽁
에어컨

⑫ そうじき [掃除機]
소-지끼
청소기

✏️ 단어를 쓰면서 일본어 글자랑 친해집시다!

① 텔레비전 — テレビ
② 리모컨 — リモコン
③ 소파 — ソファー

④ 테이블 — テーブル
⑤ 각로 — こたつ
⑥ 신문 — しんぶん

⑦ 전화 — でんわ
⑧ 커튼 — カーテン
⑨ 카펫 — カーペット

⑩ 오디오 — オーディオ
⑪ 에어컨 — エアコン
⑫ 청소기 — そうじき

Unit 07 욕실　おふろ[お風呂]

❶ シャワー
샤와-
샤워

❷ ゆぶね [湯船]
유부네
욕조

❸ タオル
타오루
수건

❹ せっけん [石鹸]
섹껭
비누

❺ はぶらし [歯ブラシ]
하부라시
칫솔

❻ はみがきこ
하미가끼꼬
[歯磨き粉]
치약

❼ シャンプー
샴푸-
샴푸

❽ リンス
린스
린스

❾ かがみ [鏡]
카가미
거울

❿ ヘアドライヤー
헤아도라이야-
헤어드라이어

⓫ トイレ
토이레
화장실

⓬ トイレットペーパー
토이렛또뻬-빠-
화장지

✏️ 단어를 쓰면서 일본어 글자랑 친해집시다!

① 샤워	シャワー
② 욕조	ゆぶね
③ 수건	タオル
④ 비누	せっけん
⑤ 칫솔	はぶらし
⑥ 치약	はみがきこ
⑦ 샴푸	シャンプー
⑧ 린스	リンス
⑨ 거울	かがみ
⑩ 헤어 드라이어	ヘアドライヤー
⑪ 화장실	トイレ
⑫ 화장지	トイレットペーパー

Unit 08 부엌 キッチン

❶ **ちゃわん** [茶碗] 챠왕 밥그릇	❷ **さら** [皿] 사라 접시	❸ **なべ** [鍋] 나베 냄비
❹ **フライパン** 후라이빵 프라이팬	❺ **やかん** [薬缶] 야깡 주전자	❻ **ほうちょう** [包丁] 호—쪼— 부엌칼
❼ **スプーン** 스뿌—ㅇ 숟가락	❽ **はし** [箸] 하시 젓가락	❾ **れいぞうこ** 레—조—꼬 [冷蔵庫] 냉장고
❿ **さとう** [砂糖] 사또— 설탕	⓫ **しお** [塩] 시오 소금	⓬ **ガスレンジ** 가스렌지 가스레인지

✏️ 단어를 쓰면서 일본어 글자랑 친해집시다!

① 밥그릇	ちゃわん
② 접시	さら
③ 냄비	なべ
④ 프라이팬	フライパン
⑤ 주전자	やかん
⑥ 부엌칼	ほうちょう
⑦ 숟가락	スプーン
⑧ 젓가락	はし
⑨ 냉장고	れいぞうこ
⑩ 설탕	さとう
⑪ 소금	しお
⑫ 가스레인지	ガスレンジ

Unit 09 서양 음식 ようしょく [洋食]

① パン
팡
빵

② ジャム
쟈무
잼

③ バター
바따ー
버터

④ ぎゅうにゅう
규ー뉴ー
[牛乳]
우유

⑤ ジュース
쥬ー스
주스

⑥ コーヒー
코ー히ー
커피

⑦ サラダ
사라다
샐러드

⑧ ピザ
피자
피자

⑨ ハンバーガー
함바ー가ー
햄버거

⑩ ステーキ
스떼ー끼
스테이크

⑪ フォーク
훠ー꾸
포크

⑫ ナイフ
나이후
나이프

✏️ 단어를 쓰면서 일본어 글자랑 친해집시다!

① 빵	パン
② 잼	ジャム
③ 버터	バター

④ 우유	ぎゅうにゅう
⑤ 주스	ジュース
⑥ 커피	コーヒー

⑦ 샐러드	サラダ
⑧ 피자	ピザ
⑨ 햄버거	ハンバーガー

⑩ 스테이크	ステーキ
⑪ 포크	フォーク
⑫ 나이프	ナイフ

Unit 10 일본 음식 わしょく [和食]

① **ごはん** [ご飯] 고항 밥	② **みそしる** [味噌汁] 미소시루 된장국	③ **おにぎり** [御握り] 오니기리 주먹밥
④ **なっとう** [納豆] 낫또- 낫토	⑤ **うめぼし** [梅干] 우메보시 우메보시, 매실장아찌	⑥ **やきざかな** 야끼자까나 [焼き魚] 생선구이
⑦ **すし** [寿司] 스시 초밥	⑧ **さしみ** [刺身] 사시미 생선회	⑨ **とんカツ** [豚カツ] 돈까쯔 돈까스
⑩ **ラーメン** [중拉麵] 라-멩 라면	⑪ **うどん** [饂飩] 우동 우동	⑫ **たこやき** 타꼬야끼 [たこ焼き] 다코야키

✏️ 단어를 쓰면서 일본어 글자랑 친해집시다!

① 밥	ごはん
② 된장국	みそしる
③ 주먹밥	おにぎり

④ 낫토	なっとう
⑤ 우메보시	うめぼし
⑥ 생선구이	やきざかな

⑦ 초밥	すし
⑧ 생선회	さしみ
⑨ 돈까스	とんカツ

⑩ 라면	ラーメン
⑪ 우동	うどん
⑫ 다코야키	たこやき

Unit 11 과일   くだもの [果物]

① **りんご** [林檎] 링고 사과 	② **いちご** [苺] 이찌고 딸기	③ **すいか** [西瓜] 스이까 수박 
④ **ぶどう** [葡萄] 부도- 포도 	⑤ **もも** [桃] 모모 복숭아 	⑥ **みかん** [蜜柑] 미깡 귤
⑦ **オレンジ** 오렌지 오렌지 	⑧ **レモン** 레몽 레몬 	⑨ **バナナ** 바나나 바나나
⑩ **パイナップル** 파이납뿌루 파인애플	⑪ **メロン** 메론 멜론 	⑫ **くり** [栗] 쿠리 밤 

✏️ 단어를 쓰면서 일본어 글자랑 친해집시다!

❶ 사과	りんご
❷ 딸기	いちご
❸ 수박	すいか
❹ 포도	ぶどう
❺ 복숭아	もも
❻ 귤	みかん
❼ 오렌지	オレンジ
❽ 레몬	レモン
❾ 바나나	バナナ
❿ 파인애플	パイナップル
⓫ 멜론	メロン
⓬ 밤	くり

Unit 12 채소　やさい [野菜]

❶ **まめ** [豆]
마메
콩

❷ **たまねぎ** [玉葱]
타마네기
양파

❸ **じゃがいも**
쟈가이모
[じゃが芋]
감자

❹ **にんじん** [人参]
닌징
당근

❺ **ねぎ** [葱]
네기
파

❻ **だいこん** [大根]
다이꽁
무

❼ **にんにく** [大蒜]
닌니꾸
마늘

❽ **かぼちゃ** [南瓜]
카보쨔
호박

❾ **きゅうり** [胡瓜]
큐ー리
오이

❿ **しいたけ** [椎茸]
시ー따께
표고버섯

⓫ **トマト**
토마또
토마토

⓬ **さつまいも**
사쯔마이모
[薩摩芋]
고구마

✏️ 단어를 쓰면서 일본어 글자랑 친해집시다!

❶ 콩	まめ	
❷ 양파	たまねぎ	
❸ 감자	じゃがいも	
❹ 당근	にんじん	
❺ 파	ねぎ	
❻ 무	だいこん	
❼ 마늘	にんにく	
❽ 호박	かぼちゃ	
❾ 오이	きゅうり	
❿ 표고버섯	しいたけ	
⓫ 토마토	トマト	
⓬ 고구마	さつまいも	

Unit 13 동물　どうぶつ [動物]

1 いぬ [犬]
이누
개

2 ねこ [猫]
네꼬
고양이

3 うさぎ [兎]
우사기
토끼

4 ぶた [豚]
부따
돼지

5 うし [牛]
우시
소

6 にわとり [鶏]
니와또리
닭

7 さる [猿]
사루
원숭이

8 くま [熊]
쿠마
곰

9 うま [馬]
우마
말

10 とら [虎]
토라
호랑이

11 きつね [狐]
키쯔네
여우

12 へび [蛇]
헤비
뱀

✏️ 단어를 쓰면서 일본어 글자랑 친해집시다!

① 개	いぬ
② 고양이	ねこ
③ 토끼	うさぎ
④ 돼지	ぶた
⑤ 소	うし
⑥ 닭	にわとり
⑦ 원숭이	さる
⑧ 곰	くま
⑨ 말	うま
⑩ 호랑이	とら
⑪ 여우	きつね
⑫ 뱀	へび

Unit 14 교통 こうつう [交通]

❶ くるま [車]
쿠루마
자동차

❷ バス
바스
버스

❸ きっぷ [切符]
킵뿌
표

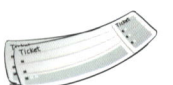

❹ でんしゃ [電車]
덴샤
전철, 전차

❺ ちかてつ [地下鉄]
치까떼쯔
지하철

❻ のりかえ [乗り換え]
노리까에
환승

❼ じてんしゃ
지뗀샤
[自転車]
자전거

❽ バイク
바이꾸
오토바이

❾ トラック
토락꾸
트럭

❿ ひこうき [飛行機]
히꼬—끼
비행기

⓫ ふね [船]
후네
배

⓬ ヘリコプター
헤리꼬뿌따—
헬리콥터

✏️ 단어를 쓰면서 일본어 글자랑 친해집시다!

❶ 자동차	くるま
❷ 버스	バス
❸ 표	きっぷ
❹ 전철, 전차	でんしゃ
❺ 지하철	ちかてつ
❻ 환승	のりかえ
❼ 자전거	じてんしゃ
❽ 오토바이	バイク
❾ 트럭	トラック
❿ 비행기	ひこうき
⓫ 배	ふね
⓬ 헬리콥터	ヘリコプター

Unit 15 마을 まち[町]

❶ がっこう [学校]
각꼬ー
학교

❷ びょういん [病院]
뵤ー잉
병원

❸ やっきょく [薬局]
약꾜꾸
약국

❹ ぎんこう [銀行]
깅꼬ー
은행

❺ ゆうびんきょく
유ー빙꾜꾸
[郵便局]
우체국

❻ こうばん [交番]
코ー방
파출소

❼ デパート
데빠ー또
백화점

❽ スーパー
스ー빠ー
슈퍼마켓

❾ えき [駅]
에끼
역

❿ みち [道]
미찌
길

⓫ こうさてん
코ー사뗑
[交差点]
사거리

⓬ おうだんほどう
오ー당호도ー
[横断歩道]
횡단보도

✏️ 단어를 쓰면서 일본어 글자랑 친해집시다!

① 학교	がっこう
② 병원	びょういん
③ 약국	やっきょく

④ 은행	ぎんこう
⑤ 우체국	ゆうびんきょく
⑥ 파출소	こうばん

⑦ 백화점	デパート
⑧ 슈퍼마켓	スーパー
⑨ 역	えき

⑩ 길	みち
⑪ 사거리	こうさてん
⑫ 횡단보도	おうだんほどう

Unit 16 위치 いち [位置]

❶ ひだり [左]
히다리
왼쪽

❷ みぎ [右]
미기
오른쪽

❸ よこ [横]
요꼬
옆

❹ まえ [前]
마에
앞

❺ うしろ [後ろ]
우시로
뒤

❻ となり [隣]
토나리
옆, 이웃

❼ うえ [上]
우에
위

❽ した [下]
시따
아래

❾ まんなか [真ん中]
만나까
중앙

❿ なか [中]
나까
안
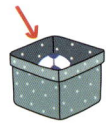

⓫ そと [外]
소또
밖

⓬ あいだ [間]
아이다
사이

✏️ 단어를 쓰면서 일본어 글자랑 친해집시다!

① 왼쪽	ひだり	
② 오른쪽	みぎ	
③ 옆	よこ	
④ 앞	まえ	
⑤ 뒤	うしろ	
⑥ 옆, 이웃	となり	
⑦ 위	うえ	
⑧ 아래	した	
⑨ 중앙	まんなか	
⑩ 안	なか	
⑪ 밖	そと	
⑫ 사이	あいだ	

185

Unit 17 스포츠 スポーツ

① **やきゅう** [野球] 야큐- 야구	② **サッカー** 삭까- 축구	③ **バスケットボール** 바스켓또보-루 농구
④ **バレーボール** 바레-보-루 배구	⑤ **テニス** 테니스 테니스	⑥ **ゴルフ** 고루후 골프
⑦ **すいえい** [水泳] 스이에- 수영	⑧ **ボーリング** 보-링구 볼링	⑨ **スキー** 스끼- 스키
⑩ **ボクシング** 복싱구 권투	⑪ **つり** [釣り] 쯔리 낚시	⑫ **すもう** [相撲] 스모- 씨름, 스모

✏️ 단어를 쓰면서 일본어 글자랑 친해집시다!

① 야구	やきゅう
② 축구	サッカー
③ 농구	バスケットボール
④ 배구	バレーボール
⑤ 테니스	テニス
⑥ 골프	ゴルフ
⑦ 수영	すいえい
⑧ 볼링	ボーリング
⑨ 스키	スキー
⑩ 권투	ボクシング
⑪ 낚시	つり
⑫ 씨름, 스모	すもう

Unit 18 색 いろ [色]

① あか [赤] 아까 빨강	**② オレンジ** 오렌지 주황 	**③ きいろ** [黄色] 키이로 노랑 
④ みどり [緑] 미도리 초록 	**⑤ あお** [青] 아오 파랑 	**⑥ むらさき** [紫] 무라사끼 보라
⑦ ちゃいろ [茶色] 챠이로 갈색  	**⑧ はいいろ** [灰色] 하이이로 회색	**⑨ こん** [紺] 콩 남색
⑩ ピンク 핑꾸 분홍색	**⑪ しろ** [白] 시로 흰색 	**⑫ くろ** [黒] 쿠로 검정 

✏️ 단어를 쓰면서 일본어 글자랑 친해집시다!

① 빨강   あか

② 주황   オレンジ

③ 노랑   きいろ

④ 초록   みどり

⑤ 파랑   あお

⑥ 보라   むらさき

⑦ 갈색   ちゃいろ

⑧ 회색   はいいろ

⑨ 남색   こん

⑩ 분홍색 ピンク

⑪ 흰색   しろ

⑫ 검정   くろ

Unit 19 반대말 1   はんたいご [反対語]

❶ いい [良い] 이- 좋다 	**❷ わるい** [悪い] 와루이 나쁘다	**❸ あたらしい** 아따라시- [新しい] 새롭다
❹ ふるい [古い] 후루이 오래되다	**❺ たかい** [高い] 타까이 높다 	**❻ ひくい** [低い] 히꾸이 낮다
❼ ひろい [広い] 히로이 넓다	**❽ せまい** [狭い] 세마이 좁다	**❾ あつい** [暑い] 아쯔이 덥다 
❿ さむい [寒い] 사무이 춥다	**⓫ きれいだ** 키레-다 깨끗하다	**⓬ きたない** [汚い] 키따나이 더럽다

✏️ 단어를 쓰면서 일본어 글자랑 친해집시다!

① 좋다 — いい

② 나쁘다 — わるい

③ 새롭다 — あたらしい

④ 오래되다 — ふるい

⑤ 높다 — たかい

⑥ 낮다 — ひくい

⑦ 넓다 — ひろい

⑧ 좁다 — せまい

⑨ 덥다 — あつい

⑩ 춥다 — さむい

⑪ 깨끗하다 — きれいだ

⑫ 더럽다 — きたない

Unit 20 반대말 2 はんたいご [反対語]

① おおきい [大きい]
オー끼ー
크다

② ちいさい [小さい]
치ー사이
작다

③ かるい [軽い]
카루이
가볍다

④ おもい [重い]
오모이
무겁다

⑤ はやい [速い]
하야이
빠르다

⑥ おそい [遅い]
오소이
느리다

⑦ あかるい [明るい]
아까루이
밝다

⑧ くらい [暗い]
쿠라이
어둡다

⑨ うれしい [嬉しい]
우레시ー
기쁘다

⑩ かなしい [悲しい]
카나시ー
슬프다

⑪ すきだ [好きだ]
스끼다
좋아하다

⑫ きらいだ [嫌いだ]
키라이다
싫어하다

✏️ 단어를 쓰면서 일본어 글자랑 친해집시다!

1. 크다 — おおきい
2. 작다 — ちいさい
3. 가볍다 — かるい
4. 무겁다 — おもい
5. 빠르다 — はやい
6. 느리다 — おそい
7. 밝다 — あかるい
8. 어둡다 — くらい
9. 기쁘다 — うれしい
10. 슬프다 — かなしい
11. 좋아하다 — すきだ
12. 싫어하다 — きらいだ

세계의 나라 이름　世界の国名

아시아　アジア

| 한국 | 韓国 |

→ 大韓民国(だいかんみんこく)의 줄임말.

| 일본 | 日本 |

→ 강조해서 にっぽん이라고 읽기도 한다.
　정식 이름은 日本國(にほんこく).

중국	中国
북한	北朝鮮
대만	台湾
필리핀	フィリピン
태국	タイ
몽골	モンゴル
인도	インド
싱가포르	シンガポール
베트남	ベトナム
인도네시아	インドネシア

북아메리카　北アメリカ

미국	アメリカ
캐나다	カナダ
멕시코	メキシコ

남아메리카　南アメリカ

브라질	ブラジル
콜롬비아	コロンビア
칠레	チリ
아르헨티나	アルゼンチン

유럽　ヨーロッパ

프랑스	フランス
영국	イギリス
독일	ドイツ
스위스	スイス
이탈리아	イタリア
스페인	スペイン
러시아	ロシア
스웨덴	スウェーデン

오세아니아　オセアニア

| 오스트레일리아 | オーストラリア |
| 뉴질랜드 | ニュージーランド |

아프리카　アフリカ

이집트	エジプト
케냐	ケニア
나이지리아	ナイジェリア
남아프리카공화국	南アフリカ共和国

중동　中東

이란	イラン
아프가니스탄	アフガニスタン
이라크	イラク
터키	トルコ
사우디아라비아	サウジアラビア

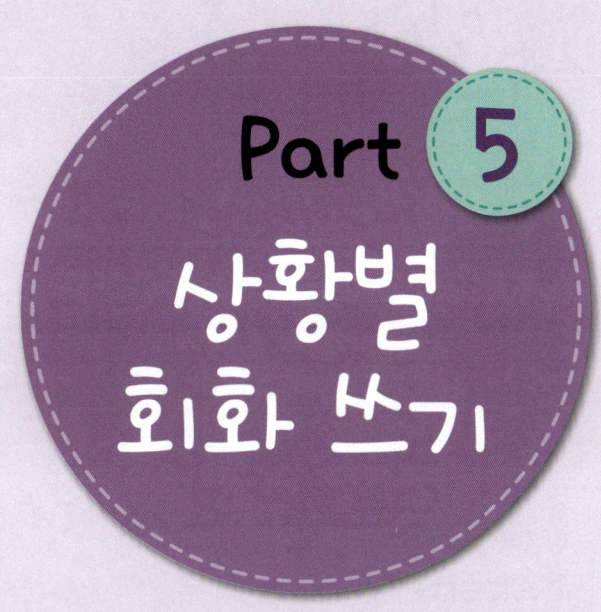

Part 5
상황별 회화 쓰기

- 01 인사
- 02 소개
- 03 일상 표현
- 04 날씨·시간
- 05 감사·사과
- 06 축하·기쁨
- 07 슬픔·위로
- 08 긍정·동의
- 09 부정·거절
- 10 감정
- 11 식사
- 12 쇼핑
- 13 교통·길찾기
- 14 취미·여가

학습 포인트

* 회화 문장을 쓰면서 앞에서 배운 글자를 복습합시다.
* 상황별로 일상생활에서 많이 쓰는 어휘를 익혀봅시다.
* MP3 파일을 들으며 최대한 비슷하게 따라 읽어봅시다.

 인사

❶ 안녕하세요. 〈아침 인사〉
おはようございます。

おはようございます。
오하요-고자이마스

❷ 안녕하세요. 〈낮 인사〉
こんにちは。

こんにちは。
곤니찌와

❸ 안녕하세요. 〈저녁 인사〉
こんばんは。

こんばんは。
곰방와

❹ 안녕히 주무세요.
お休みなさい。

おやすみなさい。
오야스미나사이

■ 休やすみ 쉼, 휴식

❺ 잘 지내십니까?
お元気ですか。

おげんきですか。
오겡끼데스까

■ 元気げんき 건강함

6 오랜만이에요. お久し振りです。 ・久(ひさ)し振(ぶ)り 오래간만	おひさしぶりです。 오히사시부리데스
7 안녕히 가세요. さようなら。	さようなら。 사요―나라
8 그럼, 내일 또 봐요. じゃあ、また明日ね。 ・また 또　明日(あした) 내일	じゃあ、また あしたね。 쟈― 마따 아시따네
9 먼저 실례하겠습니다. お先に失礼します。 ・先(さき) 먼저　失礼(しつれい) 실례	おさきに しつれいします。 오사끼니 시쯔레―시마스
10 조심해서 가세요. / 조심하세요. 気を付けてね。 ・気(き)を付(つ)ける 조심하다	きを つけてね。 키오 쯔께떼네

Unit 02 소개

① 처음 뵙겠습니다.
初めまして。

はじめまして。
하지메마시떼

② 저는 원빈이라고 합니다.
私はウォン・ビンと言います。

- 私わたし 나, 저 ～と言いう ～라고 하다

わたしは ウォン・ビンと いいます。
와따시와 웡 빈또 이-마스

③ 이분은 스즈키 미카씨입니다.
こちらは鈴木みかさんです。

- こちら 이쪽, 이분

こちらは すずき みかさんです。
코찌라와 스즈끼 미까산데스

④ 친구 기무라예요.
友人の木村です。

- 友人ゆうじん 친구

ゆうじんの きむらです。
유-진노 키무라데스

⑤ 야마모토라고 불러 주세요.
山本と呼んでください。

- 呼よぶ 부르다 ～て(で)ください ~해주세요

やまもとと よんで ください。
야마모또또 욘데 쿠다사이

198

6 잘 부탁드립니다.
どうぞよろしくお願い
します。

- どうぞ 아무쪼록   お願[ねが]い 부탁

どうぞ よろしく おねがいします。
도-조 요로시꾸 오네가이시마스

7 저야말로 잘 부탁해요.
こちらこそ、よろしく。

- ～こそ ～야말로

こちらこそ、よろしく。
코찌라꼬소 요로시꾸

8 일본어를 할 줄 아나요?
日本語が話せますか。

- 日本語[にほんご] 일본어   話[はな]す 말하다

にほんごが はなせますか。
니홍고가 하나세마스까

9 한국에서 왔습니다.
韓国から来ました。

- 韓国[かんこく] 한국   来[く]る 오다

かんこくから きました。
캉꼬꾸까라 키마시따

10 지금 서울에 살아요.
今、ソウルに住んでいます。

- 今[いま] 지금   ～に住[す]む ～에 살다

いま、ソウルに すんでいます。
이마 소우루니 슨데이마스

Unit 03 일상 표현

1 다녀오겠습니다.
行ってきます。

■ 行く 가다

いってきます。
잇떼끼마스

2 다녀오세요.
行ってらっしゃい。

いってらっしゃい。
잇떼랏샤이

3 다녀왔습니다.
ただいま。

ただいま。
타다이마

4 어서 와.
お帰り。

■ 帰る 돌아오다/가다

おかえり。
오까에리

5 수고하셨습니다.
お疲れさまです。

■ 疲れる 피곤하다

おつかれさまです。
오쯔까레사마데스

⑥ 오늘은 어땠니?	きょうは どうだった？
今日はどうだった？	쿄―와 도―닷따
■ 今日 きょう 오늘	

| ⑦ 여보세요. [전화] | もしもし。 |
| もしもし。 | 모시모시 |

⑧ 잠깐 기다려.	ちょっと まって。
ちょっと待って。	춋또 맛떼
■ 待つ まつ 기다리다	

| ⑨ 오래 기다렸지? | おまたせ。 |
| お待たせ。 | 오마따세 |

⑩ 같이 한잔 하러 가자.	いっしょに のみに いこう。
一緒に飲みに行こう。	잇쇼니 노미니 이꼬―
■ 一緒 いっしょに 같이 飲む のむ 마시다	

Unit 04 날씨·시간

1 날씨가 좋네요.
いい天気ですね。

■ 天気てんき 날씨

いい てんきですね。
이- 텡끼데스네

いい てんきですね。

2 비가 올 것 같아.
雨が降りそう。

■ 雨あめ 비 降ふる (비, 눈이) 오다, 내리다

あめが ふりそう。
아메가 후리소-

3 정말 덥네요.
本当に暑いですね。

■ 本当ほんとうに 정말로 暑あつい 덥다

ほんとうに あついですね。
혼또-니 아쯔이데스네

4 서늘해졌습니다.
涼しくなってきましたね。

■ 涼すずしい 시원하다, 선선하다

すずしく なって きましたね。
스즈시꾸 낫떼 키마시따네

5 좀 춥네요.
ちょっと寒いですね。

■ 寒さむい 춥다

ちょっと さむいですね。
촛또 사무이데스네

⑥ 지금 몇 시입니까?
今、何時ですか。

いま、なんじですか。
이마 난지데스까

⑦ 8시 5분입니다.
8時5分です。

はちじ ごふんです。
하찌지 고훈데스

⑧ 금요일까지입니다.
金曜日までです。

- 金曜日 きんようび 금요일

きんようびまでです。
킹요-비마데데스

⑨ 2월 4일입니다.
2月4日です。

にがつ よっかです。
니가쯔 욕까데스

⑩ 다음 주부터 출근합니다.
来週から出勤します。

- 来週 らいしゅう 다음 주   出勤 しゅっきん 출근

らいしゅうから しゅっきんします。
라이슈-까라 슉낀시마스

Unit 05 감사 · 사과

① 고마워요.
ありがとう。

ありがとう。
아리가또-

② 정말 고맙습니다.
どうもありがとうございます。

どうも ありがとうございます。
도-모 아리가또-고자이마스

③ 신세가 많았습니다.
お世話になりました。

- 世話 せわ 신세, 보살핌

おせわに なりました。
오세와니 나리마시따

④ 천만에요.
どういたしまして。

どう いたしまして。
도- 이따시마시떼

⑤ 덕분에요.
おかげさまで。

- おかげ 덕분, 덕택

おかげさまで。
오까게사마데

| ⑥ 미안합니다.
ごめんなさい。 | ごめんなさい。
고멘나사이 |

| ⑦ 미안합니다. / 실례합니다.
すみません。 | すみません。
스미마셍 |

| ⑧ 죄송합니다.
申しわけありません。
■ 변명할 여지가 없을 정도로 죄송하다는 뜻. | もうしわけ ありません。
모-시와께 아리마셍 |

| ⑨ 괜찮아요?
大丈夫ですか。 | だいじょうぶですか。
다이죠-부데스까 |

| ⑩ 상관없어요.
構いません。
■ 構かまう 상관하다 | かまいません。
카마이마셍 |

Unit 06 축하·기쁨

① 축하해요.
おめでとう。

おめでとう。
오메데또-

おめでとう。

② 축하드립니다.
おめでとうございます。

おめでとうございます。
오메데또- 고자이마스

③ 생일 축하해.
お誕生日おめでとう。

おたんじょうび おめでとう。
오탄죠-비 오메데또-

■ 誕生日 たんじょうび 생일

④ 잘됐다.
よかったね。

よかったね。
요깟따네

⑤ 정말로 기쁩니다.
本当に嬉しいです。

ほんとうに うれしいです。
혼또-니 우레시-데스

■ 嬉 うれしい 기쁘다

6 행복합니다.
幸せです。

しあわせです。
시아와세데스

7 해냈어!
やった！

やった！
얏따

8 행운이야!
ラッキー！

ラッキー！
락끼ー

9 무척 즐거웠습니다.
とても楽しかったです。

とても たのしかったです。
도떼모 다노시깟따데스

- とても 대단히, 매우   楽たのしい 즐겁다

10 새해 복 많이 받으세요.
明けまして
おめでとうございます。

あけまして おめでとうございます。
아께마시떼 오메데또ー고자이마스

Unit 07 슬픔·위로

① 매우 슬픕니다.
とても悲しいです。
- 悲かなしい 슬프다

とても かなしいです。
토떼모 카나시-데스

② 힘들었겠군요.
大変でしたね。
- 大変たいへん 큰일

たいへんでしたね。
타이헨데시따네

③ 유감스럽군요.
残念ですね。
- 残念ざんねん 유감

ざんねんですね。
잔넨데스네

④ 그거 안됐군요.
それはいけませんね。
- いけない 안됐다, 좋지 않다

それは いけませんね。
소레와 이께마센네

⑤ 힘을 내세요.
元気を出してください。
- 元気げんきを出たす 힘[기운]을 내다

げんきを だして ください。
겡끼오 다시떼 구다사이

⑥ 힘내. 頑張って。 ■ 頑張がんばる 분발하다, 힘내다	がんばって。 감밧떼

⑦ 걱정하지 마. 心配しないで。 ■ 心配しんぱい 걱정, 염려	しんぱいしないで。 심빠이시나이데

⑧ 꼭 잘될 거예요. きっと、上手くいきますよ。 ■ 上手うまくいく (바라는 대로) 잘되다	きっと、うまく いきますよ。 킷또 우마꾸 이끼마스요

⑨ 저는 괜찮습니다. 私は大丈夫です。 ■ 大丈夫だいじょうぶ 괜찮음	わたしは だいじょうぶです。 와따시와 다이죠−부데스

⑩ 당신 탓이 아니에요. あなたのせいじゃない です。 ■ あなた 당신 せい 이유, 탓	あなたの せいじゃ ないです。 아나따노 세−쟈 나이데스

Unit 08 긍정·동의

① 예.
はい。

はい。
하이

はい。

② 예, 그렇습니다.
はい、そうです。

はい、そうです。
하이 소-데스

③ 맞습니다.
その通りです。

その とおりです。
소노 토-리데스

- その通とおり 바로 그거야, 옳다

④ 아마 그럴 것이라고 생각합니다.
たぶんそうだと思います。

たぶん そうだと おもいます。
타붕 소-다또 오모이마스

- ～と思おもう ~라고 생각하다

⑤ 물론입니다.
もちろんです。

もちろんです。
모찌론데스

- 勿論もちろん 물론

6 좋아요.
いいですよ.

- 良い 좋다

いいですよ。
이-데스요.

7 오케이.
オッケー。

オッケー。
옥께-

8 알겠습니다.
分かりました。

- 分かる 알다

わかりました。
와까리마시따

9 예, 어서 하세요.
ええ、どうぞ。

ええ、どうぞ。
에- 도-조

10 그렇게 합시다.
そうしましょう。

そうしましょう。
소-시마쇼-

Unit 09 부정·거절

① 아니오.
いいえ。

いいえ。
이-에

いいえ。

② 아니오, 그렇지 않습니다.
いいえ、
そうではありません。

いいえ、そうでは ありません。
이-에 소-데와 아리마셍

③ 아닙니다.
違います。

- 違ちがう 다르다, 틀리다

ちがいます。
치가이마스

④ 그렇다고는 생각하지 않습니다.
そうだとは思いません。

そうだとは おもいません。
소-다또와 오모이마셍

⑤ 모릅니다.
知りません。

- 知しる 알다

しりません。
시리마셍

6 잘 모르겠어요.
よく分かりません。

よく わかりません。
요꾸 와까리마셍

7 아니오, 괜찮습니다.
いいえ、結構です。

- 結構けっこう 괜찮음, 이제 됐음

いいえ、けっこうです。
이-에 켁꼬-데스

8 무리입니다.
無理です。

- 無理むり 무리

むりです。
무리데스

9 안 돼.
駄目。

- 駄目だめ 안 됨

だめ。
다메

10 저는 할 수 없습니다.
私には出来ません。

- 出来できる 되다, 능력이 있다, 생기다

わたしには できません。
와따시니와 데끼마셍

213

Unit 10 감정

① 대단하다!
凄い。
- 凄すごい 대단[굉장]하다

すごい。
스고이

② 멋지군요.
素敵ですね。
- 素敵すてき 아주 멋짐, 근사함

すてきですね。
스떼끼데스네

③ 귀여워.
可愛い。
- 可愛かわいい 귀엽다

かわいい。
카와이ー

④ 재미있어.
面白い。
- 面白おもしろい 재미있다

おもしろい。
오모시로이

⑤ 놀랐습니다.
驚きました。
- 驚おどろく 놀라다

おどろきました。
오도로끼마시따

❻ 실망이야.
    がっかりだよ。

がっかりだよ。
각까리다요

❼ 아, 무서워.
    ああ、怖い。

    ■ 怖こわい 무섭다

ああ、こわい。
아ー 코와이

❽ 걱정이에요.
    心配ですね。

    ■ 心配しんぱい 걱정, 근심

しんぱいですね。
심빠이데스네

❾ 외롭습니다.
    寂しいです。

    ■ 寂さびしい 외롭다, 쓸쓸하다

さびしいです。
사비시ー데스

❿ 슬퍼서 울고 싶어요.
    悲しくて泣きたいです。

    ■ 悲かなしい 슬프다 泣なく 울다

かなしくて なきたいです。
카나시꾸떼 나끼따이데스

Unit 11 식사

❶ 배고파.
お腹すいた。

■ お腹なか 배　空すく 허기지다, 비다

おなか すいた。
오나까 스이따

❷ 뭔가 먹읍시다.
何か食べましょう。

■ 食たべる 먹다

なにか たべましょう。
나니까 타베마쇼-

❸ 어디에서 먹을까요?
どこにしますか。

どこに しますか。
도꼬니 시마스까

❹ 저는 뭐든지 좋아요.
私はなんでもいいです。

わたしは なんでも いいです。
와따시와 난데모 이-데스

❺ 잘 먹겠습니다.
いただきます。

いただきます。
이따다끼마스

6 잘 먹었습니다.
ごちそうさま。

ごちそうさま。
고찌소―사마

7 맛은 어떤가요?
味はどうですか。

■ 味あじ 맛

あじは どうですか。
아지와 도―데스까

8 맛있어.
うまい。

うまい。
우마이

9 정말 맛있었어요.
とても美味しかったです。

■ 美味おいしい 맛있다

とても おいしかったです。
토떼모 오이시깟따데스

10 계산을 부탁드립니다.
お勘定をお願いします。

■ 勘定かんじょう 계산

おかんじょうを おねがいします。
오깐죠―오 오네가이시마스

Unit 12 쇼핑

① 어서 오십시오.
いらっしゃいませ。

いらっしゃいませ。
이랏샤이마세

いらっしゃいませ。

② 디지털 카메라를 갖고 싶어.
デジカメが欲しい。

デジカメが ほしい。
데지까메가 호시-

■ 〜が欲ほしい 〜를 하고 싶다, 바라다

③ 화장품을 사고 싶은데요.
化粧品を買いたいんですが。

けしょうひんを かいたいんですが。
케쇼-힝오 카이따인데스가

■ 化粧品けしょうひん 화장품 買かう 사다

④ 입어봐도 될까요?
試着してもいいですか。

しちゃくしても いいですか。
시쨔꾸시떼모 이-데스까

■ 試着しちゃく (옷을) 입어봄

⑤ 저것을 보여주세요.
あれを見せてください。

あれを みせて ください。
아레오 미세떼 쿠다사이

■ あれ 저것 見みせる 보여주다

⑥ 다른 색상은 없나요?
他の色はありませんか。

■ 他ほか 다른 色いろ 색

ほかの いろは ありませんか。
호까노 이로와 아리마셍까

---

⑦ 좀 더 생각해보겠습니다.
もうちょっと考えてみます。

■ 考かんがえる 생각하다

もう ちょっと かんがえてみます。
모- 춋또 캉가에떼미마스

---

⑧ 이거 하나 주세요.
これひとつください。

■ 一ひとつ 하나

これ ひとつ ください。
코레 히또쯔 쿠다사이

---

⑨ 얼마예요?
いくらですか。

■ いくら 얼마

いくらですか。
이꾸라데스까

---

⑩ 전부 5,400엔입니다.
全部で5,400円です。

■ 全部ぜんぶ 전부

ぜんぶで ごせんよんひゃくえんです。
젬부데 고셍용햐꾸엔데스

219

Unit 13 교통·길 찾기

① 화장실은 어디죠?
トイレはどこですか。

■ トイレ 화장실　どこ 어디

トイレは どこですか。
토이레와 도꼬데스까

トイレは どこですか。

---

② 편의점은 어디에 있나요?
コンビニは
どこにありますか。

■ コンビニ 편의점　〜にある 〜에 있다

コンビニは どこに ありますか。
콤비니와 도꼬니 아리마스까

---

③ 똑바로 가면 오른쪽에 있습니다.
真っ直ぐ行って、
右側にあります。

■ 真まっ直すぐ 똑바로　右側みぎがわ 오른쪽

まっすぐ いって、みぎがわに あります。
맛스구 잇떼 미기가와니 아리마스

---

④ 왼쪽으로 돌면 바로 보입니다.
左に曲がれば、
すぐ見えます。

■ 左ひだり 왼쪽　曲まがる 돌다, 구부러지다

ひだりに まがれば、すぐ みえます。
히다리니 마가레바 스구 미에마스

---

⑤ 공항까지 어떻게 가면 좋을까요?
空港までどう行けば
いいですか。

■ 空港くうこう 공항

くうこうまで どう いけば いいですか。
쿠-꼬-마데 도- 이께바 이-데스까

6 전철로 가는 것이 빨라요.
電車で行くのが速いです。

■ 電車でんしゃ 전철   速はやい 빠르다

でんしゃで いくのが はやいです。
덴샤데 이꾸노가 하야이데스

7 몇 분 정도 걸리나요?
何分くらいかかりますか。

■ かかる (시간이) 걸리다

なんぷんくらい かかりますか。
남뿡꾸라이 카까리마스까

8 걸어서 5분이면 도착해요.
歩いて5分で着きます。

■ 歩あるく 걷다   着つく 도착하다

あるいて ごふんで つきます。
아루이떼 고훈데 츠끼마스

9 어른 한 장 주세요.
大人1枚ください。

■ 大人おとな 어른   ～枚まい ～장, ~매

おとな いちまい ください。
오또나 이찌마이 쿠다사이

10 마지막 전철은 몇 시인가요?
終電は何時ですか。

■ 終電しゅうでん 마지막 전철, 막차

しゅうでんは なんじですか。
슈-뎅와 난지데스까

Unit 14 취미·여가

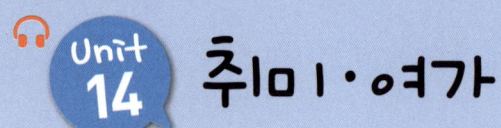

❶ 취미는 무엇입니까?
趣味は何ですか。

■ 趣味しゅみ 취미

しゅみは なんですか。
슈미와 난데스까

❷ 등산에 흥미가 있어요.
山登りに興味があります。

■ 山登やまのぼり 등산 興味きょうみ 흥미

やまのぼりに きょうみが あります。
야마노보리니 쿄-미가 아리마스

❸ 특별히 없습니다.
特にないです。

■ 特とくに 특별히

とくに ないです。
토꾸니 나이데스

❹ 스포츠를 좋아해요.
スポーツが好きです。

■ 好すきだ 좋아하다

スポーツが すきです。
스뽀-쯔가 스끼데스

❺ 요즘 뭔가 하고 있나요?
今、何かやっていますか。

いま、なにか やって いますか。
이마 나니까 얏떼 이마스까

6 요가를 하고 있어요.
　ヨガをやっています。

ヨガを やって います。
요가오 얏떼 이마스

7 체육관에 다니고 있어요.
　ジムに通っています。

■ 通かよう 다니다

ジムに かよって います。
지무니 카욧떼 이마스

8 무엇을 잘합니까?
　何が得意ですか。

■ 得意とくいだ 가장 자신있다

なにが とくいですか。
나니가 토꾸이데스까

9 요리를 잘합니다.
　料理が得意です。

■ 料理りょうり 요리

りょうりが とくいです。
료-리가 토꾸이데스

10 악기는 전혀 못해요.
　楽器は全然できません。

■ 楽器がっき 악기

がっきは ぜんぜん できません。
각끼와 젠젠 데끼마셍

일본어 한자는 왜 모양이 다르죠?

일본어에서 한자는 우리와 같은 정체자를 많이 쓰지만, 획이 많은 한자의 경우 간단한 약자를 쓰는 경우도 많습니다. 또한 일본에서 만들어진 일본식 한자들도 있답니다.

會 → 会	会社 회사	会う 만나다
學 → 学	学校 학교	入学 입학
號 → 号	番号 번호	2号線 2호선

(かいしゃ, あ, がっこう, にゅうがく, ばんごう, ごうせん)

 일본어 한자를 꼭 책으로 배워야 하는 이유는?

인터넷으로만 일본어 공부를 하게 되면 폰트에 따라 한자가 일본식으로 나오지 않을 수도 있으니 유의해야 합니다.

한글 폰트 　 일본어 폰트

| 社 | 社 | 社会 사회 (しゃかい) |
| 送 | 送 | 送る 보내다 (おく) |

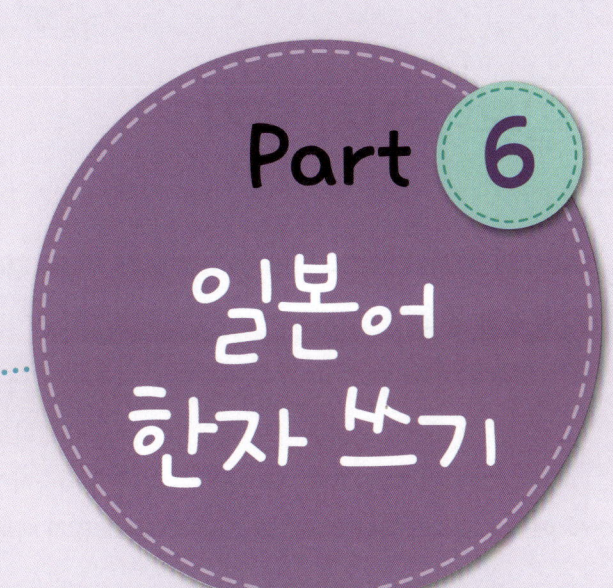

Part 6 일본어 한자 쓰기

일본 小学校 1학년 + JLPT N5 한자

일본 소학교(우리나라의 초등학교) 1학년 과정에서 배우는 기초 한자와 JLPT N5 레벨 한자로 쓰기 연습을 해봅시다. 일본 한자는 우리가 쓰는 한자와는 모양이 조금 다른 경우도 있으니 필순에 따라 정확히 써보세요.

학습 포인트

* 일본어 한자의 구조를 이해합시다.
* 필순에 맞춰 한자를 따라 쓰면서 눈으로 익혀봅시다.
* 한자를 외워 쓰지는 못해도 한자가 들어간 단어를 읽을 수 있도록 노력합시다.

일본어 한자 읽기

훈독과 음독

일본어 한자 읽기는 일본어 고유의 발음으로 읽는 훈독과 한자가 가진 소리로 읽는 음독이 있습니다. 훈독은 그 자체로 의미를 담고 있으며 읽는 규칙이 따로 없습니다. 음독은 우리말 한자 독음과 비슷하게 들리는 발음도 많고 몇 가지 규칙이 있어서, 익숙해지면 추측해서 읽을 수 있기도 합니다. 하지만 앞에 오는 글자에 따라 변화도 많고 워낙 예외도 많기 때문에 단어를 통째로 외우는 것이 좋습니다.

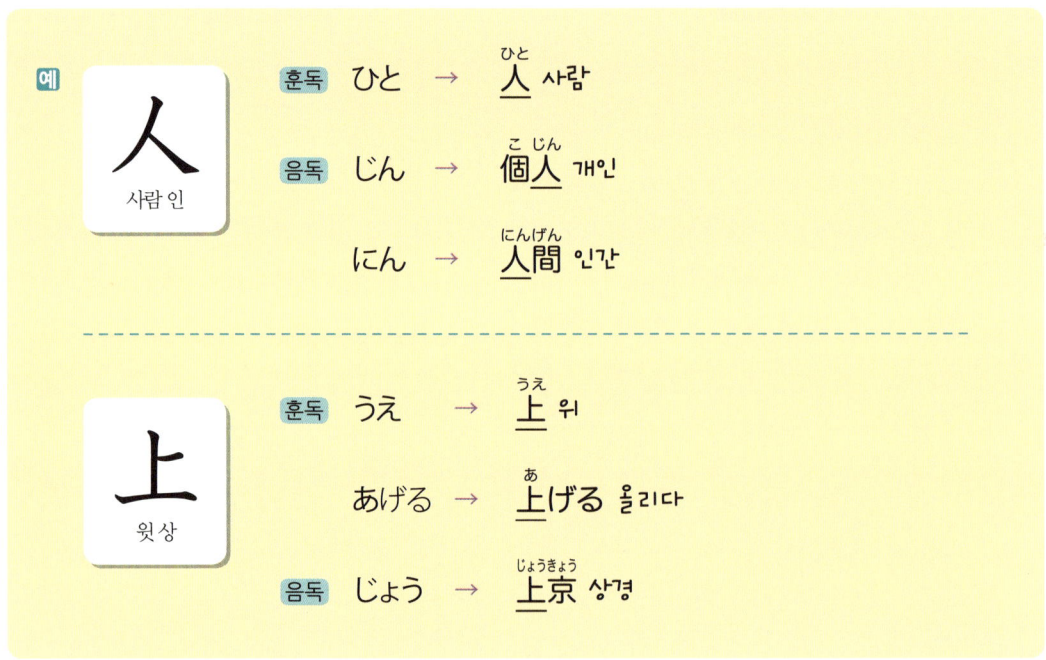

일본어를 처음 배울 때는 한자에 대해 조급하게 생각하지 말고 서서히 눈으로 익히도록 하세요. 책에 나와 있는 한자의 훈독이나 음독은 어디까지나 참고만 하고 따로 달달 외울 필요는 없습니다. 단어를 하나하나 외우다 보면 저절로 한자 읽는 방법도 알게 되며, 발음 변화에도 어느 정도 감을 잡게 될 것입니다.

2 오쿠리가나 (送り仮名)

한자와 가나(仮名)를 섞어 쓰는 단어에서 한자 옆에 붙는 가나 부분을 **오쿠리가나**라고 합니다. 이는 한 단어 내에서 한자의 읽는 방법을 확정 짓기 위해 사용하는 것입니다. 같은 한자라도 뒤에 달린 오쿠리가나에 따라 읽는 방법이 달라지므로 주의합시다.

◆ 오쿠리가나에 따라 한자 읽는 법이 달라지는 경우

예
- 出る 나가다
- 出す 내다

- 苦しい 괴롭다
- 苦い 쓰다

3 후리가나 (振り仮名)

일본어 표기에서 한자 읽는 방법을 나타내기 위해 주위에 작게 달아 놓은 가나를 **후리가나**라고 합니다. 가로쓰기인 경우 일반적으로 글자 위에, 세로쓰기인 경우 글자의 오른쪽에 주로 씁니다. 어려운 한자나 어린이나 외국인을 위한 책에 학습자의 이해를 돕기 위해 붙이지만, 일반적인 표기에는 붙이지 않으므로 평소에 한자 읽는 법을 잘 숙지해야 합니다. **루비(ルビ)**라고도 합니다.

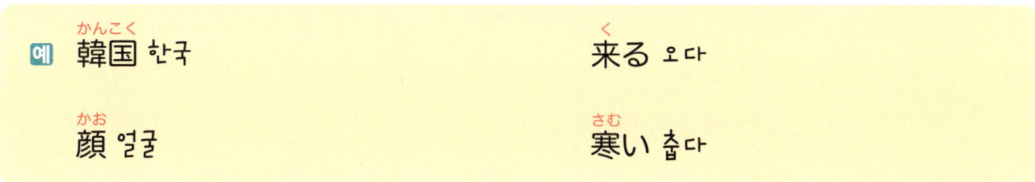

일본어 한자 예쁘게 쓰는 법

1 수평선을 오른쪽으로 6도 올려 쓴다

고대 중국 명필들의 글자는 6도 올려 쓴 경우가 많았다고 합니다.
가장 예쁘게 보이면서도 쓰기 쉬운 각도입니다.

2 오른쪽 아래에 중심을 둔다

가로획이 비스듬하면 문자 전체를 봤을 때 어딘가 불안정해 보입니다. 오른쪽 아래를 향한 획을 길게 늘여 중심을 잡아주면 훨씬 안정적으로 보이게 됩니다.

3 같은 간격으로 쓴다

평행한 획이나 상하좌우로 분할되어 있는 획을 같은 간격으로 그으면 정돈된 느낌이 납니다.

4 수직선은 똑바로 긋는다

수직으로 반듯한 선은 똑바로 내려 긋는 것이 기본입니다.

5 점을 확실하게 찍는다

하단의 점이라도 아무렇게나 찍지 말고 한 획 한 획 긋는다고 생각하면서 각도와 모양에 주의하며 찍습니다.

숫자

一	**1획** 한일 一					
훈 ひとつ	ひと 一つ 하나, 한 개					
음 いち・いつ	いちにち 一日 하루					

二	**2획** 두이 二二					
훈 ふたつ	ふた 二つ 둘, 두 개					
음 に	に かい 二階 2층					

三	**3획** 석삼 三三三					
훈 みっつ	みっ か 三日 사흘					
음 さん	さんかく 三角 삼각					

四	**5획** 넉사 四四四四四					
훈 よっつ・よん	よ かど 四つ角 네거리					
음 し	し き 四季 사계					

五	**4획** 다섯오 五五五五					
훈 いつつ	いつ 五つ 다섯 (개)					
음 ご	ごがつ 五月 5월					

六	**4획** 여섯 륙 六六六六 훈 むっつ　六つ 여섯 (개) 음 ろく　六 6, 육	六	六			
七	**2획** 일곱 칠 七七 훈 ななつ　七つ 일곱 (개) 음 しち　七時 7시	七	七			
八	**2획** 여덟 팔 八八 훈 やっつ・よう　八つ 여덟 (개)　八日 8일 음 はち　八十 팔십	八	八			
九	**2획** 아홉 구 九九 훈 ここのつ　九つ 아홉 (개) 음 きゅう・く　九九 구구단	九	九			
十	**2획** 열 십 十十 훈 とお・と　十日 10일 음 じゅう・じっ　十分 충분	十	十			

百

6획 일백 백
百百百百百百

- 음 ひゃく — 百円 100엔

千

3획 일천 천
千千千

- 훈 ち — 千代紙 일본 전통 색종이
- 음 せん — 千人 천 명

万

3획 일만 만
万万万

- 음 まん・ばん — 一万円 만엔
- 万歳 만세

円

4획 둥글 원
円円円円

- 훈 まるい — 丸い円 둥근 원
- 음 えん — 円 엔 〈일본의 화폐 단위〉

何

7획 어찌 하
何何何何何何何

- 훈 なに・なん — 何 무엇 何時 몇 시
- 음 か — 幾何学 기하학

月	**4획** 달 월 月 月 月 月	月	月			
훈 つき　　月 달 음 げつ・がつ　　月給 월급　五月 5월						

火	**4획** 불 화 火 火 火 火	火	火			
훈 ひ・ほ　　花火 불꽃(놀이) 음 か　　火事 화재						

水	**4획** 물 수 水 水 水 水	水	水			
훈 みず　　水着 수영복 음 すい　　水分 수분						

木	**4획** 나무 목 木 木 木 木	木	木			
훈 き・こ　　木 나무　木の葉 낙엽 음 ぼく・もく　　原木 원목　木材 목재						

金	**8획** 쇠 금 金 金 金 金 金 金 金 金	金	金			
훈 かね・かな　　金持ち 부자 음 きん・こん　　金 금　黄金 황금						

土	3획 흙토 土土土	土	土			
훈 つち　　土 땅, 흙 음 ど・と　土曜日 토요일　土地 토지						

日	4획 날일 日日日日	日	日			
훈 ひ・か　　日かげ 그늘　二日 2일 음 にち・じつ　毎日 매일						

年	6획 해년 年年年年年年	年	年			
훈 とし　　今年 올해 음 ねん　　新年 새해						

今	4획 이제금 今今今今	今	今			
훈 いま　　今 지금 음 こん・きん　今夜 오늘 밤						

毎	6획 매양매 毎毎毎毎毎毎	毎	毎			
음 まい　　毎日 매일 　　　　　毎週 매주						

시간

時	10획 때 시 時時時時時時時時時時
훈 とき	時 때, 시간
음 じ	時刻 시각

午	4획 낮 오 午午午午
음 ご	午前 오전 正午 정오

前	9획 앞 전 前前前前前前前前前
훈 まえ	前 전, 앞
음 ぜん	以前 이전, 과거

後	9획 뒤 후 後後後後後後後後後
훈 のち・うしろ あと・おくれる	後ろ 뒤
음 ご・こう	午後 오후

夕	3획 저녁 석 夕夕夕
훈 ゆう	夕食 저녁밥
음 せき	一朝一夕 일조일석 (하루 아침)

 사람

目 5획 눈목
目 目 目 目 目

- 훈: め・ま — 目線(めせん) 시선
- 음: もく・ぼく — 目次(もくじ) 목차 面目(めんぼく) 면목

口 3획 입구
口 口 口

- 훈: くち — 悪口(わるくち) 욕
- 음: こう・く — 人口(じんこう) 인구

耳 6획 귀이
耳 耳 耳 耳 耳

- 훈: みみ — 耳(みみ) 귀
- 음: じ — 耳鼻科(じびか) 이비과, 이비인후과

手 4획 손수
手 手 手

- 훈: て・た — 手ぶくろ(てぶくろ) 장갑 下手(へた) 서투름
- 음: しゅ — 拍手(はくしゅ) 박수

足 7획 발족
足 足 足 足 足 足 足

- 훈: あし・たりる — 足(あし) 발 足りない(たりない) 부족하다
- 음: そく — 遠足(えんそく) 소풍

力	**2획** 힘 력 力力	力	力			
훈 ちから	力 힘					
음 りき・りょく	力作 역작　全力 전력					

人	**2획** 사람 인 人人	人	人			
훈 ひと	人びと 사람들					
음 じん・にん	美人 미인　人間 인간					

間	**12획** 사이 간 間間間間間間	間	間			
훈 あいだ・ま	間違える 틀리다, 착각하다					
음 かん・けん	時間 시간					

男	**7획** 사내 남 男男男男男男	男	男			
훈 おとこ	男 남자					
음 だん・なん	男性 남성　長男 장남					

女	**3획** 계집 녀 女女女	女	女			
훈 おんな・め	女 여자　女神 여신					
음 じょ・にょ・にょう	少女 소녀					

父	4획 아비 부 父父父父	父	父			
훈 ちち 음 ふ	父親 부친 祖父 할아버지					
母	5획 어미 모 母母母母母	母	母			
훈 はは 음 ぼ	母親 모친 祖母 할머니					
子	3획 아들 자 子子子	子	子			
훈 こ 음 し・す	子ども 아이 調子 상태 様子 모양, 모습					
名	6획 이름 명 名名名名名名	名	名			
훈 な 음 めい・みょう	名前 이름 名刺 명함 名字 (이름의) 성씨					
友	4획 벗 우 友友友友	友	友			
훈 とも 음 ゆう	友だち 친구 友人 친구					

長 — 8획 길 장
長長長長長長長長
- 훈: ながい / 長い 길다
- 음: ちょう / 身長 신장, 키

高 — 10획 높을 고
高高高高高高高高高高
- 훈: たかい / 高い 높다
- 음: こう / 最高 최고

大 — 3획 큰 대
大大大
- 훈: おおきい / 大きい 크다
- 음: だい・たい / 大小 대소, 大会 대회

中 — 4획 가운데 중
中中中中
- 훈: なか / 中 안, 속
- 음: ちゅう / 中央 중앙

小 — 3획 작을 소
小小小
- 훈: ちいさい・こ・お / 小さい 작다, 어리다
- 음: しょう / 小学生 소학생(초등학생)

上 上上上	3획 윗 상	上	上				
훈: うえ・かみ / あげる・のぼる 음: じょう・しょう	上 위 上品 고상함						
下 下下下	3획 아래 하	下	下				
훈: した・しも・もと / おろす・さげる・くだる 음: か・げ	下 아래 地下 지하						
左 左左左左左	5획 왼 좌	左	左				
훈: ひだり 음: さ	左 왼쪽 左右 좌우						
右 右右右右右	5획 오른 우	右	右				
훈: みぎ 음: ゆう・う	右手 오른손 左右 좌우						
外 外外外外外	5획 바깥 외	外	外				
훈: そと・ほか / はずす 음: がい・げ	外 밖 外す 떼다, 빼다 外国 외국 外科 외과						

半	5획 반 반 半半半半半					
훈 なかば	半ば 절반, 한창					
음 はん	半分 반					

東	8획 동녘 동 東東東東東東東東					
훈 ひがし	東 동쪽					
음 とう	東京 도쿄〈일본의 수도〉					

西	6획 서녘 서 西西西西西西					
훈 にし	西 서쪽					
음 せい・さい	西洋 서양					

南	9획 남녘 남 南南南南南南南南南					
훈 みなみ	南 남쪽					
음 なん・な	南海 남해					

北	5획 북녘 북 北北北北北					
훈 きた	北風 북풍					
음 ほく	南北 남북					

早
6획 이를 조
早早早早早早

- 훈: はやい — 早い (시간이) 이르다, 빠르다
- 음: そう・さっ — 早退 조퇴 早速 즉시

先
6획 먼저 선
先先先先先先

- 훈: さき — 先 앞, 이전
- 음: せん — 先月 지난달

出
5획 날 출
出出出出出

- 훈: でる・だす — 出る 나가[오]다
- 음: しゅつ・すい — 出発 출발

入
2획 들 입
入入

- 훈: いる・いれる・はいる — 入り口 입구 入る 들어가다
- 음: にゅう — 入学 입학

立
5획 설 립
立立立立立

- 훈: たつ — 立つ 일어서다[나다]
- 음: りつ・りゅう — 独立 독립

休

6획 쉴 휴

休休休休休休

- 훈 やすむ — 夏休み(なつやすみ) 여름 방학
- 음 きゅう — 休けい(きゅうけい) 휴식

見

7획 볼 견

見見見見見見見

- 훈 みる — 見る(みる) 보다
- 음 けん — 意見(いけん) 의견

行

6획 다닐 행

行行行行行行

- 훈 い(ゆ)く・おこなう — 行く(いく) 가다
- 음 こう・ぎょう — 急行(きゅうこう) 급행 / 行列(ぎょうれつ) 행렬, 줄

来

7획 올 래

来来来来来来来

- 훈 くる・きたる — 来る(くる) 오다
- 음 らい — 未来(みらい) 미래

食

9획 먹을 식

食食食食食食食食食

- 훈 くう・たべる — 食べる(たべる) 먹다
- 음 しょく・じき — 食事(しょくじ) 식사

学

8획 배울 학
学学学学学学学

- 훈 まなぶ — 学ぶ 배우다
- 음 がく — 学生 학생

校

10획 학교 교
校校校校校校校校校校

- 음 こう — 学校 학교

字

6획 글자 자
字字字字字字

- 훈 あざ
- 음 じ — 文字 문자 漢字 한자

文

4획 글월 문
文文文文

- 훈 ふみ — 文 편지, 문서
- 음 ぶん・もん — 文化 문화

本

5획 근본 본
本本本本本

- 훈 もと — 根本 뿌리
- 음 ほん — 本 책 本物 진짜

書
10획 글서
書書書書書書書書書書

- 훈: かく — 書く 쓰다
- 음: しょ — 読書 독서

読
14획 읽을 독
読読読読読読読読

- 훈: よむ — 読む 읽다
- 음: どく・とく・とう — 読者 독자

聞
14획 들을 문
聞聞聞聞聞聞聞聞

- 훈: きく・きこえる — 聞く 듣다, 묻다
- 음: ぶん・もん — 新聞 신문

話
13획 말씀 화
話話話話話話話話

- 훈: はなす / はなし — 話す 듣다, 話 이야기
- 음: わ — 会話 회화

語
14획 말씀 어
語語語語語語語語

- 훈: かたる — 語る 이야기하다
- 음: ご — 言語 언어

 자연

山 [3획] 뫼 산
山山山
- 훈: やま — 山 산
- 음: さん — 富士山 후지산

川 [3획] 내 천
川川川
- 훈: かわ — 川 강, 시내
- 음: せん — 河川 하천

石 [5획] 돌 석
石石石石石
- 훈: いし — 石 돌
- 음: せき・しゃく・こく — 石油 석유

田 [5획] 밭 전
田田田田田
- 훈: た — 田畑 논밭
- 음: でん — 油田 유전

村 [7획] 마을 촌
村村村村村村村
- 훈: むら — 村 마을, 촌락
- 음: そん — 農村 농촌

町

7획 밭두둑 정

町町町町町町町

- 훈: まち — 町 마을
- 음: ちょう — 町内 마을 안

草

9획 풀초

草草草草草草草草草

- 훈: くさ — 草 풀
- 음: そう — 雑草 잡초

花

7획 꽃화

花花花花花

- 훈: はな — 花束 꽃다발
- 음: か — 花粉 꽃가루

竹

6획 대죽

竹竹竹竹竹竹

- 훈: たけ — 竹 대나무
- 음: ちく — 竹林 대나무 숲

生

5획 날생

生生生生生

- 훈: いきる・うまれる・き・なま — 生きる 살다
- 음: せい・しょう — 生命 생명

犬	4획 개 견 犬犬犬犬	犬	犬			
훈 いぬ	犬 개					
음 けん	愛犬 애견					

虫	6획 벌레 충 虫虫虫虫虫虫	虫	虫			
훈 むし	虫 벌레, 곤충					
음 ちゅう	昆虫 곤충					

天	4획 하늘 천 天天天天	天	天			
훈 あめ・あま	天の川 은하수					
음 てん	天気 날씨					

気	6획 기운 기 気気気気気気	気	気			
음 き・け	空気 공기					
	気配 기색, 분위기					

空	8획 빌 공 空空空空空空空空	空	空			
훈 そら・あく むなしい・から	空 하늘					
음 くう	空港 공항					

雨

8획 비 우

雨雨雨雨雨雨

- 훈: あめ・あま　雨 비　雨雲 비구름
- 음: う　雨天 비오는 날

電

13획 번개 전

電電電電電電電電

- 음: でん　電気 전기　電車 전철

白

5획 흰 백

白白白白白

- 훈: しろ・しろい・しら　白 흰색　白い 희다
- 음: はく・びゃく　白衣 백의

赤

7획 붉을 적

赤赤赤赤赤赤赤

- 훈: あか・あかい　赤い 빨갛다
- 음: せき・しゃく　赤飯 팥을 넣은 찰밥

青

8획 푸를 청

青青青青青青青青

- 훈: あお・あおい　青空 파랗게 갠 하늘
- 음: せい・しょう　青年 청년

王 — 4획 임금 왕
王王王王

- 음: おう
- 女王 여왕
- 王子 왕자

正 — 5획 바를 정
正正正正正

- 훈: ただしい・まさ
- 正しい 옳다, 맞다
- 음: せい・しょう
- 正確 정확

糸 — 6획 실 사
糸糸糸糸糸糸

- 훈: いと
- 糸 실
- 음: し
- 綿糸 무명실

車 — 7획 수레 차
車車車車車

- 훈: くるま
- 車 자동차
- 음: しゃ
- 車内 차 안

音 — 9획 소리 음
音音音音音音音

- 훈: おと・ね
- 音 소리
- 음: おん・いん
- 音楽 음악
- 母音 모음

존경을 나타내는 お와 ご

단어 맨 앞에 붙는 お와 ご는 한자로는 御라고 쓰며, 존경의 의미를 담거나 말을 품위 있게 하기 위해 사용합니다. 주로 일본 고유어 앞에는 お, 한자어 앞에는 ご를 사용합니다. 하지만 예외도 있습니다.

1 お를 붙이는 경우

훈독으로 읽는 일본 고유어에 붙입니다. 옛 일본 여성들이 정중한 말을 위해 썼던 것에서 유래한 것이므로, 일상생활과 밀접한 단어나 표현에 붙이는 경우가 많습니다.

> お水 물　　お金 돈　　お願い 부탁　　お帰り 어서 와

2 ご를 붙이는 경우

음독으로 읽는 한자어 앞에 붙입니다.

> ご家族 가족　　ご実家 본가, 친정　　ご心配 걱정　　ご飯 밥

3 항상 お를 붙여 한 단어처럼 사용하는 경우

> おかず 반찬　　お中 사람의 배　　おまけ 덤, 경품　　おにぎり 주먹밥

4 한자어라도 お를 쓰는 경우

음독으로 읽는 한자어라도, 일상생활에서 한자라는 의식 없이 사용하는 단어에는 お를 붙입니다.

> お弁当 도시락　　お約束 약속　　お食事 식사　　お勉強 공부

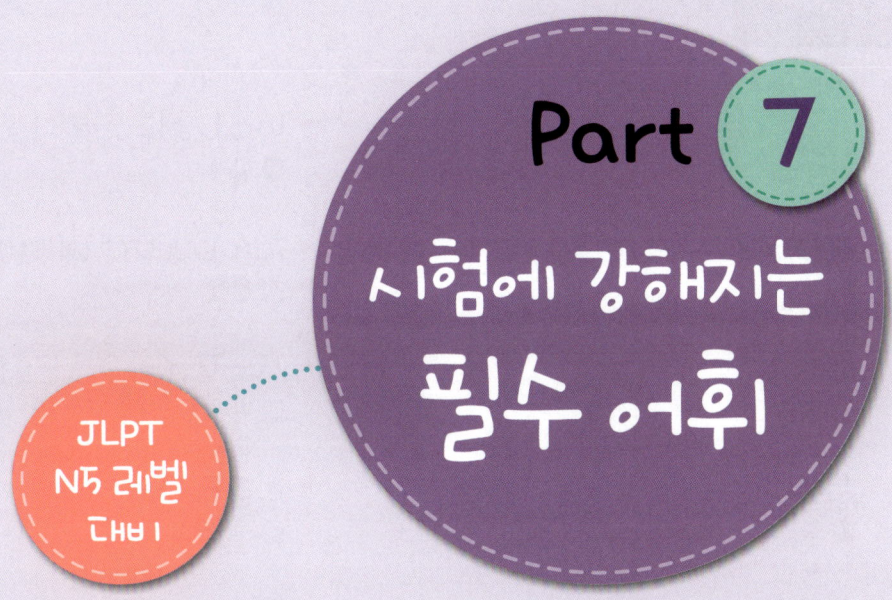

Part 7
시험에 강해지는 필수 어휘
JLPT N5 레벨 대비

▶ Part 7에 나오는 품사 표시

- 명 → 명사
- 형 → 형용사
- 대 → 대명사
- 부 → 부사
- 연체 → 연체사
- 동 → 동사
- 형동 → 형용동사
- 조 → 조사
- 접 → 접속사

🎧 어휘 전체 녹음

학습 포인트

* JLPT N5 레벨에서 꼭 익혀야 하는 필수 어휘들을 알아봅시다.
* 주제별로 관련 어휘들을 연결지어 외우면 더욱 쉬워요!

JLPT N5

만남·소개

- **わたし** [私]
  대 나, 저

- **あなた**
  대 당신

- **だれ**
  대 누구

- **どなた**
  대 어느 분, 누구

- **ひと** [人]
  명 사람

- **かた** [方]
  명 분 〈사람의 존칭〉

- **じぶん** [自分]
  명 자기, 스스로 대 나, 저

- **なまえ** [名前]
  명 이름

- **みなさん** [皆さん]
  대 여러분

- **みんな** [皆]
  대 모두들 명 모두, 전부

- **おおぜい** [大ぜい]
  명 많은 사람

- **〜たち**
  〜들 〈사람이나 생물이 복수임을 나타냄〉

- **いっしょに** [一緒に]
  부 함께

- **たんじょうび** [誕生日]
  명 생일

- **パーテイー**
  명 파티

- **ところ** [所]
  명 곳, 장소

- **まつ** [待つ]
  동 기다리다

- **あう** [会う]
  동 만나다

- **はなし** [話]
  명 이야기, 말

- **はなす** [話す]
  동 이야기하다, 말하다

- **いう** [言う]
  동 말하다

- **きく** [聞く]
  동 듣다, 묻다

- **こたえる** [答える]
  동 대답하다

- **よぶ** [呼ぶ]
  동 (소리내어) 부르다, 초대하다

필수 어휘

가게·쇼핑

- **レストラン**
  명 레스토랑

- **きっさてん** [喫茶店]
  명 찻집

- **えいが** [映画]
  명 영화

- **えいがかん** [映画館]
  명 영화관

- **ほんや** [本屋]
  명 서점

- **やおや** [八百屋]
  명 채소 가게

- **デパート**
  명 백화점

- **みせ** [店]
  명 가게, 상점

- **かいもの** [買(い)物]
  명 물건을 삼

- **うる** [売る]
  동 팔다

- **かう** [買う]
  동 사다, 구입하다

- **ほか** [他]
  명 다른 일, 딴 것

- **いくら**
  명 얼마

- **さいふ** [財布]
  명 돈지갑

- **おかね** [お金]
  명 돈

- **えん** [円]
  명 엔 〈일본의 화폐 단위〉, 둥근 것

우체국·은행

- **ゆうびんきょく** [郵便局]
  명 우체국

- **にもつ** [荷物]
  명 화물, 짐

- **はこ** [箱]
  명 상자

- **てがみ** [手紙]
  명 편지

- **ふうとう** [封筒]
  명 봉투

- **はがき** [葉書]
  명 엽서

- **きって** [切手]
  명 우표

- **おくる** [送る]
  동 보내다, (물건을) 부치다, 송금하다

JLPT N5

- ぎんこう [銀行]
  명 은행

거리

- まち [町]
  명 시내, 집이 많이 모여 있는 곳

- みち [道]
  명 길, 도로

- かど [角]
  명 모퉁이, 모서리

- はし [橋]
  명 다리, 교량

- こうえん [公園]
  명 공원

- こうばん [交番]
  명 파출소

- けいかん [警官]
  명 경관 〈警察官 けいさつかん의 준말〉

- おまわりさん
  명 순경, 경찰

교통

- えき [駅]
  명 역

- きっぷ [切符]
  명 표 (=チケット)

- でんしゃ [電車]
  명 전철

- ちかてつ [地下鉄]
  명 지하철

- いりぐち [入(り)口]
  명 입구

- でぐち [出口]
  명 출구

- くるま [車]
  명 차, 수레의 총칭

- じどうしゃ [自動車]
  명 자동차

- バス
  명 버스

- タクシー
  명 택시

- じてんしゃ [自転車]
  명 자전거

- ひこうき [飛行機]
  명 비행기

- のる [乗る]
  동 (탈것에) 타다

- おりる [降りる]
  동 내리다

> ～に 乗のる ～을 타다
> ～を 降おりる ～에서 내리다

254

필수 어휘

건물·집

- **たてもの** [建物]
  명 건물

- **いえ** [家]
  명 집, 주택

- **アパート**
  명 아파트, 공동 주택

- **すむ** [住む]
  동 살다, 거처하다

- **にわ** [庭]
  명 정원, 마당

- **かいだん** [階段]
  명 계단, 단계

- **エレベーター**
  명 엘리베이터

- **げんかん** [玄関]
  명 현관

- **もん** [門]
  명 문, 대문

- **ドア**
  명 문

- **まど** [窓]
  명 창, 창문

- **かぎ** [鍵]
  명 열쇠

방·거실

- **へや** [部屋]
  명 방

- **ベッド** [bed]
  명 침대

- **テレビ**
  명 텔레비전

- **ニュース**
  명 뉴스

- **でんわ** [電話]
  명 전화

- **ばんごう** [番号]
  명 번호

- **でんき** [電気]
  명 전기, 전등

- **ストーブ**
  명 스토브, 난로

- **テーブル**
  명 테이블

- **もの** [物]
  명 것, 물건

- **ざっし** [雑誌]
  명 잡지

- **しんぶん** [新聞]
  명 신문

JLPT N5

- ラジオ
  - 명 라디오

- かびん
  - 명 꽃병

- テープ
  - 명 테이프

- カレンダー
  - 명 캘린더, 달력

- え [絵]
  - 명 그림

- ピアノ
  - 명 피아노

- ギター
  - 명 기타 〈악기〉

- ひく [弾く]
  - 동 (피아노나 현악기를) 연주하다

화장실·욕실

- おてあらい [お手洗い]
  - 명 화장실

- トイレ
  - 명 화장실. トイレット의 준말

- (お)ふろ [お風呂]
  - 명 목욕, 욕실

- シャワー
  - 명 샤워

- あびる [浴びる]
  - 동 뒤집어쓰다, 흠뻑 쓰다

- せっけん
  - 명 비누

- せんたく [洗濯]
  - 명 세탁, 빨래

- あらう [洗う]
  - 동 씻다, 빨다

- みがく
  - 동 닦다, 윤을 내다

- そうじ [掃除]
  - 명 청소

부엌

- だいどころ [台所]
  - 명 부엌

- しょくどう [食堂]
  - 명 식당

- ちゃわん
  - 명 밥공기

- おさら [お皿]
  - 명 접시

- はし
  - 명 젓가락

> はし(다리)와 발음은 같지만 억양이 다르다. 젓가락은 '하'에 강세를 넣어 읽는다.

필수 어휘

- **スプーン**
  명 스푼

- **フォーク**
  명 포크

- **ナイフ**
  명 나이프

- **カップ**
  명 컵, 손잡이 달린 찻잔

- **コップ**
  명 컵

- **グラス**
  명 유리컵

- **れいぞうこ** [冷蔵庫]
  명 냉장고

요리

- **りょうり** [料理]
  명 요리

- **たべもの** [食べ物]
  명 음식물

- **たべる** [食べる]
  동 먹다

- **ごはん**
  명 밥

- **たまご** [卵]
  명 달걀, 알

- **にく** [肉]
  명 고기, 살

- **ぎゅうにく** [牛肉]
  명 쇠고기

- **とりにく** [鳥肉]
  명 새고기, 특히 닭고기를 말함

- **さかな** [魚]
  명 물고기, 생선

- **てんぷら**
  명 튀김

- **パン**
  명 빵

- **バター**
  명 버터

- **やさい** [野菜]
  명 채소

- **くだもの** [果物]
  명 과일

- **のみもの** [飲(み)物]
  명 마실 것, 음료수

- **のむ** [飲む]
  동 마시다, (약을) 복용하다

- **みず** [水]
  명 물

> 마시는 물을 부탁할 때 '찬물'은 おみず
> '따뜻한 물'은 おゆ라고 한다.

257

JLPT N5

- おちゃ [お茶]
  명 차, 다도

- コーヒー
  명 커피

- おかし [お菓子]
  명 과자

- おさけ [お酒]
  명 술

- ぎゅうにゅう [牛乳]
  명 우유

- さとう [砂糖]
  명 설탕

- しお [塩]
  명 소금

- しょうゆ [醤油]
  명 간장

- おいしい
  형 맛있다

- まずい
  형 맛없다

- からい [辛い]
  형 맵다

- あまい [甘い]
  형 달다

| にがい 쓰다 | すっぱい 시다 |
| しょっぱい 짜다 | うすい 싱겁다 |

옷 · 패션 잡화

- ふく [服]
  명 옷

- ようふく [洋服]
  명 서양식 옷 (↔ 和服 わふく 일본식 옷)

- うわぎ [上着]
  명 겉옷

- コート
  명 코트

- シャツ
  명 셔츠

- ワイシャツ
  명 와이셔츠

- セーター
  명 스웨터

- スカート
  명 스커트, 치마

- ズボン
  명 바지

- くつ
  명 신발, 구두

- くつした
  명 양말

- スリッパ
  명 슬리퍼

258

필수 어휘

- ぼうし [帽子]
  명 모자

- ネクタイ
  명 넥타이

- ハンカチ
  명 손수건 〈ハンカチーフ의 준말〉

- ポケット
  명 주머니

- ボタン
  명 단추, 버튼

- めがね [眼鏡]
  명 안경

- きる [着る]
  동 옷을 입다

- ぬぐ [脱ぐ]
  동 벗다

- はく
  동 (하의를) 입다, 신다

- かぶる
  동 (머리에) 쓰다

- しめる
  동 (졸라)매다, 조르다

신체

- からだ [体]
  명 몸

- あたま [頭]
  명 머리

- かお [顔]
  명 얼굴

- め [目]
  명 눈

- はな [鼻]
  명 코

- みみ [耳]
  명 귀

- くち [口]
  명 입

- は [歯]
  명 이(빨)

- こえ [声]
  명 목소리

- て [手]
  명 손

- おなか
  명 배

- せ [背]
  명 등

- あし [足]
  명 발

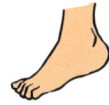

JLPT N5

병원

- **びょういん** [病院]
  명 병원

- **いしゃ** [医者]
  명 의사

- **いたい** [痛い]
  형 아프다

- **びょうき** [病気]
  명 병

- **くすり** [薬]
  명 약

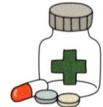

- **かぜ** [風邪]
  명 감기

- **げんきだ** [元気だ]
  형동 건강하다

- **じょうぶだ** [丈夫だ]
  형동 튼튼하다

여행

- **りょこう** [旅行]
  명 여행

- **ホテル**
  명 호텔

- **がいこく** [外国]
  명 외국

- **がいこくじん** [外国人]
  명 외국인

- **くに** [国]
  명 나라, 고장, 지방

- **ことば** [言葉]
  명 언어, 말, 단어

- **たいしかん** [大使館]
  명 대사관

- **ちず** [地図]
  명 지도 (=マップ)

- **カメラ**
  명 카메라

- **フィルム**
  명 필름

- **しゃしん** [写真]
  명 사진

- **とる** [撮る]
  동 (사진을) 찍다

- **さんぽ** [散歩]
  명 산책

- **プール**
  명 수영장, 풀

- **およぐ** [泳ぐ]
  동 헤엄치다, 수영을 하다

- **やすみ** [休み]
  명 휴식, 쉬는 날

필수 어휘

자연·동식물

- **うみ** [海]
  명 바다

- **かわ** [川]
  명 강

- **やま** [山]
  명 산

- **き** [木]
  명 나무

- **はな** [花]
  명 꽃

- **さくら** [桜]
  명 벚꽃

- **さく** [咲く]
  동 피다

- **いけ** [池]
  명 연못

- **どうぶつ** [動物]
  명 동물

- **とり** [鳥]
  명 새

- **ねこ** [猫]
  명 고양이

- **いぬ** [犬]
  명 개

학교

- **がっこう** [学校]
  명 학교

- **だいがく** [大学]
  명 대학

- **きょうしつ** [教室]
  명 교실, 강습

- **じゅぎょう** [授業]
  명 수업

- **せんせい** [先生]
  명 선생님

- **がくせい** [学生]
  명 학생 (특히 대학생)

- **せいと** [生徒]
  명 (중·고등학교) 학생

  > 중·고등학생(中学生·高校生)은 生徒せいと, 초등학생(小学生)은 児童じどう라고 한다.

- **りゅうがくせい** [留学生]
  명 유학생

- **クラス**
  명 클래스, 학급

- **ともだち** [友達]
  명 친구

- **としょかん** [図書館]
  명 도서관

JLPT N5

- ほん [本]
  명 책

- ページ
  명 페이지

- ほんだな [本棚]
  명 책장, 서가

- つくえ [机]
  명 책상

- いす [椅子]
  명 의자

- しゅくだい [宿題]
  명 숙제

- べんきょう [勉強]
  명 공부

- おしえる [教える]
  동 가르치다

- ならう [習う]
  동 배우다

- おぼえる [覚える]
  동 기억하다, 배우다

- テスト
  명 테스트, 시험

- もんだい [問題]
  명 문제

- しつもん [質問]
  명 질문

- れんしゅう [練習]
  명 연습

- かんじ [漢字]
  명 한자

- えいご [英語]
  명 영어

- おんがく [音楽]
  명 음악

- うた [歌]
  명 노래

- うたう [歌う]
  동 노래 부르다

- さくぶん [作文]
  명 작문, 글짓기

- かく [書く]
  동 쓰다

- えんぴつ [鉛筆]
  명 연필

- ペン
  명 펜

- ボールペン
  명 볼펜

- かみ [紙]
  명 종이

- ノート
  명 노트

필수 어휘

- **かばん**
  명 가방

- **じしょ** [辞書]
  명 사전

- **いみ** [意味]
  명 의미

- **おべんとう** [お弁当]
  명 도시락

- **なつやすみ** [夏休み]
  명 여름 방학[휴가]

- **スポーツ**
  명 스포츠

회사

- **かいしゃ** [会社]
  명 회사

- **かいしゃいん** [会社員]
  명 회사원

- **しごと** [仕事]
  명 일, 직업

- **はたらく** [働く]
  동 일을 하다

- **つとめる** [勤める]
  동 근무하다

  > ～で 働はたらく ～에서 일하다
  > ～に 勤つとめる ～에 근무하다

- **いそがしい** [忙しい]
  형 바쁘다

- **ひまだ** [暇だ]
  형동 한가하다

- **つかれる** [疲れる]
  동 지치다, 피로해지다

- **やすむ** [休む]
  동 쉬다

- **コピー**
  명 카피, 복사

- **タバコ**
  명 담배

- **すう** [吸う]
  동 (들이)마시다

- **はいざら** [灰皿]
  명 재떨이

날씨·계절

- **てんき** [天気]
  명 날씨

- **はれる** [晴れる]
  동 (하늘이) 개다

- **くもる** [曇る]
  동 흐리다

- **あめ** [雨]
  명 비, 우천

263

JLPT N5

- ゆき [雪]
  - 명 눈

- こおり [氷]
  - 명 얼음

- ふる [降る]
  - 동 (비·눈 등이) 내리다, 오다

- かさ [傘]
  - 명 우산

- さす
  - 동 (우산을) 쓰다

- かぜ [風]
  - 명 바람

- ふく [吹く]
  - 동 (바람이) 불다, (입김을) 내뿜다

- そら [空]
  - 명 하늘

- きせつ [季節]
  - 명 계절

- はる [春]
  - 명 봄

- なつ [夏]
  - 명 여름

- あき [秋]
  - 명 가을

- ふゆ [冬]
  - 명 겨울

- あつい [暑い]
  - 형 덥다

- あつい [熱い]
  - 형 뜨겁다

  > 暑あつい 날씨가 덥다 ↔ さむい・すずしい
  > 熱あつい 온도가 높아 뜨겁다 ↔ つめたい

- さむい [寒い]
  - 형 춥다

- つめたい [冷たい]
  - 형 차갑다, 쌀쌀하다

- あたたかい [暖かい・温かい]
  - 형 따뜻하다

  > 暖あたたかい 기온·기후가 따뜻하다
  > 温あたたかい 물건·마음이 따뜻하다

- すずしい [涼しい]
  - 형 시원하다, 서늘하다

반대말

- いい
  - 형 좋다

- わるい [悪い]
  - 형 나쁘다

- かるい [軽い]
  - 형 가볍다

- おもい [重い]
  - 형 무겁다

필수 어휘

- **おおきい** [大きい]
  - 형 크다

- **ちいさい** [小さい]
  - 형 작다

- **おおきな** [大きな]
  - 연체 큰

- **ちいさな** [小さな]
  - 연체 작은

- **おおい** [多い]
  - 형 많다

- **すくない** [少ない]
  - 형 적다

- **はやい** [早い]
  - 형 (시간이) 빠르다, 이르다

- **はやい** [速い]
  - 형 (동작·속도가) 빠르다

  > 足ぁしが 速はやい 발이 빠르다
  > 朝早あさはやく 起おきる 아침 일찍 일어나다

- **おそい** [遅い]
  - 형 (시기·시간이) 늦다, (동작이) 느리다

- **きたない** [汚い]
  - 형 더럽다, 불결하다

- **きれいだ**
  - 형동 예쁘다, 깨끗하다

- **かわいい**
  - 형 귀엽다

- **じょうずだ** [上手だ]
  - 형동 잘하다, 능숙하다

- **へただ** [下手だ]
  - 형동 못하다, 서투르다

- **だいすきだ** [大好きだ]
  - 형동 매우 좋아하다

- **すきだ** [好きだ]
  - 형동 좋아하다

- **きらいだ** [嫌いだ]
  - 형동 싫다

- **いやだ** [嫌だ]
  - 형동 싫다, 불쾌하다

- **つよい** [強い]
  - 형 강하다, 힘이 세다, 능력·실력이 좋다

- **よわい** [弱い]
  - 형 약하다

- **たかい** [高い]
  - 형 높다, 비싸다

- **ひくい** [低い]
  - 형 낮다

  > 背せが 高たかい 키가 크다
  > 背せが 低ひくい 키가 작다

- **やすい** [安い]
  - 형 싸다

JLPT N5

- **ひろい** [広い]
  - 형 넓다

- **せまい** [狭い]
  - 형 좁다

- **ながい** [長い]
  - 형 길다

- **みじかい** [短い]
  - 형 짧다

- **ふとい** [太い]
  - 형 굵다

- **ほそい** [細い]
  - 형 가늘다

- **とおい** [遠い]
  - 형 멀다

- **ちかい** [近い]
  - 형 가깝다

- **あたらしい** [新しい]
  - 형 새롭다

- **ふるい** [古い]
  - 형 낡다, 오래되다

- **おもしろい** [面白い]
  - 형 재미있다, 우습다

- **たのしい** [楽しい]
  - 형 즐겁다

- **つまらない**
  - 시시하다, 하찮다

- **あかるい** [明るい]
  - 형 밝다

- **くらい** [暗い]
  - 형 어둡다

- **あつい** [厚い]
  - 형 두껍다

- **うすい** [薄い]
  - 형 얇다, 연하다

- **しずかだ** [静かだ]
  - 형동 조용하다

- **うるさい**
  - 형 시끄럽다

- **にぎやかだ** [賑やかだ]
  - 형동 번화하다, 떠들썩하다

- **むずかしい** [難しい]
  - 형 어렵다

- **やさしい** [易しい]
  - 형 쉽다

- **いく** [行く]
  - 동 가다

- **くる** [来る]
  - 동 오다

- **おきる** [起きる]
  - 동 일어나다

- **ねる** [寝る]
  - 동 자다

필수 어휘

- **たつ** [立つ]
  동 일어서다

- **すわる** [座る]
  동 앉다

- **うまれる** [生(ま)れる]
  동 태어나다

- **しぬ** [死ぬ]
  동 죽다

- **おす** [押す]
  동 밀다, 누르다

- **ひく** [引く]
  동 당기다, 끌다

그 밖의 표현

- **たいせつだ** [大切だ]
  형동 소중하다, 중요하다

- **まるい** [丸い]
  형 둥글다, 원만하다

- **あぶない** [危ない]
  형 위험하다, 위태롭다

- **けっこうだ** [結構だ]
  형동 훌륭하다, (사양하는 의미로) 괜찮다

- **だいじょうぶだ** [大丈夫だ]
  형동 괜찮다

- **りっぱだ** [立派だ]
  형동 훌륭하다

- **ざんねんだ** [残念だ]
  형동 유감이다

- **べんりだ** [便利だ]
  형동 편리하다

- **ゆうめいだ** [有名だ]
  형동 유명하다

- **おなじだ** [同じだ]
  형동 같다, 동일하다

- **ない** [無い]
  형 없다, 존재하지 않다

- **ほしい** [欲しい]
  형 하고 싶다

  > 동사+て ほしい의 형태로 쓰면 '~하기를 바라다, ~해주었으면 한다'라는 뜻이 됩니다.

- **ある**
  동 (사물, 식물이) 있다

- **いる**
  동 (사람, 동물이) 있다

- **する**
  동 하다

- **みる** [見る]
  동 (눈으로) 보다

- **みせる** [見せる]
  동 보이다

- **しる** [知る]
  동 알다

JLPT N5

- **わかる** [分(か)る]
  동 알다, 이해하다

- **よむ** [読む]
  동 읽다

- **もつ** [持つ]
  동 들다, 지니다, 가지다

- **でかける** [出掛ける]
  동 외출하다

- **かえる** [帰る]
  동 돌아가[오]다

- **つく** [着く]
  동 도착하다

- **あげる**
  동 (내가 남에게, 제3자가 제3자에게) 주다

- **やる**
  동 (동물에게 먹이를, 식물에게 물을) 주다

- **かす** [貸す]
  동 빌려주다, 조력하다

- **かりる** [借りる]
  동 빌리다

- **かえす** [返す]
  동 돌려주다

- **おわる** [終(わ)る]
  동 끝나다, 마치다

- **おく** [置く]
  동 두다, 놓다

- **つかう** [使う]
  동 쓰다, 사용하다

- **たのむ** [頼む]
  동 부탁하다

- **こまる** [困る]
  동 곤란하다, 괴로움을 겪다

- **きる** [切る]
  동 베다, 자르다

- **つくる** [作る]
  동 만들다

- **あそぶ** [遊ぶ]
  동 놀다

- **できる**
  동 할 수 있다, (일 등이) 생기다, 완성되다

- **あるく** [歩く]
  동 걷다

- **はしる** [走る]
  동 달리다

- **とぶ** [飛ぶ]
  동 날다, 날아가다

- **とおる** [通る]
  동 지나가다, 통과하다

- **のぼる** [登る]
  동 오르다

- **とる** [取る]
  동 잡다, (자기 것으로) 차지하다

필수 어휘

- なる
  - 동 (~이[가]) 되다

- なる [鳴る]
  - 동 (소리가) 울리다

- いる [要る]
  - 동 필요하다
  > いらない 필요없다
  > 必要ひつようだ 필요하다

짝을 이루는 자·타동사

> 자동사 (스스로) ~되다
> 목적어 불필요, 조사 が+자동사
> 예 ドアが 開あく。 문이 열리다.
>
> 타동사 (타의에 의해, 누군가가) ~하다
> 목적어 필요, 조사 を+타동사
> 예 ドアを 開あける。 문을 열다.

- あがる [上がる]
  - 동 오르다

- あげる [上げる]
  - 동 올리다, 얹다

- あく [開く]
  - 동 열리다

- あける [開ける]
  - 동 열다

- しまる [閉まる]
  - 동 꼭 닫히다

- しめる [閉める]
  - 동 닫다

- はじまる [始まる]
  - 동 시작되다

- はじめる [始める]
  - 동 시작하다

- かかる
  - 동 걸리다, (시간·비용·거리 등이) 소요되다

- かける
  - 동 걸다, (시간·비용·거리 등을) 들이다

- でる [出る]
  - 동 나가다, 나오다

- だす [出す]
  - 동 꺼내다, 내놓다

- とまる [止(ま)る]
  - 동 멈추다

- とめる [止める]
  - 동 세우다

- ならぶ [並ぶ]
  - 동 늘어서다

- ならべる [並べる]
  - 동 늘어놓다, 진열하다

- はいる [入る]
  - 동 들어가다, 들어오다

- いれる [入れる]
  - 동 넣다

JLPT N5

- きえる [消える]
  동 꺼지다

- けす [消す]
  동 끄다

- つく [付く]
  동 붙다, 묻다

- つける [付ける]
  동 붙이다, 묻히다

- わたる [渡る]
  동 건너다

- わたす [渡す]
  동 건네다, 전해주다

색깔

- いろ [色]
  명 색, 빛깔

- いろいろ
  명 여러 가지 종류

- あおい [青い]
  형 파랗다, 창백하다

- あかい [赤い]
  형 빨갛다

- きいろい [黄色い]
  형 노랗다

- みどり [緑]
  명 녹색, 나무의 새싹

- くろい [黒い]
  형 검다, 까맣다

- しろい [白い]
  형 희다

- ちゃいろ [茶色]
  명 갈색

위치

- うえ [上]
  명 위

- した [下]
  명 아래

- まえ [前]
  명 앞, 전

- うしろ [後ろ]
  명 뒤(쪽)

- さき [先]
  명 먼저, 앞

- あと [後]
  명 (~한) 후, 뒤

- よこ [横]
  명 옆

- そば [側]
  명 곁, 옆

- となり [隣]
  명 옆, 이웃집

필수 어휘

- **そと** [外]
  명 밖, 바깥

- **なか** [中]
  명 안, 중간, ~(하는) 중

- **ひだり** [左]
  명 왼쪽, 좌측

- **みぎ** [右]
  명 오른쪽, 우측

- **ひがし** [東]
  명 동(쪽)

- **にし** [西]
  명 서(쪽)

- **みなみ** [南]
  명 남(쪽)

- **きた** [北]
  명 북(쪽)

- **ほう** [方]
  명 방면, 방향

- **～がわ** [側]
  ~쪽, 방면

- **まっすぐ** [真っ直ぐ]
  부 똑바로, 곧장

- **まがる** [曲(が)る]
  동 구부러지다, 방향을 바꾸다, 돌다

- **むこう** [向(こ)う]
  명 맞은편, 저쪽, 상대편

- **ちかく** [近く]
  명 근처

- **へん** [辺]
  명 주변, 근처

상태·정도

- **もう**
  부 벌써, 이미, 조금 더

  > '조금 더'라는 의미로 쓰일 때는 꼭 もう いちど (한번만 더)와 같이 뒤에 다른 말이 붙는다.

- **もっと**
  부 더욱 더, 한층

- **まだ**
  부 아직

- **いま** [今]
  부 지금

- **すぐ(に)**
  부 곧, 즉시

- **ゆっくり**
  부 천천히, 느긋하게

- **また**
  부 또

- **つぎ** [次]
  명 다음

- **だんだん**
  부 점점

JLPT N5

- **たぶん**
  - 부 아마

- **ぜんぶ** [全部]
  - 명 전부

- **たくさん**
  - 부 많이

- **はんぶん** [半分]
  - 명 절반

- **すこし** [少し]
  - 부 조금

- **ちょっと**
  - 부 잠깐, 조금

- **とても**
  - 부 매우

- **たいへん** [大変]
  - 부 상당히, 매우

- **ほんとうに** [本当に]
  - 부 정말로

- **いちばん** [一番]
  - 부 가장, 제일

- **もちろん**
  - 부 물론

- **くらい(ぐらい)** [位]
  - 조 정도, 쯤

- **だけ**
  - 조 ~만, ~뿐, ~만큼

의문·접속

- **なに・なん** [何]
  - 대 무엇, 무슨

- **どう**
  - 부 어떻게, 아무리

- **どうして**
  - 부 어째서, 어떻게

- **なぜ** [何故]
  - 부 왜, 어째서

- **いつ**
  - 대 언제

- **しかし**
  - 접 그러나

- **でも**
  - 접 하지만, 그래도

- **そして**
  - 접 그리고

- **それから**
  - 접 그리고 나서

- **それでは(=では)**
  - 접 그러면, 그럼

> 일상 회화에서 では는 じゃ로 바꿔 말할 수 있다.
> 예 それでは → それじゃ

필수 어휘

빈도

언제나	대체로	잘, 자주	가끔, 때때로	별로, 그다지 (+부정 표현)	전혀 (+부정 표현)
いつも	たいてい	よく	ときどき	あまり	ぜんぜん

코소아도(こそあど) 표현

사물을 가리킬 때	이것	그것	저것	어느 것
	これ	それ	あれ	どれ
장소를 나타낼 때	여기	거기	저기	어디
	ここ	そこ	あそこ	どこ
방향을 나타낼 때	이쪽	그쪽	저쪽	어느 쪽
	こちら	そちら	あちら	どちら
명사를 꾸밀 때 (지시)	이	그	저	어느
	この	その	あの	どの
명사를 꾸밀 때 (성질, 상태)	이런	그런	저런	어떤
	こんな	そんな	あんな	どんな
동작의 상태·양상을 나타낼 때	이렇게	그렇게	저렇게	어떻게
	こう	そう	ああ	どう

일본어의 지시대명사는 거리에 따라 こ·そ·あ·ど로 나눌 수 있습니다. 자기 쪽에 가까운 경우(근칭)에는 こ, 상대방에 가까운 경우(중칭)에는 そ, 둘 다에게 먼 경우(원칭)에는 あ, 모르는 경우(부정칭)에는 ど를 사용해서 나타냅니다.

JLPT N5

숫자

1 一	2 二	3 三	4 四	5 五	6 六	7 七	8 八	9 九
いち	に	さん	し よん	ご	ろく	しち なな	はち	きゅう く

10 十	20 二十	30 三十	40 四十	50 五十	60 六十	70 七十	80 八十	90 九十
じゅう	にじゅう	さんじゅう	よんじゅう	ごじゅう	ろくじゅう	ななじゅう	はちじゅう	きゅうじゅう

100 百	200 二百	300 三百	400 四百	500 五百	600 六百	700 七百	800 八百	900 九百
ひゃく	にひゃく	さんびゃく	よんひゃく	ごひゃく	ろっぴゃく	ななひゃく	はっぴゃく	きゅうひゃく

1000 千	2000 二千	3000 三千	4000 四千	5000 五千	6000 六千	7000 七千	8000 八千	9000 九千
せん	にせん	さんぜん	よんせん	ごせん	ろくせん	ななせん	はっせん	きゅうせん

일만 一万	십만 十万	백만 百万	천만 一千万	일억 一億
いちまん	じゅうまん	ひゃくまん	いっせんまん	いちおく

11부터는 じゅういち, じゅうに, じゅうさん…으로 셉니다.

전화번호 읽기

0 1 2 - 3 4 5 - 6 7 8 9
ゼロ いち に の さん よん ご の ろく なな はち きゅう

일본의 전화번호는 한 자리씩 끊어 읽으며 −(하이픈)은 の로 읽습니다. 숫자 0은 원래 れい라고 하는데, 전화번호로 읽을 때는 보통 ゼロ(zero)라고 합니다. 7은 しち이지만 いち와 혼동을 피하기 위해 なな라고 읽어야 합니다. 4는 よん으로 읽습니다.

필수 어휘

시간

1時	2時	3時	4時	5時	6時
いちじ	にじ	さんじ	よじ	ごじ	ろくじ
7時	8時	9時	10時	11時	12時
しちじ	はちじ	くじ	じゅうじ	じゅういちじ	じゅうにじ

4시는 よじ, 7시는 しちじ, 9시는 くじ라고 하는 것에 주의합시다! 몇 시는 何時なんじ라고 합니다.

1分	2分	3分	4分	5分
いっぷん	にふん	さんぷん	よんぷん	ごふん
6分	7分	8分	9分	10分
ろっぷん	ななふん	はっぷん	きゅうふん	じゅっぷん・じっぷん
20分	30分	40分	50分	60分
にじゅっぷん	さんじゅっぷん	よんじゅっぷん	ごじゅっぷん	ろくじゅっぷん

分은 2분·5분·7분·9분의 경우 ふん으로 읽고, 그 외는 ぷん으로 읽습니다. 11분부터는 じゅういっぷん, じゅうにふん, じゅうさんぷん…이 됩니다. 몇 분은 何分なんぷん이라고 합니다.

하루

아침 朝	낮 昼	저녁, 해질녘 夕方	밤 夜
あさ	ひる	ゆうがた	よる

어젯밤	오늘 아침 今朝	오늘 밤 今晩・今夜
ゆうべ	けさ	こんばん・こんや

아침밥 朝ごはん	점심밥 昼ごはん	저녁밥 夕飯・晩ごはん
あさごはん	ひるごはん	ゆうはん・ばんごはん

- **ごぜん** [午前]
  명 오전
- **じかん** [時間]
  명 시간
- **ちょうど** [丁度]
  부 정확히, 마치
- **いちにち** [一日]
  하루
- **ごご** [午後]
  명 오후
- **とけい** [時計]
  명 시계
- **～ごろ** [頃]
  ~경, 쯤

JLPT N5

수량을 세는 단위

	서수 / ~개	~個(こ) ~개	~歳·才(さい) ~세, ~살	~人(にん) ~명	~枚(まい) ~장
1	ひとつ	いっこ	いっさい	ひとり	いちまい
2	ふたつ	にこ	にさい	ふたり	にまい
3	みっつ	さんこ	さんさい	さんにん	さんまい
4	よっつ	よんこ	よんさい	よにん	よんまい
5	いつつ	ごこ	ごさい	ごにん	ごまい
6	むっつ	ろっこ	ろっさい	ろくにん	ろくまい
7	ななつ	ななこ	ななさい	ななにん しちにん	ななまい
8	やっつ	はっこ	はっさい	はちにん	はちまい
9	ここのつ	きゅうこ	きゅうさい	きゅうにん	きゅうまい
10	とお	じゅっこ	じゅっさい	じゅうにん	じゅうまい
몇	いくつ 몇, 몇 개	何個 なんこ 몇 개	何歳(才) なんさい 몇 세(살)	何人 なんにん 몇 명	何枚 なんまい 몇 장
대상	숫자 / 물건 (나이를 말하기도 함)	작은 물건	나이	사람	얇고 넓은 것 (종이, 접시)

앞에 나온 발음에 따라 탁음이나 반탁음으로 바뀌는 경우가 있는데, 따로 외우려고 애쓰지 않아도 자주 접하다 보면 자연스럽게 머리에 들어옵니다. 1·3·6·8·10에서 발음 변화가 오는 경우가 많으니 유의합시다.

- **はたち** [二十・二十歳]
    - 명 20세, 스무 살 ※歳는 약자 才로 쓰기도 한다.

필수 어휘

~冊(さつ) ~권	~台(だい) ~대	~階(かい) ~층	~匹(ひき) ~마리	~本(ほん) ~자루, ~병	~杯(はい) ~잔
いっさつ	いちだい	いっかい	いっぴき	いっぽん	いっぱい
にさつ	にだい	にかい	にひき	にほん	にはい
さんさつ	さんだい	さんがい	さんびき	さんぼん	さんばい
よんさつ	よんだい	よんかい	よんひき	よんほん	よんはい
ごさつ	ごだい	ごかい	ごひき	ごほん	ごはい
ろくさつ	ろくだい	ろっかい	ろっぴき	ろっぽん	ろっぱい
ななさつ	ななだい	ななかい	ななひき	ななほん	ななはい
はっさつ	はちだい	はっかい はちかい	はっぴき	はっぽん	はっぱい
きゅうさつ	きゅうだい	きゅうかい	きゅうひき	きゅうほん	きゅうはい
じゅっさつ	じゅうだい	じゅっかい	じゅっぴき	じゅっぽん	じゅっぱい
何冊 なんさつ 몇 권	何台 なんだい 몇 대	何階 なんがい・かい 몇 층	何匹 なんびき 몇 마리	何本 なんぼん 몇 자루, 몇 병	何杯 なんばい 몇 잔
책, 노트	차, 가전	층수	작은 동물	가늘고 긴 것 (연필, 병, 담배)	컵

도량형 단위

길이	mm ミリ(メートル)	cm センチ(メートル)	m メートル	km キロメートル
무게	mg ミリグラム	g グラム	kg キログラム	t トン
부피	ml ミリリットル	l リットル		

JLPT N5

1月	2月	3月	4月	5月	6月
いちがつ	にがつ	さんがつ	しがつ	ごがつ	ろくがつ
7月	8月	9月	10月	11月	12月
しちがつ	はちがつ	くがつ	じゅうがつ	じゅういちがつ	じゅうにがつ

4월·7월·9월의 읽는 법에 주의합시다! 몇 월은 何月 なんがつ라고 합니다.

1日	2日	3日	4日	5日	6日	7日
ついたち	ふつか	みっか	よっか	いつか	むいか	なのか
8日	9日	10日	11日	12日	13日	14日
ようか	ここのか	とおか	じゅういちにち	じゅうににち	じゅうさんにち	じゅうよっか
15日	16日	17日	18日	19日	20日	21日
じゅうごにち	じゅうろくにち	じゅうしちにち	じゅうはちにち	じゅうくにち	はつか	にじゅういちにち
22日	23日	24日	25日	26日	27日	28日
にじゅうににち	にじゅうさんにち	にじゅうよっか	にじゅうごにち	にじゅうろくにち	にじゅうしちにち	にじゅうはちにち
29日	30日	31日	며칠 何日			
にじゅうくにち	さんじゅうにち	さんじゅういちにち	なんにち			

1일~10일의 읽는 법이 어렵습니다. 또한 11일부터는 じゅういちにち, じゅうににち…로 읽으면 되지만, 14일은 じゅうよっか, 20일은 はつか, 24일은 にじゅうよっか로 읽는 것에 주의합시다!

월요일 月曜日	화요일 火曜日	수요일 水曜日	목요일 木曜日	금요일 金曜日	토요일 土曜日	일요일 日曜日
げつようび	かようび	すいようび	もくようび	きんようび	どようび	にちようび

무슨 요일은 何曜日 なんようび라고 합니다.

필수 어휘

시제 (과거·현재·미래)

연 年	재작년 一昨年	작년 去年·昨年	올해 今年	내년 来年	내후년 再来年
	おととし	きょねん·さくねん	ことし	らいねん	さらいねん

월 月	지지난달 先々月	지난달 先月	이번 달 今月	다음 달 来月	다다음 달 再来月
	せんせんげつ	せんげつ	こんげつ	らいげつ	さらいげつ

주 週	지지난 주 先々週	지난주 先週	이번 주 今週	다음 주 来週	다다음 주 再来週
	せんせんしゅう	せんしゅう	こんしゅう	らいしゅう	さらいしゅう

일 日	그저께 一昨日	어제 昨日	오늘 今日	내일 明日	모레 明後日
	おととい	きのう	きょう	あした	あさって

매년 毎年	매월 毎月	매주 毎週	매일 毎日	매일 아침 毎朝	매일 밤 毎晩
まいとし まいねん	まいげつ まいつき	まいしゅう	まいにち	まいあさ	まいばん

위의 시제 표현 뒤에는 시간을 나타내는 조사 (을/를) 쓸 수 없으므로 주의합시다. 이외에도 확실한 시간을 나타내는 표현이 아닌 朝ぁさ(아침)·昼ひる(낮)·夜よる(밤)·午前ごぜん(오전)·午後ごご(오후)·今いま(지금) 등에는 조사 (을/를) 쓸 수 없습니다.

JLPT N5

가족

	우리 가족을 남에게 말할 때	남의 가족을 말할 때
할아버지	そふ [祖父]	おじいさん
할머니	そぼ [祖母]	おばあさん
아버지	ちち [父]	おとうさん [お父さん]
어머니	はは [母]	おかあさん [お母さん]
형, 오빠	あに [兄]	おにいさん [お兄さん]
언니, 누나	あね [姉]	おねえさん [お姉さん]
남동생	おとうと [弟]	おとうとさん [弟さん]
여동생	いもうと [妹]	いもうとさん [妹さん]
아저씨(고모부, 이모부, 삼촌)	おじ	おじさん
아주머니(고모, 이모)	おば	おばさん
남편	しゅじん [主人] おっと [夫]	ごしゅじん [ご主人]
아내	かない [家内] つま [妻]	おくさん [奥さん]
아들	むすこ [息子]	むすこさん [息子さん]
딸	むすめ [娘]	むすめさん [娘さん]

- **かぞく** [家族]
  명 가족
- **うち**
  명 (자신의) 집
- **おとこ** [男]
  명 남자
- **おんな** [女]
  명 여자

- **おとこのこ** [男の子]
  명 남자아이
- **おんなのこ** [女の子]
  명 여자아이
- **おとな** [大人]
  명 어른
- **こども** [子ども]
  명 아이, 어린이

- **りょうしん** [両親]
  명 양친
- **きょうだい** [兄弟]
  명 형제
- **しまい** [姉妹]
  명 자매
- **けっこん** [結婚]
  명 결혼

필수 어휘

일상 표현·인사

- **はい。**
  예 [대답하는 소리]

- **いいえ。**
  아니오

- **はじめまして。** [初めまして・始めまして]
  처음 뵙겠습니다

- **こんにちは。**
  안녕하십니까 〈낮 인사〉

- **こんばんは。**
  안녕하십니까 〈저녁 인사〉

- **さようなら。**
  안녕히 가십시오

- **どうぞ**
  아무쪼록, 부디

- **どうも**
  정말, 참(으로)

  > どうも すみません。(정말 미안합니다)
  > どうも ありがとう。(정말 고마워요)

- **ありがとうございます。**
  고맙습니다

- **すみません。**
  죄송합니다, 고맙습니다

- **どういたしまして。**
  천만의 말씀입니다, 별 말씀을 다 하십니다

- **もしもし。**
  여보세요 [전화할 때]

일본인이 자주 쓰는 속어

イケメン 꽃미남

얼굴이 잘생긴 멋진 남자를 의미하는 **イケメン**은 '잘나간다, 멋있다'는 뜻의 **イケてる**와 '얼굴'을 나타내는 **面**めん 또는 영어의 **men**이 합성된 유행어입니다. 우리말로는 '꽃미남'에 가까운 말이지요. 단지 얼굴이 잘생긴 것뿐 아니라 전체적으로 스타일도 좋은 남자를 말할 때 씁니다.

はまる 푹 빠지다

はまる는 무언가에 '푹 빠지다, 몰두하다'라는 의미를 가지고 있습니다. 자신이 요즘 빠져 있는 것을 말할 때 자주 쓰는 표현이에요. 예를 들어 **日本**にほん**の ドラマに はまってる**(일본 드라마에 빠져 있어)라고 하면 일본 드라마를 좋아해서 자주 본다는 뜻이지요.

ヤバい 큰일이야 / 대박!

일본 젊은 사람들이 자주 쓰는 말 중 하나인 **やばい**는 원래 '위험하다, 큰일이다'라는 뜻의 속어였는데 최근에는 '대단하다, 대박이다, 죽인다'라는 뜻으로도 많이 씁니다. 예를 들어 귀여운 것을 봤을 때 **ヤバい！超**ちょう **かわいい！**(대박! 너무 귀여워!)라고 말하는 것이죠. 물론 본래의 의미대로 정말 위험할 때도 **やばい！遅刻**ちこく**だ！**(큰일났다! 지각이야!)처럼 사용합니다.

割り勘 더치페이
わ かん

일본에서는 밥값이나 술값, 커피 값 등을 각자 계산하는 경우가 많습니다. 친구 사이뿐만 아니라 심지어는 남녀가 데이트를 할 때도 더치페이를 합니다. 물론 그렇지 않은 사람도 있지만 기본적으로 더치페이에 익숙한 문화이기 때문이지요. **割**わ**り勘**かん은 '각자 자기 몫을 나누어 계산한다'는 뜻의 **割**わ**り前**まえ**勘定**かんじょう의 줄임말입니다. 참고로 '한턱내다'는 **おごる**라고 합니다.

Part 8
왕초보 탈출 기초 문법

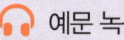 예문 녹음

학습 포인트

* 초보 탈출을 위해 기본 문법들을 차근차근 익혀봅시다!
* 일본어는 우리말과 어순이 같아 닮은 점이 많지만 차이점도 있으니 유의합시다.

1 명사

★ **보통 표현**

우리말의 반말에 해당하며, 명사에 아무것도 붙이지 않아도 문장이 됩니다. 이 표현은 또래의 친구나 아랫사람에게만 쓰는 것이 좋으며 평소에는 정중한 표현을 쓰는 것이 무난합니다.

	기본형
긍정	～だ ～(이)다
부정	～では(じゃ) ない ～이(가) 아니다

예) かさだ。 우산이다.
　　これは かさ。 이것은 우산이야.
　　かさでは(じゃ) ない。 우산이 아니다.

★ **정중한 표현**

우리말과 달리 일본어는 의문문에도 물음표를 붙이지 않는 것이 원칙입니다. 하지만 말할 때 항상 의문을 나타내는 조사 か를 붙여 의문 표현을 하는 것은 아니므로 편의상 물음표를 붙이기도 합니다.

부정형은 명사 뒤에 では(じゃ)ありません을 붙여서 씁니다. 일상 회화에서 では는 じゃ로, ありません은 ないです로 말하는 경우가 많으며, 이때 ありません이 ないです보다 좀 더 정중한 표현입니다.

	정중형	의문형
긍정	～です ～입니다	～ですか ～입니까?
부정	～では ありません ～じゃ ないです ～이(가) 아닙니다	～では ありませんか ～じゃ ないですか ～이(가) 아닙니까?

예) わたしは 学生です。 저는 학생입니다.　　あなたは 学生ですか。 당신은 학생입니까?
　　学生では ありません。 학생이 아닙니다.　　学生では ありませんか。 학생이 아닙니까?

★ **과거 표현**

	현재형	과거형
긍정	～です ～입니다	～でした ～이었습니다
부정	～では ありません ～じゃ ないです ～이(가) 아닙니다	～では ありませんでした ～じゃ なかったです ～이(가) 아니었습니다

예) 夢でした。 꿈이었습니다.　　夢では ありませんでした。 꿈이 아니었습니다.

기초 문법

2 대명사

★ 인칭대명사

1인칭	2인칭	3인칭			부정칭
わたくし 저 わたし 나, 저 ぼく 나[남자] おれ 나[남자]	あなた 당신 きみ 자네, 너 おまえ 너[남자]	この方(かた) 이분 この人(ひと) 이 사람	その方(かた) 그분 その人(ひと) 그 사람	あの方(かた) 저분 あの人(ひと) 저 사람	どの方(かた) 어느 분 どの人(ひと) 어느 사람 だれ 누구 どなた 어느 분
		かれ 그 かのじょ 그녀			

わたくし는 매우 정중한 말투이므로, 일상생활에서는 わたし라고 하면 무난합니다. おれ와 おまえ는 다소 거친 말로 여성들이 쓰면 안 됩니다. おれ는 젊은 남자들이 주로 또래들끼리 있을 때 자신을 칭하는 말이고, おまえ 역시 남자들이 같은 또래나 아랫사람을 가리키는 2인칭 표현입니다. 젊은 여성들이 わたし를 귀엽게 발음하여 あたし라고 쓰기도 하는데 점잖은 표현은 아닙니다.

★ 지시대명사

	근칭 (이)	중칭 (그)	원칭 (저)	부정칭 (어느)
사물	これ 이것	それ 그것	あれ 저것	どれ 어느 것
장소	ここ 여기, 이곳	そこ 거기, 저곳	あそこ 저기, 저곳	どこ 어디, 어느 곳
방향	こちら 이쪽	そちら 그쪽	あちら 저쪽	どちら 어느 쪽

예 A: これは 雑誌(ざっし)ですか。 이것은 잡지인가요?

　B: いいえ、雑誌(ざっし)では ありません。 아니요, 잡지가 아닙니다.

　　それは ノートです。 그것은 노트입니다.

왕초보 탈출

★ 의문사

누구(누가)	언제	어디(서)	무엇(을)	어떻게	왜
だれ(が)	いつ	どこ(で)	何(を) なに	どう	なぜ どうして

何 なん・なに 무엇

何은 なん 또는 なに로 읽을 수 있습니다.

❶ **なん으로 읽을 때** 뒤에 T, D, N 발음이 올 때 / 수를 물을 때

  예) 何ですか 무엇입니까?　　何の 무슨
  　　何と 뭐라고　　　　　　何時 몇 시

❷ **なに로 읽을 때** なん 이외의 경우

  예) 何が ありますか。무엇이 있습니까?　　何も ありません。아무것도 없습니다.
  　　何か ありますか。뭔가 있습니까?　　　何を して いますか。무엇을 하고 있습니까?

  예외) 수단을 나타내는 で가 뒤에 오는 경우 何なにで(무엇으로)라고 읽습니다. 원래 なん으로 읽어야 하지만 어째서, 왜라는 뜻으로 쓰는 何なんで와 헷갈릴 수 있기 때문이지요. 何なにか(뭔가)는 일상 대화에서 발음하기 쉽게 何なんか라고도 합니다.

だれ 누구

何(무엇)가 사물을 물을 때 쓰는 말이라면, 사람을 물을 때는 だれ(누구)를 씁니다.

예) A: 部屋に だれが いますか。 방에 누가 있습니까?

　　B: おとうとが います。 남동생이 있습니다.

　　A: 部屋に だれか いますか。 방에 누군가 있습니까?

　　B: はい、います。 예, 있습니다.

　　　いいえ、だれも いません。 아니요, 아무도 없습니다.

기초 문법

3 조사

★ 조사 간단 정리

주격		목적	동격	소유	나열	장소		방향
~은(는)	~이(가)	~을(를)	~도	~의	~와(과)	~에서	~에	~에(로)
は	が	を	も	の	と	で	に	へ

~(이)나, ~랑	~ 등, ~ 따위	~에서 ~까지	~ 때문에	~보다	~ 정도, ~쯤
~や	~など	~から~まで	~から・~ので	~より	~ぐらい
~ 정도	~뿐, ~만	~밖에 [부정]	~만	~하면서	~하기도 하고
~ほど	~だけ	~しか	~ばかり	~ながら	~たり

~は ~은(는)

は는 조사로 쓰일 경우 와[wa]라고 발음합니다.

예 石田さんは モデルです。 이시다 씨는 모델입니다.

あなたは 会社員ですか。 당신은 회사원입니까?

~が ~이(가)

우리말과 발음도 뜻도 비슷하죠? は와 함께 가장 많이 쓰이는 조사 중 하나입니다.

예 今日は 気分が いいです。 오늘은 기분이 좋네요.

あかちゃんが 泣いて います。 아기가 울고 있습니다.

~を ~을(를)

히라가나 を는 ~을(를)이라는 뜻의 조사로만 쓰이는 것에 유의합시다.

예 映画を 見ます。 영화를 봅니다.

참고 ~을(를)이라고 해석하지만 조사 を 대신 に를 쓰는 경우

~に 会う ~을(를) 만나다   예 ともだちに 会う 친구를 만나다

~に 乗る ~을(를) 타다   예 バスに 乗る 버스를 타다

287

왕초보 탈출

~も ~도

명사에 붙어 같은 종류의 것이 이밖에도 있음을 나타내는 조사입니다. 강조의 의미로 쓰기도 합니다.

예) 明日も 休みですか。 내일도 쉬나요?
あの 人は 血も 涙も ない。 저 사람은 피도 눈물도 없어.

조사 の의 여러 가지 용법

❶ ~의   소유격을 나타내는 조사

예) 杉本さんの 時計です。 스기모토 씨의 시계입니다.

❷ 명사＋の＋명사

일본어에서 고유명사나 복합어 이외의 **명사와 명사를 연결**할 때는 반드시 の를 넣어야 합니다. 이때 の는 해석하지 않는 것이 자연스러운 경우가 많습니다.

예) 英語の 先生 영어 선생님

❸ ~의 것   소유대명사로서 소유, 소속을 나타냄

예) これは だれのですか。 이것은 누구 것입니까?

~と ~와(과), ~랑

함께 행동하는 상대방을 나타낼 때 사용합니다. 또한 대등한 관계에 있는 것을 모두 늘어놓거나 비교하는 데 쓰는 조사입니다. 자주 쓰는 표현으로 **사람**을 나타내는 명사 뒤에 ~と 一緒に를 붙이면 ~와(과) 함께, ~와(과) 같이라는 뜻이 됩니다.

예) 車と バイクが あります。 차와 오토바이가 있습니다.
彼女と いっしょに 海へ 行きます。 여자친구와 함께 바다에 갑니다.

~で ~에서

동작이 행해지는 장소나 도구·수단 등을 나타낼 때 씁니다.

예) 学校で 本を 読みます。 학교에서 책을 읽습니다. [장소]
車で 行きます。 차로 갑니다. [수단]

기초 문법

~に ~에 / ~へ ~에(로)

장소를 나타내는 조사 に는 도착하는 장소를, へ는 이동하는 방향을 강조하는 의미가 강합니다. 일반적으로 이동하는 방향은 도착하는 장소와 일치하는 경우가 많으므로 へ와 に는 서로 바꾸어 쓸 수도 있습니다. 하지만 に는 장소뿐 아니라 시간을 나타낼 때도 쓰이지만, へ는 장소를 나타낼 때만 쓰입니다. へ가 조사로 쓰일 때는 에[e]라고 발음하는 것에 주의합시다!

예 ケータイは かばんの 中に あります。 휴대폰은 가방 안에 있어요. [존재 장소]

うちに(へ) 帰ります。 집에(으로) 돌아갑니다. [목적지]

授業は 4時に 終わります。 수업은 네 시에 끝납니다. [시간]

~や ~(이)나, ~랑

사물을 열거할 때 쓰는 표현으로 など(~ 등)와 함께 쓰는 경우가 많으며, 같은 종류의 것이 좀 더 있다는 뉘앙스입니다.

예 新聞や 雑誌を 読みます。 신문이나 잡지를 읽습니다.

将棋や 花札や パチンコなどを します。 장기나 화투나 파친코 등을 합니다.

시작과 끝을 나타내는 から와 まで

~から는 ~(에서)부터, ~まで는 ~까지라는 뜻으로, 시간이나 장소 등의 출발점과 종점을 나타냅니다. 함께 나오는 경우가 많으니 묶어서 외워주세요.

예 5時から 9時まで 다섯 시부터 아홉 시까지

ここから 駅まで 여기에서 역까지

~から・ので ~ 때문에, ~이니까

원인이나 이유를 나타내는 から와 ので는 둘 다 ~이기 때문에, ~이니까라는 뜻을 가지고 있습니다. 말하는 사람이 주관적인 판단을 말할 때는 から를, 객관적인 이유를 정중하게 말할 때는 ので를 사용하는 경향이 있습니다. 아래 예문의 ので는 '일이 있어서 미안하지만 어쩔 수 없이 실례하겠다'는 의미가 담겨 있습니다.

예 危ないから ここで 遊んでは いけません。 위험하니까 여기서 놀아서는 안 됩니다.

用事が あるので お先に 失礼します。 볼일이 있어서 먼저 실례하겠습니다.

왕초보 탈출

❶ ～から ～ 때문에, ～이니까

접속 형태	기본형	종지형 (술어 형태) + から
명사+だ	休(やす)みだ 휴일이다	休(やす)みだから 휴일이니까
형용사 기본형	安(やす)い 싸다	安(やす)いから 싸니까
형용동사 기본형	きれいだ 예쁘다	きれいだから 예쁘니까
동사 기본형	行(い)く 가다	行(い)くから 갈 테니까
부정형 ない	行(い)かない 가지 않다	行(い)かないから 가지 않을 테니까
과거형 た	行(い)った 갔다	行(い)ったから 갔으니까

❷ ～ので ～ 때문에, ～이니까

접속 형태	기본형	연체형 (명사 수식형) + ので
명사+だ → な	休(やす)みだ 휴일이다	休(やす)みなので 휴일이니까
형용사 기본형	安(やす)い 싸다	安(やす)いので 싸니까
형용동사 だ → な	きれいだ 예쁘다	きれいなので 예쁘니까
동사 기본형	行(い)く 가다	行(い)くので 갈 테니까
부정형 ない	行(い)かない 가지 않다	行(い)かないので 가지 않을 테니까
과거형 た	行(い)った 갔다	行(い)ったので 갔으니까

～より ～보다

두 가지를 비교할 때 사용합니다. 아래 문장들은 자주 사용하는 표현이므로 익혀두면 좋습니다.

> ～と ～と どちらが ～ですか。 ～와 ～와 어느 쪽이 ～합니까? [두 가지 비교 질문]
> ～より ～の 方(ほう)が ～です。 ～보다 ～이(가) 더 ～합니다 [두 가지 중 하나를 골라 대답]

예 A : みかんと バナナと どちらが 安(やす)いですか。 귤과 바나나 어느 쪽이 쌉니까?

B : みかんより バナナの 方(ほう)が 安(やす)いです。 귤보다 바나나가 더 쌉니다.

세 가지 이상을 비교해서 물어볼 때는 ～の 中_{なか}で ～が いちばん ～ですか。(～중에서 ～이 가장 ～합니까?)라고 합니다. 이때 눈앞에 있는 것을 구체적으로 예를 들어 묻는 경우 어느 것을, 어느 분야의 것을 물을 때는 何_{なに}를 씁니다.

- 예 テニスと スキーと 卓球_{たっきゅう}の 中_{なか}で どれが いちばん 好_すきですか。
  테니스랑 스키랑 탁구 중에 어느 것을 제일 좋아하세요?

  スポーツの 中_{なか}で 何_{なに}が いちばん 好_すきですか。
  스포츠 중에서 무엇을 제일 좋아하세요?

～ぐらい(くらい) ～ 정도, ～쯤

수량·시간·한도 등을 나타내는 조사입니다. 예전에는 ぐらい와 くらい를 구분하여 사용했지만, 지금은 어느 쪽을 사용해도 상관없습니다. 비슷한 표현으로 ～ごろ(～쯤, ～ 무렵)도 있는데, ごろ는 시각을 말할 때에만 씁니다.

- 예 毎日_{まいにち} 何時間_{なんじかん}ぐらい 寝_ねますか。 매일 몇 시간 정도 잡니까? [시간]

  これくらいなら 簡単_{かんたん}に できます。 이 정도쯤은 쉽게 할 수 있어요. [한도]

  6時_じごろ(に) 帰_{かえ}ります。 여섯 시쯤 돌아갑니다. [시각]

수량+～ほど ～ 정도

ぐらい보다 다소 딱딱한 표현으로, 정중한 문어체입니다.

- 예 三日_{みっか}ほど 休_{やす}みました。 3일 정도 쉬었습니다.

한정을 나타내는 だけ와 しか

❶ だけ   ～뿐, ～만, ～만큼

정도·범위의 한계를 나타내는 조사입니다.

- 예 2時間_{じかん}だけ 勉強_{べんきょう}しました。 두 시간만 공부했습니다.

  これだけは 確_{たし}かです。 이것만은 확실합니다.

❷ しか+부정형(～ない)   ～밖에

뒤에 부정이 와서 그것만이라고 한정하는 뜻을 나타냅니다.

- 예 たった 一_{ひと}つしか ない。 단 하나밖에 없다.

  500円_{えん}しか 持_もって ないです。 500엔밖에 가지고 있지 않습니다.

왕초보 탈출

비교 だけ와 しか의 차이점

だけ는 있다는 사실을, しか는 없다는 사실을 강조한다는 점이 다릅니다. しか의 경우 뒤에 꼭 부정문이 와야 한다는 점에 주의합시다. だけしか라고 하면 더 강한 한정 표현이 됩니다.

예 かばんだけが あります。 가방만이 있습니다.

　　かばんしか ないです。 가방밖에 없습니다. [가방은 있지만 다른 것이 없다는 것을 강조]

　　かばんだけしか ないです。 가방밖에는 없습니다. [가방 말고 다른 것은 없다는 것을 강조]

ばかり ~뿐, ~만

정도나 범위를 한정지을 때 사용하는 조사입니다.

❶ 수량을 나타내는 단어+ばかり　~정도

예 ビールは、まだ 半分ばかり 残って いる。 맥주는 아직 절반 정도 남아 있다.

❷ 명사+ばかり　~만, ~뿐

だけ보다 어떤 일을 계속한다는 의미가 강합니다.

예 山田さんは お酒ばかり 飲んで いる。 야마다 씨는 술만 마시고 있다.

❸ 동사 과거형+ばかり　막 ~한

동사의 과거형에 붙어서 어떤 일을 한 지 얼마 되지 않았음을 표현합니다.

예 今、食べたばかりです。 지금 막 먹었어요.

~ながら ~하면서

동사 ます형+~ながら는 두 가지 동작이 동시에 행해지고 있음을 나타냅니다.

예 テレビを 見ながら ごはんを 食べます。 텔레비전을 보면서 밥을 먹습니다.

　　コーヒーを 飲みながら 仕事を します。 커피를 마시면서 일을 합니다.

~たり ~하기도 하고

나열하여 서술할 때 쓰며, ~たり、~たりする(~하기도 하고, ~하기도 하다)의 형태로 자주 사용합니다.

예 本を 読んだり、音楽を きいたり します。 책을 읽기도 하고 음악을 듣기도 합니다.

　　暑かったり 寒かったり する。 더웠다 추웠다 한다.

4 형용사

일본어에는 두 가지 형태의 형용사가 있으며, 사물의 성질·상태나 사람의 감정 등을 나타냅니다.

> **형용사(い형용사)**　어미가 い로 끝나는 형용사입니다. い형용사라고도 합니다.
> **형용동사(な형용사)**　어미가 だ로 끝나는 형용사입니다.
> 　　　　　　　　　　명사를 수식할 때 ～な+명사의 형태가 되므로 な형용사라고도 합니다.

★ 형용사(い형용사)의 여러 가지 활용

형용사는 기본형 그대로 쓰면 반말이 되며, 정중하게 말하려면 기본형에 です를 붙입니다. 기본형이 활용할 때 변하지 않는 부분을 어간, 변하는 부분을 어미라고 합니다. 형용사 어미 い는 다음과 같이 여러 가지 형태로 활용합니다.

	형태 변화	보통형	정중형
긍정	기본형	おもしろい 재미있다	おもしろいです 재미있습니다
부정	い → く+ない	おもしろく ない 재미없다	おもしろく ないです(ありません) 재미없습니다
과거	い → かった	おもしろかった 재밌었다	おもしろかったです 재밌었습니다
과거 부정	く ない → なかった	おもしろく なかった 재미없었다	おもしろく なかったです 　　　　(ありませんでした) 재미없었습니다
명사 수식	기본형+명사	おもしろい えいが 재미있는 영화	おもしろい えいがです 재미있는 영화입니다
나열	い → く+て	おもしろくて いい えいが 재미있고 좋은 영화	おもしろくて いい えいがです 재미있고 좋은 영화입니다

> **예외**　いい의 과거형은 よかった, 과거 부정형은 よくなかった 입니다.
> 　　　　형용사 과거 정중형은 과거형이라고 해도 です의 과거형인 でした를 쓰지 않는 것에 주의하세요.

왕초보 탈출

예 タイ料理は 辛い。 태국 음식은 맵다. 〈긍정〉
　　今日は 暑いです。 오늘은 덥습니다. 〈정중〉

　　たばこは 体に よく ない。 담배는 몸에 좋지 않아. 〈부정〉
　　わたしは 背が 高く ないです。 저는 키가 크지 않습니다. 〈부정·정중〉

　　月曜日は 忙しかった。 월요일은 바빴어. 〈과거〉
　　去年の 冬は とても 寒かったです。 작년 겨울은 아주 추웠어요. 〈과거·정중〉

　　友だちは そんなに 少なく なかった。 친구는 그렇게 적지 않았어. 〈과거 부정〉
　　テストは 難しく ありませんでした。 시험은 어렵지 않았습니다. 〈과거 부정·정중〉

　　冷たい ビールを ください。 차가운 맥주를 주세요. 〈명사 수식〉
　　彼女は 明るくて かわいい 人です。 그녀는 밝고 귀여운 사람이에요. 〈나열〉

★ 형용동사(な형용사)의 여러 가지 활용

어미가 い로 끝나는 형용사와는 달리, 형용동사는 특별한 형태가 없어서 구별이 어렵습니다. 기본형은 きれいだ처럼 끝 부분이 だ로 끝나지만 사전에서는 きれい처럼 だ를 제외한 앞부분만 사용하거든요.

	형태 변화	보통형	정중형
긍정	기본형	きれいだ 예쁘다	きれいです 예쁩니다
부정	だ → では(じゃ) +ない	きれいでは(じゃ) ない 예쁘지 않다	きれいでは ありません (じゃ ないです) 예쁘지 않습니다
과거	だ → だった	きれいだった 예뻤다	きれいでした 예뻤습니다
과거 부정	では(じゃ) ない → なかった	きれいでは(じゃ) なかった 예쁘지 않았다	きれいでは ありませんでした (じゃ なかったです) 예쁘지 않았습니다
명사 수식	だ → な+명사	きれいな ひと 예쁜 사람	きれいな ひとです 예쁜 사람입니다
나열	だ → で	きれいで しんせつな ひと 예쁘고 친절한 사람	きれいで しんせつな ひとです 예쁘고 친절한 사람입니다

기초 문법

예) この 服は 変。 이 옷은 이상해. 〈긍정〉

コンビニは とても 便利です。 편의점은 아주 편리합니다. 〈정중〉

野菜は 好きじゃ ない。 채소는 좋아하지 않아. 〈부정〉

あの 町は 静かでは ないです。 저 거리는 조용하지 않습니다. 〈부정·정중〉

昔は かなり 有名だった。 옛날에는 꽤 유명했다. 〈과거〉

昨日の 仕事は 大変でした。 어제 업무는 힘들었습니다. 〈과거·정중〉

あまり 親切じゃ なかった。 그다지 친절하지 않았어. 〈과거 부정〉

テストは 簡単では ありませんでした。 시험은 쉽지 않았습니다. 〈과거 부정·정중〉

おしゃれな カフェを 見つけた。 멋진 카페를 찾았어. 〈명사 수식〉

大川さんは まじめで 元気な 人です。 오오카와 씨는 성실하고 활기찬 사람이에요. 〈나열〉

5 동사

★ 동사의 종류

동사는 동작이나 움직임을 나타냅니다. 일본어 동사는 모두 う단으로 끝나며 어미가 변하는 형태에 따라 다음과 같이 세 종류로 나뉩니다.

1그룹(5단 동사)	기본형 어미가 る가 아닌 동사	会う 만나다 行く 가다 泳ぐ 헤엄치다 話す 이야기하다	待つ 기다리다 死ぬ 죽다 遊ぶ 놀다 読む 읽다
	る로 끝나지만 앞의 모음이 あ·う·お단인 동사	あ단+る	ある 있다
		う단+る	作る 만들다
		お단+る	乗る 타다
2그룹(1단 동사)	기본형 어미가 る로 끝나고 앞의 모음이 い·え단인 동사	い단+る	起きる 일어나다　見る 보다
		え단+る	食べる 먹다　寝る 자다
3그룹(불규칙 동사)	불규칙 활용 동사(2개 동사)	来る 오다	する 하다

왕초보 탈출

★ 동사의 정중형(ます형)

1그룹(5단 동사)	어미 う단 → い단 + ます	会う 만나다 → 会います 만납니다 行く 가다 → 行きます 갑니다 ある 있다 → あります 있습니다	
2그룹(1단 동사)	어미 る를 빼고 + ます	見る 보다 → 見ます 봅니다 食べる 먹다 → 食べます 먹습니다	
3그룹(불규칙 동사)	불규칙 활용	来る 오다 → 来ます 옵니다 する 하다 → します 합니다	

동사 ます형은 ~합니다라는 뜻으로 현재를 나타내기도 하지만 ~하겠습니다라는 뜻으로 미래를 나타내기도 합니다. 불규칙적으로 활용하는 3그룹 동사는 来る(오다)와 する(하다) 2개밖에 없으므로 전부 외워주세요!

★ 동사 ます형의 여러 가지 활용

정중형 활용	기본형 + ます(정중)	기본형 + ますか(정중 의문)	기본형 + ません(정중 부정)
1그룹(5단 동사)	会います 만납니다 行きます 갑니다 あります 있습니다	会いますか 만납니까 行きますか 갑니까 ありますか 있습니까	会いません 만나지 않습니다 行きません 가지 않습니다 ありません 없습니다
2그룹(1단 동사)	見ます 봅니다 食べます 먹습니다	見ますか 봅니까 食べますか 먹습니까	見ません 보지 않습니다 食べません 먹지 않습니다
3그룹(불규칙 동사)	来ます 옵니다 します 합니다	来ますか 옵니까 しますか 합니까	来ません 오지 않습니다 しません 하지 않습니다

예 A: 明日 だれか 来ますか。 내일 누군가 오나요? 〈정중 의문〉
　　B: ええ、日本から おとうとが 来ます。 예, 일본에서 남동생이 옵니다. 〈정중〉

　　A: 海で 泳ぎますか。 바다에서 헤엄칩니까? 〈정중 의문〉
　　B: いいえ、海では 泳ぎません。プールで 泳ぎます。
　　　　아니요, 바다에서는 헤엄치지 않아요. 수영장에서 헤엄칩니다. 〈정중 부정 / 정중〉

기초 문법

★ **동사의 정중한 과거형(ました)·과거 부정형(ませんでした)**

	현재 / 미래	과거
긍정	会います 만납니다 / 만나겠습니다	会いました 만났습니다
부정	会いません 만나지 않습니다 / 만나지 않겠습니다	会いませんでした 만나지 않았습니다

예 A：どこで バスを 降りましたか。 어디에서 버스를 내렸습니까? 〈정중 과거 의문〉
　　B：神戸で 降りました。 고베에서 내렸습니다. 〈정중 과거〉

　　A：フランスを 旅行しました。 프랑스를 여행했습니다. 〈정중 과거〉
　　B：キムさんも 一緒に 行きましたか。 김 씨도 같이 갔나요? 〈정중 과거 의문〉
　　A：いいえ、キムさんは 行きませんでした。 아니요, 김 씨는 안 갔습니다. 〈정중 과거 부정〉

★ **동사의 부정형(ない형)**

1그룹(5단 동사)	어미 う단 → あ단+ない	会う 만나다	→	会わない 만나지 않는다
		行く 가다	→	行かない 가지 않는다
		待つ 기다리다	→	待たない 기다리지 않는다
2그룹(1단 동사)	어미 る를 빼고+ない	見る 보다	→	見ない 보지 않는다
		食べる 먹다	→	食べない 먹지 않는다
3그룹(불규칙 동사)	불규칙 활용	来る 오다	→	来ない 오지 않는다
		する 하다	→	しない 하지 않는다

예 傘を 持たないで 出かけました。 우산을 가지지 않고 외출했습니다.
　　朝ごはんを 食べないと、元気が 出ない。 아침밥을 먹지 않으면 힘이 나지 않아.

왕초보 탈출

★ 동사의 접속형(て형)

동사+て(で)는 ~하여, ~하고라는 의미로 한 동작을 끝내지 않고 다른 동작으로 이어질 때 사용합니다. 이때 1그룹 동사에서는 어미에 따라 독특한 음의 변화가 있는데, 이를 **음편현상**이라 합니다. 음편현상은 1그룹 동사 뒤에 た나 たり가 올 때도 생깁니다.

1그룹(5단 동사)	어미 う·つ·る → っ+て 촉음편	言う 말하다 → 待つ 기다리다 → ある 있다 →	言って 말하고 待って 기다리고 あって 있고
	어미 ぬ·ぶ·む → ん+て 발음편	死ぬ 죽다 → 遊ぶ 놀다 → 読む 읽다 →	死んで 죽고 遊んで 놀고 読んで 읽고
	어미 く → い+て ぐ → い+で い 음편	書く 쓰다 → 泳ぐ 헤엄치다 →	書いて 쓰고 泳いで 헤엄치고
	어미 す → し+て	話す 이야기하다 →	話して 이야기하고
2그룹(1단 동사)	어미 る를 빼고 +て	見る 보다 → 食べる 먹다 →	見て 보고 食べて 먹고
3그룹(불규칙 동사)	불규칙 활용	来る 오다 → する 하다 →	来て 오고 して 하고

이 외에도 형태는 2그룹 동사인데 1그룹 동사의 활용을 하는 **예외 1그룹 동사**가 있습니다.

예외 1그룹 동사	어미 る → っ+て 촉음편	帰る 돌아가다 → 切る 자르다 → 入る 들어가다 → 走る 달리다 →	帰って 돌아가고 切って 자르고 入って 들어가고 走って 달리고

예외 1그룹 동사 구별법

2그룹 동사인 食たべる를 보면 ベ가 한자 밖으로 나와 있지만, 예외 1그룹 동사인 帰かえる를 보면 え가 한자 밖으로 나와 있지 않습니다. 즉, 2그룹 동사는 い단이나 え단이 한자 밖으로 나와 있고, 1그룹 동사는 어미 る를 빼고는 모두 들어가 있습니다. 이런 차이로 구별하면 좀 쉽죠?

기초 문법

예 感動して 涙が 出ます。 감동해서 눈물이 나요.
風邪を 引いて 休みました。 감기에 걸려서 쉬었습니다.
パスポートを 見せて ください。 여권을 보여주세요.
友だちに 会って、食事を して、お茶を 飲みました。 친구를 만나서 식사를 하고 차를 마셨습니다.
掃除を して、テレビを 見て、お風呂に 入る つもりです。 청소를 하고 TV를 보고 목욕할 생각입니다.

★ 동사의 진행형(～て いる)

～て いる는 ～하고 있다는 뜻이며 현재 진행되고 있는 상황을 나타냅니다. て형을 만드는 요령으로 활용하면 됩니다. 일상 회화에서는 い를 빼고 ～てる라고 줄여서 말하기도 합니다.

예 A: 学校では 何を 教えて いますか。 학교에서는 무엇을 가르치고 있습니까?
B: ドイツ語を 教えて います。 독일어를 가르칩니다.

A: 桜井さんは 今 何を して いますか。 사쿠라이 씨는 지금 무슨 일을 하세요?
B: ソウルの 大学に 通って います。 서울에 있는 대학에 다니고 있어요.
A: じゃ、韓国に 住んで いますか。 그럼 한국에서 살고 있어요?
B: ええ、今は 一人暮らしを してるんです。 네, 지금은 혼자서 살고 있어요.

★ 동작의 순서(～てから)

> **동사 て형+から** ～하고 나서 (～를 하다)

주로 앞의 행동에 초점을 둔 표현이며, 앞의 행동이 더 중요하다는 뉘앙스를 가지고 있습니다.

예 電話を かけてから 行きます。 전화를 걸고 나서 가겠습니다.
もう 少し 考えてから 決めます。 조금 더 생각하고 나서 결정할게요.

왕초보 탈출

★ 동사의 과거형(た형)

동사+た(だ)는 ~했다라는 의미의 동사의 과거형입니다. 동사+て형의 활용법과 같습니다.

1그룹(5단 동사)	어미 う・つ・る → っ+た 촉음편	言う 말하다 待つ 기다리다 ある 있다 → → →	言った 말했다 待った 기다렸다 あった 있었다
	어미 ぬ・ぶ・む → ん+だ 발음편	死ぬ 죽다 遊ぶ 놀다 読む 읽다 → → →	死んだ 죽었다 遊んだ 놀았다 読んだ 읽었다
	어미 く → い+た ぐ → い+だ い음편	書く 쓰다 泳ぐ 헤엄치다 → →	書いた 썼다 泳いだ 헤엄쳤다
	어미 す → し+た	話す 이야기하다 →	話した 이야기했다
2그룹(1단 동사)	어미 る를 빼고+た	見る 보다 食べる 먹다 → →	見た 봤다 食べた 먹었다
3그룹(불규칙 동사)	불규칙 활용	来る 오다 する 하다 → →	来た 왔다 した 했다
예외 1그룹 동사	어미 る → っ+た 촉음편	帰る 돌아가다 入る 들어가다 → →	帰った 돌아갔다 入った 들어갔다

예 もう にもつを 送った。 이미 짐을 보냈어.
　未来に ついて 考えた。 미래에 관해서 생각했어.
　ネットで 調べてから、レポートを 書いた。 인터넷에서 알아보고 나서 리포트를 썼다.

★ 동작의 연결(~た あとで)

> 동사 た형+後あとで ~한 후에

예 ごはんを 食べた 後で 薬を 飲みます。 밥을 먹은 후에 약을 먹습니다.
　学校が 終わった 後、バイトを します。 학교가 끝난 후에 아르바이트를 합니다.

반대로 ~하기 전에라고 하려면 동사 기본형에 前まえに를 붙이면 됩니다.

기초 문법

6 자주 쓰는 표현

★ 가능 표현

① 동사 기본형+ことが できる ~를 할 수 있다

동사 형태의 변화 없이 기본형 그대로 쓸 수 있어서 초보자에게도 유용한 표현입니다. ことが できない를 붙이면 ~할 수 없다는 뜻입니다.

예) 英語を 話すことが できます。 영어를 말할 수 있습니다.
漢字を 読むことが できません。 한자를 읽을 수 없습니다.
料理を することが できる。 요리를 할 수 있다.

② 명사+が できる ~를 할 수 있다

이때 언어나 운동, 기술 등의 개인의 능력을 보여주는 명사가 들어갑니다. 해석은 ~을(를) 할 수 있다 이지만 조사는 を가 아닌 が를 쓴다는 것에 유의하세요.

예) 英語が できます。 영어를 할 수 있습니다.
料理が できる。 요리를 할 수 있다.

③ 가능 동사

1그룹(5단 동사)	어미 う단→え단+る	会う 만나다 → 会える 만날 수 있다 書く 쓰다 → 書ける 쓸 수 있다 読む 읽다 → 読める 읽을 수 있다
2그룹(1단 동사)	어미 る를 빼고+られる	起きる 일어나다 → 起きられる 일어날 수 있다 食べる 먹다 → 食べられる 먹을 수 있다
3그룹(불규칙 동사)	불규칙 활용	来る 오다 → 来られる 올 수 있다 する 하다 → できる 할 수 있다

2그룹 가능 동사의 경우 られる에서 ら를 생략하기도 하는데 이를 ら抜き言葉ことば(라누끼 코또바 : 라를 뺀 표현)라고 합니다. 이는 정중하게 말할 때나 문서를 작성할 때는 쓰지 않습니다.

예) 起きられる → 起きれる 일어날 수 있다
食べられる → 食べれる 먹을 수 있다

왕초보 탈출

★ 의지·권유 표현

~(よ)う는 ~해야지라고 자신의 의지를 나타낼 때나, ~하자라고 상대방에게 권유할 때 쓰는 표현입니다. 정중하게 말할 때는 ~ましょう를 씁니다.

1그룹(5단 동사)	어미 う단 → お단+う	行く 가다	→	行こう 가야지, 가자
2그룹(1단 동사)	어미 る를 빼고+よう	見る 보다	→	見よう 봐야지, 보자
3그룹(불규칙 동사)	불규칙 활용	来る 오다	→	来よう 와야지, 오자
		する 하다	→	しよう 해야지, 하자

주의 お단 뒤의 う 발음은 장음이 되므로 길게 발음해야 한다는 점 잊지 마세요!

예 お茶でも 飲みに 行こう。 차라도 마시러 가자.

★ 권유 표현 뉘앙스 따라잡기

일본어에서 상대방에게 권유를 할 때는 먼저 ~ませんか로 상대방의 의사를 물어서 YES라고 대답을 듣고 난 후 ~ましょうか를 사용하는 것이 좋습니다.

❶ **~ませんか ~하지 않을래요?**

함께하자고 제의하는 경우에 상대의 대답을 모르는 상태에서 정중하게 묻는 말입니다.

❷ **~ましょうか ~할까요?**

상대방의 의사를 알고 있거나 미리 약속이 되어 있는 경우, 함께 어떤 것을 시작하기 전 그 동작을 재촉하는 표현입니다.

❸ **~ましょう ~합시다**

~ませんか라고 제의를 받았을 때, 동의하거나 적극적으로 제안하는 말입니다.

예 A: いっしょに 飲みに 行きませんか。 같이 마시러 가지 않을래요?
　　B: いいですよ。向こうの 店は どうですか。 좋아요. 건너편 가게는 어때요?
　　A: あ、いいですね。行きましょうか。 아, 좋네요. 가실까요?
　　B: 行きましょう。 갑시다.

★ 명령 표현

① ~해, ~해라

직접적인 말투의 명령문으로, 화가 났을 때나 강하게 명령할 때 씁니다. 친하지 않은 사이에서 쓰면 실례가 될 수 있습니다. 주로 남성들이 쓰는 강한 말투입니다. 친구 사이에서는 보통 명령형 뒤에 よ를 붙여서 다소 친근하게 들리도록 합니다. 여성들은 직접적인 표현 대신 来て(와)처럼 て형을 써서 부드럽게 말하는 것이 좋습니다.

1그룹(5단 동사)	어미 う단 → え단	行く 가다 → 行け 가라
2그룹(1단 동사)	어미 る를 빼고 + ろ	起きる 일어나다 → 起きろ 일어나라
3그룹(불규칙 동사)	불규칙 활용	来る 오다 → 来い 와라 する 하다 → しろ 해라

예 もっと 頭を 使え。 좀 더 머리를 써라.

さっさと 来いよ。 빨리 와.

② ~하지 마

동사 기본형 끝에 な를 붙이면 ~하지 마라고 금지하는 표현이 됩니다. 강한 말투이므로 부드럽게 말하려면 역시 て형을 써서 ないで(~하지 말아줘)라고 합니다.

예 隣の 人と しゃべるな！ 옆 사람과 잡담하지 마!

心配するな。 걱정하지 마.

③ ~하거라, ~해라

동사 ます형에 なさい를 붙이면 ~하거라라고 부드럽게 명령·부탁하는 표현이 됩니다. 아랫사람에게 쓰는 말투인데, 엄마나 선생님이 아이들에게 말할 때 쓰는 경우가 많습니다.

예 ゲームばかり しないで、勉強 しなさい。 게임만 하지 말고 공부해라.

もう やめなさい。 이제 그만하거라.

왕초보 탈출

★ 요청·부탁 표현

> **〜て下さい**　〜해주세요

어떤 행위를 해 달라고 부탁하거나 정중하게 명령하는 말입니다.

예　コートを 見せて ください。 코트를 보여주세요. [부탁]
　　ちょっと 手伝って ください。 좀 도와주세요. [부탁]
　　みんな 静かに して ください。 모두 조용히 해주세요. [명령]

★ 정중한 금지 표현

> **〜ないで下さい**　〜하지 마세요

정중한 금지를 나타내는 표현입니다. 비슷한 표현으로 〜ないで ほしい, 〜ないで ちょうだい 등이 있습니다. 친한 사이나 아랫사람에게는 ください를 떼고 〜ないで(〜하지 말아줘)만으로 말합니다.

예　危ないですから、来ないで ください。 위험하니까 오지 마세요.
　　あんまり 無理しないで ください。 너무 무리하지 마세요.
　　窓を 開けないで。 창문을 열지 말아줘.

★ 허락과 양해 표현

> **〜ても いいですか**　〜해도 됩니까?

상대방에게 허락을 구할 때 쓰는 표현입니다. 〜ても かまいませんか(〜해도 상관없나요?)라고 할 수도 있습니다. 대답은 허락할 경우 はい、〜ても いいです(예, 〜해도 됩니다) 또는 〜ても かまいません(〜해도 상관없어요)라고 하며, どうぞ(〜하세요)라고 상대방에게 권할 수도 있습니다. 허락하지 않을 경우에는 〜から(〜이니까)를 써서 이유를 말하며 거절하는 것이 좋아요. 아주 친한 사람에게는 だめ(안 돼)라고 직설적으로 거절하기도 합니다.

예　A: その ペンを 使っても いいですか。 그 펜을 써도 될까요?
　　B: はい、使っても いいですよ。 네, 써도 됩니다.
　　　 すみません、今 使って いるから…。 죄송해요, 지금 쓰고 있어서요….

기초 문법

★ **금지 표현**

> **～ては いけません** ～해서는(하면) 안 됩니다

정해져 있는 규칙이나 약속에 대해 금지하는 표현입니다. ～ても いいですか(～해도 됩니까?)라는 질문에 대답할 때 사용하기도 합니다. ～ては いけません은 좀 더 편한 말투로 ～ちゃ だめです라고 할 수도 있습니다. 여기서 ～ちゃ는 ～ては를 줄인 형태입니다.

예 ここに 荷物を おいては いけません。 여기에 짐을 놓으면 안 됩니다.
　 ろうかを 走っちゃ だめ。 복도에서 뛰면 안 돼.

★ **가정·조건 표현**

가정할 때 쓰는 표현은 크게 네 가지로 나눌 수 있습니다. 어떤 문장에서는 서로 바꾸어 쓸 수 있지만 각각의 특징이 강한 문장에서는 바꾸어 쓸 수 없는 것도 있으니 각각의 특징을 이해하는 것이 중요하겠죠?

❶ **～ば** ～하면, ～라면

대표적인 가정 표현으로, A하면(조건) B한다(결과)는 의미를 갖고 있습니다. 뒤의 문장이 이루어지기 위한 조건을 앞 문장에 나타내는 것이죠. 그렇지 않으면이라는 뉘앙스가 숨어 있습니다. 예를 들어 '날씨가 좋으면 소풍을 가겠다'는 문장은 '날씨가 좋지 않으면 소풍을 가지 않겠다'는 의도라는 것이죠. 각각의 형태 변화는 다음과 같습니다.

명사	명사+なら(ば)	学生 학생 → 学生なら(ば) 학생이라면
형용사	어미 い → ければ	安い 싸다 → 安ければ 싸면
형용동사	어미 だ → なら(ば)	好きだ 좋아하다 → 好きなら(ば) 좋아한다면
동사	어미 う단 → え단+ば	行く 가다 → 行けば 가면

예 見れば すぐ 分かりますよ。 보면 금방 알 거예요.
　 もう 少し 安ければ いいのにね。 조금만 더 싸면 좋을 텐데 말이야.

자주 쓰는 표현으로 ～ば ～ほど(～하면 ～할수록), ～さえ ～ば(～만 ～한다면) 등이 있습니다.

예 給料は 高ければ 高いほど いいです。 급료는 많으면 많을수록 좋습니다.
　 これさえ 覚えれば 合格できる。 이것만 외우면 합격할 수 있다.

왕초보 탈출

❷ ～なら   ～할 거면, ～에 대해서라면

어떤 정보를 기초로 A에 대해서라면 역시 B다라는 뉘앙스로 쓸 때는 뒤에 판단·조언·요구하는 문장이 오며, ～라면의 뜻으로 한정을 나타내기도 합니다. ば·たら·と와는 달리 자신감을 나타내는 표현이라서 친하지 않은 사람이나 윗사람에게 쓴다면 실례가 될 수도 있습니다. 형용동사와 명사＋なら의 경우 앞에서 설명한 ば의 가정법과 같은 뜻으로 사용되기도 합니다. 동사와 형용사는 기본형에, 형용동사는 어간에, 명사에는 그대로 なら를 붙입니다.

예 家電を 買うなら ヨドバシカメラが いいですよ。
　　가전제품을 살 거라면 요도바시카메라가 좋아요.
　　* ヨドバシカメラ : 일본에서 여러 체인점을 가진 전자제품 전문매장

　　お酒なら ビールが いちばんです。 술이라면 맥주가 최고죠.

❸ ～たら   ～라면, ～하면

과거를 나타내는 た형에 ら를 붙인 것으로, 특징이 적어서 사용할 수 있는 범위가 제일 넓습니다. A한 후에 B하다라는 뜻으로, A를 해야만 B가 성립되는 경우에 たら를 쓰며 상대방에게 정중하고 친절하게 권유나 제안을 할 때 쓰기도 합니다. 동사·형용사·형용동사는 과거형에 ら를 붙이고, 명사는 だったら를 붙이면 됩니다.

예 やせたら 新しい 服を 買おう。 날씬해지면 새 옷을 사야지.

　　よかったら 食べて ください。 괜찮으시면 드세요.

❹ ～と   ～하면 (반드시 ～한다)

자연현상이나 원리 등 예측할 수 있는 일, 반드시 일어나는 결과를 말할 때 씁니다. 그러므로 불확실한 경우엔 쓸 수 없습니다. と 뒤에는 말하는 사람의 의지나 판단·허가·명령·요구 등의 문장이 올 수 없습니다. 동사·형용사·형용동사의 기본형에, 명사에는 だ를 붙인 후 연결합니다.

예 春に なると 花が 咲きます。 봄이 되면 꽃이 핍니다.

　　ここに お金を 入れると きっぷが 出ます。 여기에 돈을 넣으면 표가 나옵니다.

기초 문법

★ 당연·의무 표현

> **~なければ なりません** ~해야 합니다, ~하지 않으면 안 됩니다

동작이나 행위를 꼭 해야 할 때 쓰는 표현입니다. 우리말과 달리 ~해야 한다는 표현을 이중 부정의 형태로 말하는 것에 유의하세요. ~なければ いけません으로도 쓸 수 있으며, ~なければ なりません이 좀 더 딱딱한 말투입니다. 일상 회화에서는 なければ의 축약형 なきゃ를 쓰기도 합니다.

예) 約束は 守らなければ なりません。 약속은 꼭 지켜야만 합니다.
　　早く 帰らなきゃ いけない。 빨리 돌아가야 해.

★ 제안·조언 표현

> **동사 과거형(た형)+方が いい** ~하는 편(쪽)이 좋다
> **동사 과거 부정형(ない형)+方が いい** ~하지 않는 편이 좋다

다른 사람에게 제안이나 조언, 충고를 할 때 쓰는 표현입니다. 형태는 과거형이지만 의미는 현재나 미래를 뜻합니다.

예) ぼうしを かぶった 方が いいですよ。 모자를 쓰는 것이 좋아요.
　　正直に 話した 方が いいと 思います。 솔직하게 얘기하는 것이 좋다고 생각해요.
　　その ことは 話さない 方が いいですよ。 그 일에 대해서는 말하지 않는 것이 좋아요.

★ 과거의 경험 표현

> **~た ことが あります** ~한 적이 있다

과거의 경험을 말할 때에는 동사 과거형(た형)+ことが あります를 씁니다.

예) A: 日本人と 話した ことが ありますか。 일본인과 얘기한 적이 있나요?
　　B: はい、話した ことが あります。 네, 얘기한 적이 있어요.
　　　 いいえ、まだ 話した ことが ありません。 아니요, 아직 얘기한 적이 없어요.

왕초보 탈출

★ 희망 표현

❶ **～たい** ～하고 싶다 / **～たく ない** ～하고 싶지 않다

어떠한 동작을 하고 싶다는 자신의 희망을 나타내는 표현으로 동사 ます형+たい를 씁니다. たい는 い로 끝나므로 형용사와 같은 활용을 합니다. 따라서 부정 표현은 たく ない(～하고 싶지 않다)입니다.

	기본형	～たい	～たく ない
보통	行く 가다	行きたい 가고 싶다	行きたく ない 가고 싶지 않다
정중	行きます 갑니다	行きたいです 가고 싶습니다	行きたく ないです(ありません) 가고 싶지 않습니다

예 A : どこか 行きたい ところは ありますか。 어딘가 가고 싶은 곳은 있어요?
　　B : 大阪に 行って、たこ焼きを 食べてみたいです。 오사카에 가서 다코야키를 먹어보고 싶어요.
　　A : あ、いいですね。わたしも 食べたいです。 그거 좋네요. 저도 먹고 싶어요.

　　今の 仕事を やめたく ありません。 지금 하는 일을 그만두고 싶지 않습니다.
　　芸能人に なりたく ないです。 연예인이 되고 싶지 않아요.

❷ **～が 欲しい** ～이(가) 갖고 싶다, ～을(를) 원하다

자신이 무언가를 갖고 싶거나 원한다는 표현으로 명사+が ほしい를 씁니다. 조사 を가 아니라 が를 쓰는 것에 주의합시다. 형용사이므로 부정 표현은 ほしく ない라고 하면 됩니다.

예 あの 香水が ほしいです。 저 향수를 갖고 싶어요.
　　何も ほしく ないです。 아무것도 원하지 않아요.

❸ **～て 欲しい** ～해주었으면 한다, ～하기 바라다

상대방 혹은 제 3자가 어떤 행동을 해주기를 바란다는 소망을 나타낼 때 동사+て ほしい를 씁니다.

예 理解して ほしいです。 이해해줬으면 좋겠어요.
　　はっきり 言って ほしいです。 확실히 말해주기를 바랍니다.

기초 문법

★ 추측 표현

❶ そうだ ~인 것 같다, ~일 것 같다 [양태 様態 : 어떤 사물이나 현상의 모양 또는 상태를 보니 '~인 것 같다'는 뜻]

자신의 눈으로 직접 보고 느낀 대로 직감적인 판단을 할 때 씁니다. **동사 ます형·형용사·형용동사**의 어간에 연결합니다.

	기본형	긍정	부정
동사	降る 내리다	降りそうだ 내릴 것 같다	降らなさそうだ 내릴 것 같지 않다
형용사	おいしい 맛있다	おいしそうだ 맛있을 것 같다	おいしくなさそうだ 맛있을 것 같지 않다
형용동사	しあわせだ 행복하다	しあわせそうだ 행복한 것 같다	しあわせでは(じゃ)なさそうだ 행복하지 않은 것 같다

주의 ない는 なさそうです, いい는 よさそうです라고 해야 합니다. 과거형은 쓸 수 없습니다.

예 今にも 雨が 降りそうです。 당장에라도 비가 쏟아질 것 같아요.

そうだ ~라고 하더라, ~라는 것 같다 [전문 伝聞 : 남에게 들은 말을 전할 때]

동사·형용사·형용동사는 종지형(문장에서 마지막에 쓰여서 문장을 마칠 수 있게 쓰이는 형태)에, 명사는 だ를 붙인 후에 연결합니다.

	기본형	긍정	부정
동사	降る 내리다	降るそうだ 내린다고 한다	降らないそうだ 내리지 않는다고 한다
형용사	おいしい 맛있다	おいしいそうだ 맛있다고 한다	おいしくないそうだ 맛있지 않다고 한다
형용동사	しあわせだ 행복하다	しあわせだそうだ 행복하다는 것 같다	しあわせでは(じゃ) ないそうだ 행복하지 않다는 것 같다
명사	テスト 시험	テストだそうだ 시험이라고 한다	テストでは(じゃ) ないそうだ 시험이 아니라고 한다

예 純子の 話では、まりえちゃんが 離婚したそうよ。
쥰코의 이야기로는 마리에가 이혼했대.

왕초보 탈출

❷ **ようだ(みたいだ)** ~인 것 같다, ~인 모양이다, ~와 같다 [비유]

자신의 몸의 감각을 통해 주관적으로 판단하여 추측할 때 쓰며, 비유를 할 때도 쓸 수 있습니다. 동사·형용사·형용동사의 연체형(명사 앞에서 꾸며주는 형태)에, 명사는 の를 붙인 후 연결합니다. 비슷한 뜻으로 みたいだ가 있는데 주로 글을 쓰기보다는 말을 할 때 사용합니다. みたいだ는 동사·형용사의 종지형에, 형용동사는 어간에, 명사는 그대로 연결합니다.

	기본형	ようだ	みたいだ
동사	降る 내리다	降るようだ 내릴 모양이다	降るみたいだ 내릴 모양이다
형용사	おいしい 맛있다	おいしいようだ 맛있는 것 같다	おいしいみたいだ 맛있는 것 같다
형용동사	しあわせだ 행복하다	しあわせなようだ 행복한 것 같다	しあわせみたいだ 행복한 것 같다
명사	テスト 시험	テストのようだ 시험인 것 같다	テストみたいだ 시험인 것 같다

예 何か 事故が あったよう(みたい)ですね。 뭔가 사고가 있었던 것 같네요.
　 まるで 夢のようだ。 마치 꿈을 꾼 것만 같아.

❸ **らしい** ~인 것 같다, ~같다

다른 사람이나 책, 매스컴 등을 통해 보고 들은 정보에 근거하여 객관적인 판단을 할 때 쓰며, 자신의 책임을 회피하는 뉘앙스가 있습니다. 위의 みたいだ와 같은 형태로 활용합니다.

예 この 番組は おもしろいらしいです。 이 프로그램은 재미있다는 것 같아요.
　 明くんの ことが 好きらしいよ。 아키라 군을 좋아하는 듯해.

❹ **だろう(でしょう)** ~이겠지(~이겠지요)

불확실한 추측이나 단정을 할 때 쓰며, だろう를 정중하게 말해서 でしょう라고 합니다. 이때 끝을 내려 읽어야 추측하는 말이 되고, 끝을 올려 읽으면 상대방의 의견을 묻는 말이 되는 것에 주의합시다. 일기예보를 보면 ~でしょう라는 말을 많이 들을 수 있답니다.

예 明日も 晴れるでしょう。 내일도 맑겠지요.
　 鈴木さんなら できるだろう。 스즈키 씨라면 할 수 있겠지.

기초 문법

★ 의견·생각 표현

～と 思おもう ～라고 생각한다

자신의 주관적인 의견이나 생각을 말할 때 쓰는 표현입니다. 동사·형용사·형용동사의 기본형에 연결하고 명사의 경우 명사+だ 뒤에 연결합니다.

예) それは 違うと 思う。 그건 아닌 것 같아.
　　たぶん 暑いと 思います。 아마 더울 거라고 생각해요.
　　大切な 人だと 思います。 소중한 사람이라고 생각해요.

★ 예정·계획 표현

앞으로의 예정을 나타내는 표현들입니다. 하지만 각각 조금씩 뉘앙스가 다르니 잘 구별해서 씁시다.

❶ つもりだ ～하려고 한다, ～할 작정이다

어떤 일을 하려고 혼자 결심을 하고 있지만 구체적인 계획은 정해지지 않은 경우에 사용합니다.
동사 기본형+つもりだ의 형태로 활용합니다.

예) 来週 帰国する つもりです。 다음 주 귀국할 예정입니다. (확정 안 된 경우)
　　もう 一度 やってみる つもりです。 다시 한번 해볼 생각입니다.

❷ 予定よていだ ～할 예정이다

미리 구체적인 계획이 정해진 경우에 사용하며, 특히 공식적인 일정을 말할 때 많이 씁니다.
동사 기본형+予定よていだ의 형태로 활용합니다.

예) 妹は 来年 大学を 卒業する 予定です。 여동생은 내년에 대학을 졸업할 예정입니다.
　　会議に 出席する 予定です。 회의에 참석할 생각입니다.

❸ 동사 의지형+と 思おもう ～할 생각이다

구체적인 계획은 없지만 앞으로 하겠다는 의지가 담겨 있는 표현입니다. 思おもって いる(생각하고 있다)의 형태로 많이 사용합니다.

예) 日本語を 勉強しようと 思って います。 일본어를 공부할 생각입니다.
　　ダイエットを しようと 思って います。 다이어트를 하려고 합니다.

311

히라가나 50음도

단(段)\행(行)	あ단 (a)	い단 (i)	う단 (u)	え단 (e)	お단 (o)
あ행	あ 아 a	い 이 i	う 우 u	え 에 e	お 오 o
か행	か 카 ka	き 키 ki	く 쿠 ku	け 케 ke	こ 코 ko
さ행	さ 사 sa	し 시 shi	す 스 su	せ 세 se	そ 소 so
た행	た 타 ta	ち 치 chi	つ 츠 tsu	て 테 te	と 토 to
な행	な 나 na	に 니 ni	ぬ 누 nu	ね 네 ne	の 노 no
は행	は 하 ha	ひ 히 hi	ふ 후 fu	へ 헤 he	ほ 호 ho
ま행	ま 마 ma	み 미 mi	む 무 mu	め 메 me	も 모 mo
や행	や 야 ya		ゆ 유 yu		よ 요 yo
ら행	ら 라 ra	り 리 ri	る 루 ru	れ 레 re	ろ 로 ro
わ행	わ 와 wa				を 오 o
응	ん n,m,ng				

가타카나 50음도

단(段)\행(行)	ア단 (a)	イ단 (i)	ウ단 (u)	エ단 (e)	オ단 (o)
ア행	ア 아 a	イ 이 i	ウ 우 u	エ 에 e	オ 오 o
カ행	カ 카 ka	キ 키 ki	ク 쿠 ku	ケ 케 ke	コ 코 ko
サ행	サ 사 sa	シ 시 shi	ス 스 su	セ 세 se	ソ 소 so
タ행	タ 타 ta	チ 치 chi	ツ 츠 tsu	テ 테 te	ト 토 to
ナ행	ナ 나 na	ニ 니 ni	ヌ 누 nu	ネ 네 ne	ノ 노 no
ハ행	ハ 하 ha	ヒ 히 hi	フ 후 fu	ヘ 헤 he	ホ 호 ho
マ행	マ 마 ma	ミ 미 mi	ム 무 mu	メ 메 me	モ 모 mo
ヤ행	ヤ 야 ya		ユ 유 yu		ヨ 요 yo
ラ행	ラ 라 ra	リ 리 ri	ル 루 ru	レ 레 re	ロ 로 ro
ワ행	ワ 와 wa				ヲ 오 o
응	ン n,m,ng